马克思主义美学丛书
Marxist Aesthetics

20世纪中下叶的马克思主义美学思想

毛崇杰 著

中央编译出版社
CCTP Central Compilation & Translation Press

图书在版编目（CIP）数据

20 世纪中下叶的马克思主义美学思想 / 毛崇杰著. -- 北京：中央编译出版社，2023.2
　ISBN 978-7-5117-4306-0

Ⅰ.①2… Ⅱ.①毛… Ⅲ.①马克思主义美学—研究—20 世纪 Ⅳ.① B83

中国版本图书馆 CIP 数据核字（2022）第 202104 号

20 世纪中下叶的马克思主义美学思想

责任编辑	郑永杰
责任印制	刘　慧
出版发行	中央编译出版社
地　　址	北京市海淀区北四环西路 69 号（100080）
电　　话	（010）55627391（总编室）　（010）55627312（编辑室） （010）55627320（发行部）　（010）55627377（新技术部）
经　　销	全国新华书店
印　　刷	北京汇林印务有限公司
开　　本	880 毫米 ×1230 毫米 1/32
字　　数	316 千字
印　　张	14.125
版　　次	2023 年 2 月第 1 版
印　　次	2023 年 2 月第 1 次印刷
定　　价	98.00 元

新浪微博：@中央编译出版社　　微　信：中央编译出版社（ID：cctphome）
淘宝店铺：中央编译出版社直销店（http://shop108367160.taobao.com）（010）55627331

本社常年法律顾问：北京市吴栾赵阎律师事务所律师　闫军　梁勤
凡有印装质量问题，本社负责调换，电话：（010）55626985

目录

序　言...001

第一章　20世纪西方马克思主义美学思想的早期哲学背景......001
- 第一节　几个重大的哲学问题...............................001
- 第二节　葛兰西的哲学与文艺思想.........................016
- 第三节　卢卡奇的早期思想——《历史和阶级意识》.......036
- 第四节　对《历史和阶级意识》的自我批判................058

第二章　卢卡奇的美学思想——在反映论与本体论之间........072
- 第一节　卢卡奇后期思想概述...............................072
- 第二节　审美反映（上）.....................................081
- 第三节　审美反映（下）——审美中"完整的人"
  　　　 和"整体的人".......................................107
- 第四节　审美反映中的美感问题............................114
- 第五节　现实主义与现代主义问题.........................127

第三章　20世纪德国、法国、英国的马克思主义美学..........147
- 第一节　德国的马克思主义美学............................148
- 第二节　法兰克福学派的两位代表人物...................169
- 第三节　法国的结构主义马克思主义美学................209
- 第四节　英国的马克思主义美学文艺学...................251

第四章　杰姆逊与马克思主义阐释学.................................306
第一节　世纪之交的文化历史境遇.................................307
第二节　马克思主义的实践性与阐释性.........................314
第三节　马克思主义阐释学的提出.................................324
第四节　杰姆逊文化阐释的哲学基本点.........................333
第五节　本文阐释视界与"政治无意识"...........................350

第五章　后现代主义问题...365
第一节　资本主义历史与文化分期.................................365
第二节　后现代主义"热"与其界定...................................369
第三节　后现代主义的特征...377
第四节　杰姆逊的后现代主义策略与困惑.....................399
第五节　西方中心—东方主义与第三世界文学.................409

序　言

　　本书包括 20 世纪中期以来，直到 90 年代初西方的马克思主义美学和文艺理论。首先，这是一部"马克思主义"美学思想史的当代西方分册，而不是"西方马克思主义"的美学史，两者是有界限的，但这个界限又不是那么容易确定的。因为 20 世纪公认的马克思主义经典作家，如列宁、普列汉诺夫等均划归另卷，那么这一卷所剩只是在最宽泛意义上的所谓"西方马克思主义"了。在我们面前的问题，正如卢卡奇的《历史和阶级意识》一书首篇文章标题所示"什么是正统的马克思主义？"带有嘲讽意味的是，在提出这个问题之后，卢卡奇本人便否定了自己。他当时在那本书中自以为是"正统"的马克思主义理论恰恰是"非正统"。正是这本书使他成为后来人们所谓"西方马克思主义"的始作俑者之一。可见，对马克思主义"正统"的意义是见仁见智的。作为马克思主义美学思想，首先应该有个基本标准，也就是说，对马克思主义的基本原理，特别是哲学和美学原则，如唯物主义辩证法、唯物主义历史观、基础与上层建筑理论、反映论、认识论等，应该作为识别是否"正统"马克思主义的最基本的标准,但世界上没有绝对的"纯",对于马克思主义理论也是同样。"水至清则无鱼,人至察则无徒",如果对"正统"的标准坚持得过死,本书就很难有恰当的对象。因此,本书在基本标准问题上既是确定又是灵活的,尤重马克思主义美学的最新发展,例如它在后现代主义文化中的地位与作用,并以正面论述为主结合适当分析批评。

"西方马克思主义"一语首先是 1930 年由卡尔·科尔什在他的《〈马克思主义与哲学〉问题的现状——反批判》一文中启用,但当时没有引起注意。法国的梅洛-庞蒂于 1955 年发表的《辩证法的历险》一书中提出"西方马克思主义"名称,之后,1976 年英国新左派学者佩里·安德森的小册子《西方马克思主义》虽然分量不大却起了很大的宣传作用。与"西方马克思主义"有关的"马克思学（Marxologie）"是由法国学者吕贝尔于 50 年代在《马克思学研究》杂志上首先使用的,它与"西方马克思主义"的主要区别表现在,从"外部"以"纯学术"的眼光来研究马克思主义的意向。1985 年美国弗·杰姆逊到我国讲学提出要用"新马克思主义"来取代"西方马克思主义"。但是"新马克思主义"在很多地方被用来作为代替"西方马克思主义"一语。由此可见,"新马克思主义"与"西方马克思主义"之间的区别尚含混不清。美国罗伯特·A. 戈尔曼主编,格林伍德出版公司 1985 年出版的一本《新马克思主义人物研究辞典》,其编者戈尔曼在"导言"中把 20 世纪的马克思主义比作装饰地板的"马赛克",乃由"各种互不相同,常常是相互冲突的理论镶嵌而成"。他指出:"现在有一些马克思主义信仰者在哲学上差异很大,他们所出自的文化和所面对的社会条件都与19世纪欧洲的情况大不相同,在这些信仰者面前,马克思主义是极易受到损害的。""新马克思主义运动是一种成分复杂的运动,它的不同成分之间的裂缝也像非马克思主义哲学的不同学派之间的裂缝一样宽。"戈尔曼把马克思之后的马克思主义分为五大类:一、"唯物主义的马克思主义":从恩格斯开始到斯大林,包括19世纪末到20世纪初的经典作家,如普列汉诺夫等,以列宁的《唯物主义和经验批判主义》和《哲学笔记》为辩证唯物主义的经典著作。他把如考茨基、布哈林这样"相互冲突的理论"代表也包括在这里面。因为这些人并不属于"新马克思主义"者,所以没有被收入这部辞典之中,而归入作为姊妹篇的另一部工具书《马克思主义人物辞典》之中。二、"黑格尔式的唯心主义的马克思主义",主要代表有卢森堡、卢卡奇、科尔什、葛兰西等,以卢卡奇的《历史和阶级意识》为最重要的著作。三、"非黑格尔式的唯心主义的马克思主义",其中包括以马尔库塞和弗洛姆为代表的"弗洛伊德主义的马克思主义",以阿尔都塞为代表的"结构主义的马克思主义"等。四、"体验主义的马克思主义",包括以萨特为代表的"存在主义的马克思主义"与以梅洛-庞蒂为代表的"现象学的马克思主义",以及马尔库塞的早期理论。五、哈贝马斯的批判理论和"新左派"的理论,属于试图超越马克思主义的新思潮①。

　　西方马克思主义研究在我国是随着改革开放开展起来的，首先是徐崇温的《西方马克思主义》(1982)填补了这方面的空缺，接着是李忠尚的《"新马克思主义"析要》(中国人民大学出版社1987年版)，还有一些专著和论文，如李青宜的《阿尔都塞与"结构主义马克思主义"》(辽宁人民出版社1987年版)等相继问世。孙伯鍨、曹幼华的《西方"马克思学"》于1992年问世(江苏人民出版社1992年版)，该书指出了"西方马克思主义"与西方的"马克思学"的区别与一致之处。在美学与文艺理论方面，关于卢卡奇等与西方马克思主义美学思想有关的代表人物的述评和论文已有相当的数量，如系统全面而扎实的工作首先是冯宪光的《西方马克思主义文艺美学思想》(四川大学出版社1988年版)，在有关的教学与研究方面起着填补空缺以及重要推动作用。

　　本书除得益于以上成果之外，在此需要说明的是，应该把20世纪西方的"马克思主义美学文艺学"与"西方马克思主义"的美学文艺学尽可能加以区分。冯宪光的那部则是"西方马克思主义"的美学文艺学，所以本书没有把萨特、马尔库塞包括在内。但是这个区分的界限，正如"正统"马克思主义的标准那样，既有其确定性，又有一定的灵活性或模糊性。此外，从纵向

---

① 罗·A.戈尔曼主编：《新马克思主义研究辞典》，中央编译局当代马克思主义研究所译，社会科学文献出版社，1989年版，第I—V页。

上看本书是"马克思主义美学思想史"的一个组成部分，但是从马克思主义在20世纪发展的特点来看，那就是与各种现代主义乃至后现代主义思潮的复杂关系，因之，从横向看，本书又是笔者与张德兴、马驰合著的《二十世纪西方美学主流》（吉林教育出版社1993年版）的姊妹篇。20世纪西方的马克思主义美学是传统的古典主义美学的发展，另外它又是在西方现代主义思潮相互作用与影响之下的产物，是西方20世纪美学的一个不可缺少的组成部分。因此在我们的《二十世纪西方美学主流》一书中不仅专门给"西方马克思主义"开辟了一章的篇幅，并在全书"总论"中涉及卢卡奇、马尔库塞、杰姆逊，还作为"新走向"专门以较大篇幅探讨了"新历史主义批评"，在"存在主义美学"专章中萨特也占有一定分量。但在该书问世后，总觉得西方的马克思主义美学是一个写得比较薄弱的部分，本书多少可以弥补这一遗憾。

再者，本书把卢卡奇与杰姆逊作为20世纪西方的马克思主义首尾相贯、前后呼应的人物，加重了分量。卢卡奇本身在前期到后期思想的变化发展本身就代表着"西方马克思主义"与西方的"马克思主义"之间关系的典范意义。特别是杰姆逊，不仅作为新的一代与下一世纪相通，而且在当前世界的活跃与影响具有继往开来的意义，所以他在我们这本书中占了一个特殊重要的地位。从卢卡奇到杰姆逊可以说勾画出了20世纪马克思主义在西方所走过的一个"之"字形的曲折的道路，即人类思想史上一个有生命力思想体系带有自身否定又回归到自身的辩证发展过程，希望本书能够描绘出其一二来。

由于本书同《二十世纪西方美学主流》的关系，有些问题因避免重复而只能互借共通以补，如时代背景方面的特点，以及20世纪自然科学的革命性挑战问题。本书主要资料来源如下。弗·杰姆逊（Fredric Jameson）：（1）*Marxism and Form*（Princeton University Press, 1971）；（2）*The Political Unconscious: Narrative as a Social Symbolic Act*（Cornell University Press, 1981）；（3）弗·杰姆逊在北京大学授课的讲稿《后现代主义与文化理论》，陕西师范大学出版社1986年版；（4）*Postmodernlism, or the Cultural Logic of Late Capitalism*（Dukc University Press, 1991）及其他部分中译论文。特里·伊格尔顿（Terry Eagleton）：（1）*Criticism & Ideology*（First Publ. by NLB, 1976）；（2）*Literary Theory: an Introduction*（Univ. of Minnesota Press, 1983）；（3）*The Ideology of the Aesthetics*（Oxford Univ. Press, 1990），A. Veeser, *New Historicism*（New York London, Routledge Press, 1989）。卢卡奇的著作均借助中译，其中个别疑点查阅对照了德文原版（见文内脚注）。阿多尔诺的主要著作《美学的理论》，依据英译本（*Aesthetic Theory*, Routledge & Kegan Paul, London and New York, 1984），其他均依据中译，本杰明、法国结构主义美学部分均依据中译。

除得力于前人在这方面成果外，本书完成初稿后，王善忠同志、王庆瑶同志，他们均详细地阅读了全稿，提出了宝贵的重要修改意见。此外在这里尚需向为本书热心提供宝贵资料的王逢振、马驰、周宪、陈燕谷、罗筠筠等同志表示谢忱。

稿交出版社后半年，11月赴英学术访问，适逢特·伊格尔顿之澳，仅在书店得他1996年问世之 The Illusions of Postmodernism，已经没有时间与篇幅再作补充了。况且20世纪还余给我们两个年头，作为《二十世纪西方美学主流》之续篇，它仍是一部"未完成交响曲"。

毛崇杰

1997年

第一章

20世纪西方马克思主义美学思想的早期哲学背景

第一节 几个重大的哲学问题

哲学是美学文艺学的基础,要对20世纪西方马克思主义美学进行一番研究、清理,不首先弄清它起步时的哲学背景是很难入其堂奥的。因此我们在这方面花一定篇幅是必要的。

20世纪西方马克思主义在哲学上,一开始就基于相当一部分人的这样一个共同认识,即马克思本人并没有,哲学体系至少不完备;或者说马克思主义哲学只是"历史唯物主义",所谓"辩证唯物主义"是恩格斯、列宁和斯大林搞出来的。这种观点最早根源于卢卡奇与葛兰西,后来蔓延至法兰克福学派、战后的萨特,影响乃至80年代之中国,直到20世纪后期逐渐取得公认的马克思主义最新权威人士弗里德里克·杰姆逊……这一观念可谓根深蒂固。

美国罗·A. 戈尔曼于 1985 年主编了一本由许多学者分别执笔撰写的《新马克思主义研究辞典》，在"导言"中他对 20 世纪马克思主义哲学思想状况进行了概括，写道：

> 马克思主义是由这样一个人创立的哲学体系和实践，这个人把系统的哲学看作充其量是一种平庸的东西，甚至还可能是一种对进步行动的障碍。
>
> 马克思之所以对哲学采取这种敌视态度，是因为他感到生活的基本问题已经有了答案。

对照恩格斯的《费尔巴哈和德国古典哲学的终结》《反杜林论》，以及汇编成的《自然辩证法》一书，列宁的《唯物主义和经验批判主义》《哲学笔记》，马克思没有类似的哲学著作。正如戈尔曼所说："马克思主要在《1844 年经济学哲学手稿》《德意志意识形态》、1857 年的《大纲》、导言、1859 年的《政治经济学批判》序言中考察了哲学问题。然而即使在这些著作中，哲学立场只是被提了出来，而没有作系统的阐述。"

> 由于拒绝哲学，马克思忽视了既与他的激进主义也与他的社会科学的正确性有关的重要问题，例如，精神与物质的关系是什么？……像这样一些他的追随者们一直争论不休的问题，马克思认为是"纯粹经院哲学的问题"……

马克思在理论上的含糊,使他的追随者们(从恩格斯开始)去设法编造他们自己的哲学答案,来补充马克思的批判……

为了与各种资产阶级理论进行有效的竞争,新马克思主义者们提出了各种与马克思本人著作相符的系统哲学。然而,这一工作颇为复杂,因为马克思虽然公开完全拒绝哲学,却也提出过一些初步的哲学观点。这些观点被放在一起的时候,相互之间是排斥和矛盾的。但是马克思用贬低哲学和回避系统论述避免了这样的逻辑结论。因此新马克思主义者们不得不从马克思那里选取一些理论线头来编织能令人信服的革命社会理论。[①]

戈尔曼的这段话概括了20世纪西方马克思主义(即他所谓的"新马克思主义")的早期哲学思想背景,当然这也是20世纪西方马克思主义美学的哲学思想背景。但是如果以这样的说法为依据,似乎马克思主义本身并没有为我们今天提供一个准确的哲学参照基准。所以在进入美学内容之前,首先必须探讨上引戈尔曼所言的以下几个哲学问题:

(一)怎样看待所谓"马克思拒绝哲学"的问题;

(二)怎样看待所谓"马克思主义哲学中观点的相互排斥与

---

① 罗·A. 戈尔曼主编:《新马克思主义研究辞典》,中央编译局当代马克思主义研究所译,社会科学文献出版社,1989年版,第Ⅰ—Ⅶ页。

矛盾"问题；

（三）怎样看待恩格斯和列宁的哲学思想与马克思的哲学思想之间的关系；

（四）怎样看待20世纪各不同发展阶段西方马克思主义各哲学流派与马克思的哲学思想之间的关系。

问题虽然仅仅归纳为四个，然而每一问题之大足够一部专门著作的分量。单就第一个问题便可从中分出若干重大问题来，如（1）马克思青年时代的哲学思想，其中自然包括诸如《1844年经济学哲学手稿》《〈黑格尔法哲学批判〉导言》《论犹太人问题》等重要著作的哲学观点；（2）马克思主义成熟时期马克思的哲学思想之标志与特点，其中包括《关于费尔巴哈的提纲》《德意志意识形态》等著作的哲学观点；（3）马克思的哲学史观——马克思对旧哲学，特别是包括黑格尔、费尔巴哈在内的德国古典哲学的关系；（4）马克思主义成熟后，马克思哲学思想在不同阶段的发展——马克思的哲学思想对于他的科学社会主义、政治经济学的关系等。当然这四个问题的研究已经包含着对第（二）个大问题的解决；同样第（三）（四）个问题之间又有许多牵连，并也必定会从中分出若干次一级问题出来。这四个大问题中包括的每个次一级问题几乎都不属于我们这本20世纪西方美学思想史著作的专门研究范围，然而其中的每一个问题又几乎是我们不能回避的。因此我们采取概括简论的方式把其中重要的有关结论提出来，这些问题当然都是与20世纪西方马克思主义美学的哲学背景有关的。

（一）马克思在青年时代曾是黑格尔左派的成员，他激进的黑格尔主义集中反映在他的《博士论文》(1840)中对个体主体在同环境的相互作用时能动的自由之强调。当时，马克思作为一个革命的民主主义者，在同普鲁士专制主义的斗争中已竭力使哲学同斗争实践结合起来，致力于把黑格尔的思辨哲学中的批判否定因素转变为对现实的革命性改造。1842—1843年间，在费尔巴哈的影响下，青年马克思从唯心主义向唯物主义转变，并同时从一个民主主义者转变为一个共产主义者。在新的唯物主义的基础上马克思继续着改造思辨哲学的任务，在《1844年经济学哲学手稿》中他批判了黑格尔只知道"抽象的精神的劳动"，指出，"直接地，人是自然存在物"，是以自然物"确证他的本质力量的存在物"[①]。

但是这时的马克思还是在费尔巴哈的人本主义的基础上展开辩证法的，他从异化劳动的观念出发，在人的本质观上以劳动作为规定，并以此展开的人的本质全面复归的共产主义还带有空想色彩；以异化与复归作为历史的辩证序列仍未彻底划清同思辨哲学的界限，尚不是唯物主义史观。

紧接着马克思与恩格斯又合写了《神圣家族》，全面展开了对以布·鲍威尔为代表的青年黑格尔派的斗争，彻底划清了同思辨哲学的界限。

（二）1845年春的《关于费尔巴哈的提纲》以批判费尔巴哈

[①]《马克思恩格斯全集》，第1版第42卷，第163—168页。

的自然主义与人本主义为标志，在人的本质观与实践观上表明马克思历史唯物主义的成熟。人，从其外部得到本质规定，并以实践为中介连接着改造世界的内在主观意志与目的。这就是唯物主义的辩证法。马克思与恩格斯合作完成了《德意志意识形态》，在清算旧哲学的基础上进一步创建了历史唯物主义的系列基本原理。此后，马克思在《路易·波拿巴的雾月十八日》等著作中反复申论关于基础与上层建筑的原理。

在展开政治经济学批判的巨大工程中，马克思在"《政治经济学批判》序言""《政治经济学批判》导言"与"《资本论》第一卷第一版序言与跋"中概要地总结了他的原则的哲学立场、观点与方法。这就是批判黑格尔体系头足倒立的"神秘化"，取其"合理化"之内核，贯穿于政治经济学批判便是黑格尔的《逻辑学》——"从抽象上升到具体"的方法。在主客体关系上，马克思重申"不管个人在主观上怎样超脱各种关系，他在社会意义上总是这些关系的产物"。

至此，马克思已经完成了他整个哲学体系——辩证唯物主义与历史唯物主义的工作。由此我们可以得出所谓"马克思拒绝哲学或排斥哲学"究竟是怎么一回事。当然不能认为马克思是以虚无主义来对待旧哲学的改造，也不是以另一种经院哲学来代替旧哲学。他既认为经济是基础，所以必然把以实践改造世界的工作重心放在政治经济学的批判上面。而这一工作又是以他对整个旧哲学改造的成果为基础的，所以说没有辩证唯物主义的立场、观点与方法就不会有马克思的政治经济学体系。同样，也可以反而言之，如果他在完成了对旧哲学的改造以后仍把工作重心放在整套哲学史与哲学体系的教本上，那也很难再有时间完成《资本论》的写作，那么改造旧世界的伟大实践便可能由于没有落到经济基础这个实处而在理论上落空。

因此，正如列宁所说，整个马克思主义哲学、政治经济学、科学社会主义学说像"一块铁板"那样是不可分割的。就哲学而言，辩证唯物主义与历史唯物主义也是不可分割的。

至于对于某些传统哲学命题，有些是属于经院哲学的，如对上帝存在与否的哲学论证等；有些则反映出哲学史上两条路线的斗争的，如精神与物质的关系怎样？精神是被消极地决定的还是能动地改造物质环境？不能认为由于马克思竟然"忽视了"后面的这样一些至关重要的问题，而造成20世纪诸学派的分歧。正是因为这些问题之争议一直贯穿于哲学史，从未间断，所以它必然继续影响20世纪，并反映到马克思主义各派别之中来。我们不至于天真到可以想像这些问题一经马克思定论便再也不会引起争议了。正因为这些争论一直未休，所以才有恩格斯的《反杜林论》与列宁的《唯物主义和经验批判主义》等。

（三）关于马克思哲学中"相互排斥或矛盾的观点"的问题，如果是就马克思主义成熟前后对比而言，那应该看成是很正常的。在马克思主义成熟后，所谓"相互排斥或矛盾的观点"，则是辩证逻辑的要求，正如恩格斯指出的，辩证法在承认"非此即彼"的同时，也承认"亦此亦彼"。理论中辩证二元的侧重点常因具体情况而异，这里把握唯物主义辩证法与唯心主义诡辩论与相对主义的界限,就是说无论在何种情况下辩证逻辑在理论中的展开不会丧失唯物主义基本立场。比如,在《关于费尔巴哈的提纲》一文中,马克思批评了费尔巴哈与过去一切唯物主义"对对象、现实、感性,只是从客体的或者直观的形式去理解,不是把它们当作感性的人的活动,当作实践去理解,而不是从主体方面去理解"。同时强调,旧唯物主义"忘记了:环境是由人来改变的"。如果,把这一方面的有关论述曲解强化为马克思哲学思想的全部,那就必然要走到唯心主义方面去。因为马克思正是在这篇提纲之中,在批判旧唯物主义机械决定论的同时,又批判了费尔巴哈的人本主义的方面,指出:"费尔巴哈把宗教的本质归结于人的本质。但是,人的本质不是单个人所固有的抽象物。在其现实性上,它是一切社会关系的总和。"直到写作《资本论》仍然强调个人是社会关系的产物。

以上论述在主客体关系上显然包含两种决定论:主体决定论与客体决定论。如果把它们单一化就会走向两种错误的极端。辩证唯物主义区别于旧唯物主义,也区别于唯心主义—相对主义诡辩论,就在于它在承认主体决定论的同时不否认客体决定论;并在承认客体决定论的同时不否认主体决定论,而且以客体决定论为前提和归宿。

以上是从马克思哲学思想理论体系本身来看所谓"马克思哲学观点的相互排斥与矛盾",再从马克思身后的哲学史发展来看,总是存在两种错误极端的倾向站在各自的立场,自觉或不自觉地夸大扭曲马克思观点的一个方面,正如戈尔曼所描绘的"从马克思那里选取一些理论线头来编织能令人信服的革命社会理论。然后,他们用这块编织成的布把散见在马克思大量著作中的他本人的前后矛盾之处掩盖起来,并且祈求被称作辩证法的灵丹妙药把明显矛盾的迹象转变成正面的证据。通过这种方式,形形色色的各种不同的马克思主义用同一本书或同一现象说明自己的正确性,每一个人都相信自己的理论准确地描述了大师的理论。"①

(四)恩格斯与列宁对马克思哲学思想的关系问题是西方马克思主义关注的焦点之一。在马克思恩格斯时代已经开始盛传关于他们之间的区别和对立的流言。1883年恩格斯在一封信中就指出:"1844年以来,关于凶恶的恩格斯诱骗善良的马克思的小品文,多得不胜枚举……"②这个问题一直贯穿到20世纪。1910年,波兰的斯·布尔楚维斯基出版了《反恩格斯论》,把"实证主义"的恩格斯与"人本主义"的马克思加以区分。接着便是科尔什在1922年的《马克思主义与哲学》一书中指出:"……人们广泛地相信,后期的恩格斯完全堕入自然主义的唯物主义的世界观之中……"他在这本书与其他著作中指责列宁的反映论。接着便是卢卡奇把辩证法归结为人的历史中的抽象的主客体统一,反对恩格斯的"自然辩证法"与列宁的反映论。我们将在下面的有关部分谈到。

葛兰西在30年代的《狱中札记》中提到,当时法国哲学家

---

① 罗·A. 戈尔曼主编:《新马克思主义研究辞典》,中央编译局当代马克思主义研究所译,社会科学文献出版社,1989年版,第Ⅶ页。
② 《马克思恩格斯全集》,第1版第36卷,第14页。

及工团主义理论家索勒尔在给克罗齐的一封信里认为"恩格斯独立思考能力有局限性,不应该把马克思与恩格斯相混"。葛兰西对这个问题采取一种折中的态度,认为马克思和恩格斯彼此相同的论断也只是"在一定的范围内有效",即使恩格斯为马克思的著作写了几章,也不能据此认为两者的意见绝对相同。但他又指出,不应该低估恩格斯的贡献,肯定恩格斯在同马克思的合作中"在著作史上表现出了唯一的无私的和毫无个人名利心的范例",不应该怀疑恩格斯的"绝对的科学忠实性"。但,"第二位(恩格斯)毕竟不是第一位(马克思),假如我们想要认识第一位的话,那么必须在由他直接发表的他的真实的著作的特点去寻求他"[①]。

葛兰西的这些话从原则上说是正确的,问题在于对恩格斯与马克思的具体重大理论思想的分析与研究时怎样把握这一原则。他不仅对恩格斯,对马克思的哲学立场与出发点的理解也有着原则的错误,关于这个问题我们将在下文论述。

由于"马克思拒绝哲学"说法之盛传,所以在恩格斯、列宁的哲学著作中系统化的哲学观点与倾向被与马克思的哲学思想区分开来,冠以"机械唯物主义""经济决定论""机械反映论",几乎成为西方马克思主义的"众矢之的"。

萨特在第二次世界大战后,表示出对马克思主义的极大兴趣,并向马克思主义"靠拢",成为一个西方马克思主义者,在50年代和60年代之间发表了一系列文章,总标题为《马克思主

---

① 安东尼奥·葛兰西:《狱中札记》,葆煦译,人民出版社,1983年版,第69页。

义与存在主义》。在这些文章中,他从"辩证法的特性就是人的特性"出发,认为"自然辩证法"是黑格尔与恩格斯"把辩证法塞进自然界里"的。他说:"我们反对教条主义,即反对自然整体的所谓辩证法理论","总之,人的辩证法就够了,不用提自然辩证法"。他认为马克思在这个问题上"有点模棱两可"。

直到弗·杰姆逊 1985 年在北京大学讲学时仍然持这种见解,如说"马克思在完成《资本论》之前就逝世了,因此他没有来得及建立起一个马克思主义的哲学,更不用说马克思主义美学了。恩格斯对马克思主义作了些介绍,但我不认为那些东西堪称一种哲学,而第二国际成员的著作也就更谈不上了"[1]。显然,这种说法一直贯穿了大半个世纪。然而,这既是唯心主义的偏见,又是先入为主"人云亦云""以讹传讹"的误解。

恩格斯不仅在他的哲学著作中,根据他早年与马克思的合作所深刻领悟的马克思的哲学思想,在自己的哲学专著中阐发了这些基本观点,而且是在同随时随地出现的各种不同的唯心主义与形而上学的斗争中捍卫着辩证唯物主义与历史唯物主义。

恩格斯在其主要的代表哲学著作《反杜林论》的序言(1878)中特别说明,该书于付印之前,曾把全部原稿念给马克思听过,并说"我的这部著作不可能在他不了解的情况下完成"[2]。《反杜林论》写于 1876—1878 年。马克思在 1877 年 10 月 19 日致

---

[1] 弗·杰姆逊:《后现代主义与文化理论》,唐小兵译,陕西师范大学出版社,1986 年版,第 95—96 页。
[2]《马克思恩格斯选集》,第 2 版第 3 卷,第 347 页。

弗·阿·左尔格的信中仍然毫不含糊地再次表明了自己的唯物主义立场，他写道："……在德国，我们党内流行着一种腐败的风气，在群众中有，在领导（上层阶级出身的分子和'工人'）中尤为强烈。……在柏林……同杜林及其'崇拜者'妥协与……就是说，想用关于正义、平等和博爱的女神的现代神话来代替它的唯物主义的基础（这种基础要求一个人在运用它以前认真地、客观地研究它）。"① 这段话与恩格斯的《反杜林论》序言相互印证，充分表明马克思与恩格斯在《反杜林论》中的哲学观点是完全一致的，正如他们早年在《德意志意识形态》与《共产党宣言》上的合作一样。

上引马克思信中的话也充分表明以下几点：首先，马克思决不是什么"拒绝哲学"，恰恰相反是特别地重视哲学，认为哲学是实践（当时的共产主义运动）的"基础"，而马克思所从事的实践之哲学基础恰恰是"唯物主义"，而不是西方马克思主义者们一向认为的那样，马克思主义实践的哲学基础还是"实践哲学"。其次，马克思的这段话还表明，马克思在建立自己的一系列学说之前就已经"认真地、客观地研究"过它。最后，马克思直到后期仍把坚持唯物主义作为头等大事。

关于"自然辩证法"问题关系到马克思主义哲学自然观，这个问题也是与美学有密切关系的。马克思虽然生前未写出一部全面阐述自然界的辩证法的专门论著，但是，他在1853年

---

① 《马克思恩格斯选集》，第2版第4卷，第627页。

的《中国革命和欧洲革命》一文中把"两极相连"看成"一个普遍原则",并充分肯定黑格尔的自然辩证法的观点。马克思指出:自然界的基本奥秘之一,就是他所说的对立统一(contact of extreme)规律。在他看来,"'两极相连'这个朴素的谚语是个伟大而不可移易的适用于生活一切方面的真理,是哲学家所离不开的定理,就像天文学家离不开开普勒的定律或牛顿的伟大发现一样"[①]。这段话有力地证明了马克思和恩格斯在自然辩证法上的一致。在同一年写的《不列颠在印度统治的未来结果》一文中,马克思说道:"资产阶级的工业和商业正为新世界创造这些物质条件,正像地质变革创造了地球表层一样。"[②] 马克思的这句话不是简单的类比,人类社会历史的辩证法正是自然界辩证发展的高级阶段。马克思的历史唯物主义正是建立在黑格尔关于对立统一规律是自然界的普遍规律与费尔巴哈的唯物主义自然观的基础之上的。正如恩格斯指出的:"马克思和我,可以说是把自觉的辩证法从德国唯心主义哲学中拯救出来并用于唯物主义的自然观和历史观的唯一的人。"[③]

恩格斯一方面坚持辩证唯物主义,一方面反对庸俗唯物主义与机械的唯经济决定论。1890年德国社会民主党内,一些以党的理论家和领导者自居的大学生和年轻的文学家,以保·恩斯特为代表,形成了一个机械的、教条主义的理论派别——"青年

[①] 《马克思恩格斯选集》,第2版第1卷,第690页。
[②] 《马克思恩格斯选集》,第2版第1卷,第773页。
[③] 《马克思恩格斯选集》,第2版第3卷,第349页。

派"。恩格斯批评他们,"不是把唯物主义方法当作研究历史的指南,而是把它当作现成的公式,按照它来剪裁各种历史事实"。同时,恩格斯还批判了他们把历史唯物主义歪曲成"经济是唯一的决定因素"。他在1890年9月21日致约·布洛赫的信中写道:

……根据唯物史观,历史过程中的决定性因素归根到底是现实生活的生产和再生产。无论马克思或我都从来没有肯定过比这更多的东西。如果有人在这里加以歪曲,说经济因素是唯一决定性的因素,那么他就是把这个命题变成毫无内容的、抽象的、荒诞无稽的空话。①

在这段话里,我们可以看见一种全面的唯物史观的最为简洁的表达。恩格斯的这一哲学立场与以上我们所引述的马克思的立场全无二致。

(五)"西方马克思主义"诸多流派的哲学根源除了戈尔曼所说,是从马克思哲学那里拆除下来的线头编织起来的织物之外,还有一条线索便是西方现代主义哲学。西方马克思主义的现代主义哲学根源则以反黑格尔主义的客观总体以及理性体系出发,弘扬一种不加规定的能动的主体性。

1932年马克思《1844年经济学哲学手稿》首次发表,毫不足怪,其"异化"与"人化"的观点几乎与西方马克思主义早期

---

① 《马克思恩格斯选集》,第2版第4卷,第695—696页。

代表人物，如卢卡奇等，不谋而合，建立在唯心主义基础上的哲学人本主义是其一种源远流长的贯穿线索。人的抽象，类本质，在历史的起点与终点设定的人——非异化的本质；劳动不是作为与人对立的力量而是作为生存的第一需要——历史之终点实现的东西，被唯心主义地设定在人类史的起点上。这样一种完善的、标准的、模本的、理想化的人的抽象，成为一种批判现实的力量，给西方马克思主义者们，从卢卡奇到萨特以及法兰克福学派的代表人物，霍克海默、弗洛姆、马尔库塞等以思想武器，既用以对付资本主义，也对付斯大林主义，并足以扫荡现实中一切与头脑中种种观念的人不相符合一致的东西。这种非历史的批判一方面带有臆想的乌托邦之虚幻性，如马尔库塞之通过性欲升华达到人的全面解放的共产主义；另一方面带有无政府主义"左"的激进姿态，如萨特晚年在答记者问时自觉意识到自己是一个非马克思主义的"无政府主义者"。故对一些走得过远的"西方马克思主义"者，本书不列为对象。

总之，西方马克思主义各流派之间哲学思想本身就是千差万别，变化万千的，而且每一流派的思想系统也不是周密完备的，所以它们在根源上也是杂乱多元的。

在20世纪西方马克思主义美学的哲学背景问题上，进行以上概括性的一番清理之后，我们将简略通过在哲学上带有负面影响的几个代表人物来研究这一问题。这三个人物就是科尔什、早期卢卡奇与葛兰西。科尔什没有什么美学与文艺学论著，故可从略。从对葛兰西和早期卢卡奇的负面论述与批判，以明晰20世纪马克思主义美学思想的哲学背景。

第二节 葛兰西的哲学与文艺思想

安东尼奥·葛兰西（Antonio Gramsci，1891—1937）对20世纪"西方马克思主义"的发展是一个开风气之先的人物。他在哲学方面对西方马克思主义的影响可以和早期的卢卡奇相提并论，而且他俩几乎不谋而合，汇合成为一种合力式的作用，几乎影响到后来每一个重要的西方马克思主义派别的人物。所以，A.戈尔曼在他的《新马克思主义研究辞典》中，把葛兰西和卢卡奇都列为"黑格尔式的唯心主义的马克思主义"，并以词条对其生平、政治活动与哲学思想加以介绍与析解。

葛兰西的生命比他的思想对后世的影响要短暂得多。对他的生平与政治活动，由于这方面有关的材料已经很多，我们在这里就不详细介绍了。出生于意大利一个有文化知识的中下层家庭，从1911年进入意大利都灵大学开始，他短暂一生大致可以划分为三个阶段：在学生时代，他于1913年参加了带有社会主义倾向的民族民主主义的社会党，并协同该党其他成员创办了社会党的周刊《新秩序》，支持都灵工厂委员会的建立。第二阶段是他与陶里亚蒂等意大利社会主义者于1921年创建共产党的时期，其后的两三年间他到莫斯科与维也纳为共产国际工作。1924年他当选为意大利国会议员。1926年，他被意大利法西斯逮捕入狱，并被判处20年徒刑，直至1937年病逝，为他狱中生涯时期。

葛兰西英年早逝，他短暂的一生充满着不幸与磨难，然而他从未停止过斗争，为意大利工人阶级和共产党作出了杰出的贡献与牺牲。他在监狱期间，在检查制度与材料不足的艰难条件之下，仍然坚持写作。这些文章（总共30多个笔记本）全部编入著名的《狱中札记》一书中。加上另外的文件、札记、书信，汇为近3000页，七卷本，于他死后付梓问世。

葛兰西从事著述活动主要是在1917年到他逝世前两年，即1935年之间。这一时期，在历史上是无产阶级以暴力夺取政权以及帝国主义之间矛盾激化为世界战争的阶段；在思想理论上则是马克思主义发展的列宁主义阶段。这是一个总体转折与过渡的历史阶段。马克思主义在新的历史条件下，在理论与实践上面临着一系列新的问题。葛兰西在学生时代并没有接触马克思主义，而是在克罗齐的黑格尔式唯心主义的影响之下。参加共产主义运动之后又受到科尔什与卢卡奇的影响。他将近20年的理论思想发展可概括为从意志论到实践哲学两个阶段，与对历史唯物主义主观化这样一个中心。他的不幸在于没有发生像卢卡奇那样的后期思想剧变。他在完全封闭状态的狱中，所写下的文献，是按照他头脑中的唯心主义去设想并改造马克思主义的，而且逝世之前没有得到任何纠正与修改的机会，然而在一旦问世后，其影响又是他始料不及的。因此，我们不能"为贤者讳"，听任他对马克思主义哲学的唯心主义错误理解不予指正。

一 从意志论到"实践哲学"

在《狱中札记》中，葛兰西把马克思主义哲学一概称为"实践哲学"。一般认为这是因为躲避监狱检查，而实质上这不仅是一个权宜的策略，而是他对马克思主义哲学的一种独特的基本看法。他在《马克思主义问题》一文中写道：

> 大家知道，实践哲学的创始人（马克思。——引者注）从来不把自己的观念称为唯物主义的，当他论述法国唯物主义时给予了批判，还强调说要作更详尽的批判。所以他从来不提"唯物主义辩证法"，而是把它称做"合理的"，以同"神秘的"相对立，赋予"合理的"这个词以十分明确的意义。①

这一观点影响非常之深远，不仅在西方，而且在相隔半个多世纪之后的中国，至今经常看到有人在文章中几乎原封不动地把这样的话搬出来不加注地作为自己的观点。所以我们有必要对这一根本性问题加以研究与澄清。

马克思的唯物主义鲜明立场表现在对黑格尔唯物主义体系的众所周知的"颠倒"上。正如在他的《〈政治经济学批判〉序言》（1859）所说"物质生活的生产方式制约着整个社会生活、

---

① 《葛兰西文选（1916—1935）》，人民出版社，1992年版，第530页。

政治生活和精神生活的过程。不是人们的意识决定人们的存在，相反，是人们的社会存在决定人们的意识"①之著名论断；以及他在《资本论》第一卷第二版跋中又说："我的辩证方法，从根本上来说，不仅和黑格尔的辩证方法不同，而且和它截然相反。……观念的东西不外是移入人的头脑并在人的头脑中改造过的物质的东西而已……辩证法在黑格尔手中神秘化了……在他那里，辩证法是倒立着的。为了发现神秘外壳中的合理内核，必须把它倒过来。"②本来这已足以说明马克思的哲学立场了，但为了防止混淆，在这里有必要弄清几个概念。就以上引文所提到的"物质的东西""社会存在""物质生活的生产方式"相对于"观念的东西""人们的意识""整个社会生活、政治生活和精神生活的过程"显然具有决定论（第一性）的地位与意义。在这里几个概念的关系是这样的，"物质的东西"包括自然界的一切物质实体和现象以及物质运动的客观规律，也包括相对于人们主观的意识是客观的"社会存在"。而"社会存在"则主要由"物质生活的生产方式"构成。"物质生活的生产方式"包括生产力与生产关系（人们在生产活动中的占有与分配关系）。但在这里要注意的是在"物质生活"到"精神生活"之间有一系列的中介，即"社会生活、政治生活"。其所以为中介，就因为社会生活与政治生活中既包括物质生活也包括精神生活，必须根据其具体内容加

---

① 《马克思恩格斯选集》，第 2 版第 2 卷，第 32 页。
② 《马克思恩格斯选集》，第 2 版第 2 卷，第 111—112 页。

以区分。在这里决定的与被决定的、第一性的与第二性的之间既是有界限的不容颠倒与混淆的,又是有着一系列过渡中介的,也就是说其界限不是僵死的、机械的。

在这里要注意防止的是对"存在"这个概念的抽象化,并以之取代"物质"概念,正如恩格斯当年所批判过的杜林那样;后来的存在主义者海德格尔也从古希腊哲学引经据典,殊途同归。恰好葛兰西在这里引用了恩格斯的这段话,但他却作了错误的理解与引申。

恩格斯批判杜林关于世界统一于"存在"的说法,指出:"世界的统一性在于它的物质性,而这种物质性是由哲学和自然科学的长期的和持续的发展来证明的。"葛兰西在引用了恩格斯的这段话后,紧接着写道:

> 恩格斯的这一论点包含着下列正确观点的起源:要想证实客观现实,必须求助于历史和人(恩格斯的这段话分明包含着两层意思,首先,也是主要的一层意义在于强调世界的统一性在于它的物质性;其次才是主体的人的认知系统对这种物质性的"证明"。而葛兰西在这里断章取义地截取其后一层意思。——引者注)。所谓客观,总是指"人的客观态度",可以把它看作同"历史的主观"恰好一致;换句话说,客观将意味着"普遍的主观"(基于以上对恩格斯的曲解,在这里葛兰西完全离开了原文,混淆了"客观"与"主观"

的基本界限。——引者注）。①

回到《狱中札记》的上面一段引文，从马克思的哲学史观来看，所谓马克思对法国唯物主义批判的不是其"唯物主义"而是其中的机械论，如笛卡儿。恩格斯在论及17世纪英国唯物主义者培根时写道："物质带有一种令人愉悦的、诗意的诱惑力，以迷人的笑靥引人注目。"所谓"合理的"与"神秘的"（辩证法）是针对黑格尔的客观唯心主义体系的，而其间贯穿着的辩证法，已经是发展得很成熟而完备的辩证法了。其所以是"神秘的"，就因为披上了一件唯心主义的外壳，呈现出一种"头足倒立"的形式。马克思取其"合理的"内核，正就是重新将客观的物质的实体作为第一性的决定主观精神东西的地位；或历史的东西先于逻辑的东西。因此"合理的辩证法"就是唯物主义辩证法，葛兰西以为马克思只提"合理的"辩证法就是否认或拒绝唯物主义辩证法是极大的误解与唯心主义的偏见。由此可见，葛兰西在狱中可能由于没有马克思的原著，完全凭记忆，带着先入为主的根深蒂固的唯心主义偏见，对马克思主义作出了错误的理解，得出了完全相反的结论。

葛兰西的基本立场与出发点是错误的，所以他的关于实践的观点也与马克思主义的实践观点大相径庭。如他指出："人与物质（自然—物质生产力）之间的矛盾通过辩证法的发展达到

---

① 《葛兰西文选（1916—1935）》，人民出版社，1992年版，第519页。

统一。"① 如果这种统一是包含着对立的统一那才是辩证法的统一；如果这种统一意味着无差别的"同一"、无对立的一体化，这就不是辩证法的而是形而上学的统一。在一系列问题的看法上表明葛兰西的观念属于后者。他在《狱中札记》中写道：

> 在实践哲学中，关于认识的"客观性"的问题……"一元论"这个术语将表达什么意义呢？当然不是唯物主义的，也不是唯心主义的。这一术语将标明在具体的历史行为中的对立面的同一性，也就是与某一种被组织起来的（历史化了的）"物质"，与人所改造的自然不可分地联系着的具有具体性的人的活动（历史—精神）。这是行动（实践发展）的哲学……②

在这里所说的"具体的历史行为"以及"……人的活动"就是他的"实践"观念的换一种说法。诚然，他在这里谈到的"同一性"是"对立面的同一性"。就人的实践活动而言，也可以认为人在具有"具体性的人的活动"中与"人所改造的自然"是"不可分地联系着的"。然而，这种"对立面的同一性"，这种"不可分的联系"之外还有没有客观的，即不以人的主观为转移的独立的自然，对这个问题的回答将最终判明：他的辩证法是唯

---

① 《葛兰西文选（1916—1935）》，人民出版社，1992年版，第478页。
② 安东尼奥·葛兰西：《狱中札记》，人民出版社，1983年版，第58页。

物主义的，还是唯心主义的；他的实践观念究竟是不是马克思主义的。

请看他是怎样回答的，他说：

> 至于形而上学唯物主义的"客观"概念，似乎是指一种脱离人而存在的客观；可是当我们断言，即使人不存在，现实也会存在时，如果不是形象地打比喻，便会陷入一种神秘主义。我们认识现实仅仅是就对人的关系来说的，既然人是一种历史的形成，认识和现实就也是一种形成，客观性也一样，如此等等。①

用"形而上学唯物主义"与"神秘主义"两顶帽子给"脱离人而存在的客观"扣上似乎是最为省事的办法，这样似乎就不需要任何论证。然而，这也恰恰暴露出他的辩证法是唯心主义的；他的实践观念不是马克思主义的，因为否定"脱离人而存在的客观"也就必然要否定脱离精神而存在的物质。所说"认识"与人本身是一种"历史形成"当然没有什么错，但将之与"现实""客观性"视为同等的"形成"，结果又导向"主客体"不分，"精神""物质"不分。

我们不妨再看一处，这里要说明，下面的引文与前面有些引文系出于他对布哈林的《历史唯物主义——社会学体系》(1921)

---

① 《葛兰西文选（1916—1935）》，人民出版社，1992年版，第520页。

一书的批判。为防止枝蔓与复杂化，有关布哈林的论点凡不影响对葛兰西本人观点的呈露这里就不涉及了。如葛兰西又写道：

> 用"外部世界的客观现实"这样"吓人"的题目来反对主观主义的概念的辩论，通篇结构很成问题……民众根本不会想到可以提出这样的问题，外部世界是否客观地存在着，要是提出这样的问题只能让人笑痛肚皮。民众"相信"，外部世界是客观存在，不过这里面就产生这样一个问题：这种"信念"从何而来，它在客观上有何批判意义？这一信念实际上来自宗教，即使对宗教不感兴趣的人，也概莫能外。因为一切宗教过去和现在一贯宣扬上帝创造了世界、自然、宇宙万物，然后才创造人，所以人才认为世界万物都有一定，而且永远如此，于是这一信念就成为颠扑不破的"常识"流传下来历久不衰，即使宗教感情已经消失或淡薄。①

在这里无论布哈林那本书的错误有多大，葛兰西否认外部世界的客观存在的观点加上前面所引几段的相互印证，已成无可怀疑之事实。问题是在这里对外部世界的信念之来源归之于宗教，这样提出问题与看待问题的方式，确实叫人啼笑皆非。承认外部世界是客观存在与信仰神创论之间非但找不出任何逻辑的联系，而且恰恰正如唯物论与有神论是水火不容的。葛兰西之所以如此

---

① 《葛兰西文选（1916—1935）》，人民出版社，1992年版，第515页。

可笑地提出问题与看待问题，在于他混淆了"存在""创造"概念。一般哲学概念的"存在"，康德所说的"自在之物"与"自为之物"的存在，前者指非人的，即无自我意识的存在，也就是不包含创造的存在；后者指人作为存在是具有自我意识的存在，也就是包含创造的存在。宗教或神创论所说的创造则是凌驾于一切之上的创造，既创造"自在之物"，也创造"自为之物"，也就是通常教义所说的"上帝无所不在"。"外部客观世界的存在"是不需要其"外部的（无论是神，或是神化了的人）"力量来"创造"的，其创造的力量蕴含在其内部自身。人是自然发展史所生成的，人类史与社会史是自然史的延伸。人的实践所发挥的创造力就其表现为自然规律的发现与认识后的利用，及对自然的改造而言，也可以说是自然本身创造力向高级的意识化的创造的发展阶段。在这个意义上，以物质一元论为基础的实践一元论是正确的，是唯物主义的辩证法。以人与自然相对分离，人外在于自然的前提之下，否认人的外部自然世界的客观性之实践一元论，或相应的实践观念则是唯心主义的。葛兰西的实践观念恰恰是后者。

以上所论主要集中于《狱中札记》里的葛兰西30年代以来的思想观念。虽然它们是一些笔记并以与布哈林论战的形式出现而显得不那么完整与系统，然而他的基本的哲学立场还是明晰、确定与一贯的，那就是否定脱离人的主观的客观物质世界存在之意义的实践一元论。从这里可以回溯到他早期的思想，它们集中反映在他为十月革命所写的题为《反〈资本论〉的革命》一文之中。他把十月革命称为"反对马克思《资本论》的革命"。

布尔什维克革命所包含的意识形态的意义多于事件的意义……这是反对卡尔·马克思的《资本论》的革命。……它批判地论证了事件应该如何沿着事先确定的进程发展下去……已经发生的事件战胜了意识形态。事件已经冲破了这种公式，而根据历史唯物主义的原则，俄国历史好像应该按照这一公式发展。……历史唯物主义的原则并不像人们可能认为和一直被想像的那样是一成不变的。

以上这段话最后一句意思是并不错的，问题在于按他理解的历史唯物主义便成为某种带有意志论色彩的东西。他继续写道：

　　……历史上占统治地位的因素不是天然的经济事实，而是人，社会中的人，彼此联系着的人，他们互相达成协议，并通过接触（文明）发展一种集体的社会意志；是了解经济事实的人，他们对经济事实作出判断并使之适应自己的意志，直到这种意志成为经济的动力并形成客观现实，这种客观现实存在着、运动着，并且终于像一股火山熔岩一样，能够按照人的意志所决定的那样，在任何地方、以任何方式开辟道路。①

这段话中矛盾的地方很多，经济事实首先并不是天然的，而

---

① 安东尼奥·葛兰西：《狱中札记》，人民出版社，1983年版，第9—10页。

是"社会中的人"彼此联系的带有必然性的纽带。这种经济事实首先不是适应人的"意志",也不是意志形成"经济的动力"与"客观现实"。客观现实更不是"按照人的意志所决定的那样"去"开辟道路"。人的意志是从人的本质中产生出来的,人的本质又是从以经济事实为核心的客观现实得到规定的。因此,经济事实不是占统治地位的天然因素,而是占决定论地位的必然因素。

由此可见,葛兰西对历史唯物主义的意志论解释是从早期到中期西方马克思主义普遍盛行的反"经济决定论"(或经济宿命论)的主要根源之一。他在1917年的这篇文章的基本观点一直贯穿到30年代并日趋成熟。在《狱中札记》的一些文章中,他多处强调历史唯物主义的非"定型"化与非"体系"化,认为"历史唯物主义只能是一种主要处于批判与论战状态的哲学"。"这样一种体系,能不能人为地创造?如果能,是由个别人还是由集体来创造?唯一可能的是批判活动,尤其是指批判地提出并解决那些反映了历史发展的问题。"[①] 显然,这种对历史唯物主义的非"定型"化与非"体系"化的强调乃是西方马克思主义所流行的马克思没有哲学体系,辩证唯物主义是恩格斯与列宁搞出来的说法的主要根源之一。

如果我们从90年代以一种历史的宏观视野回过头来反思十月革命的实践与理论,应该说马克思当时关于无产阶级革命必然在最发达的资本主义国家首先发动,并且全世界大致同时实现共

---

① 安东尼奥·葛兰西:《狱中札记》,人民出版社,1983年版,第529页。

产主义的预见还是正确的。90年代前后在东欧和苏联发生的事变表明十月革命胜利的果实并没有巩固下来。但这又并不意味着列宁与布尔什维克所领导的十月革命的实践和理论就是错的,当时的反对派就是正确的。这也正如巴黎公社,作为无产阶级暴力夺取政权与建立政权的"尝试",两者的意义是同样伟大的创举。作为革命群体主体意志的能动性表现,不是消极等待世界性无产阶级革命同时爆发,而是由于当时当地无产阶级与资产阶级的矛盾激化程度及力量对比所决定的,即群体主体意志怎样因势利导,夺取胜利(哪怕是局部的,暂时的)。无产阶级革命运动与马克思主义的理论,在历史的宏观上推进了人类社会的进步。20世纪后期世界的新格局表明,马克思主义的批判力量仍然在推动着资本主义不断调节其自身的生产关系以适应生产力的进步与发展。而生产力与科学技术进步正朝着不断缩小并逐渐消灭城乡、工农、体力劳动与脑力劳动之间的差别的方向前进;民主运动的力量正在削弱官僚极权并缩小等级差别,向着真正的公仆制度前进。巴黎公社的不朽原则,将焕发出前所未有的光辉;共产主义仍然是人类最高的理想境界。当然,这个过程不是指日可待的,也不是轻而易举的。人类还将为之奋斗,付出痛苦甚至牺牲。然而,它毕竟日益向我们接近。

葛兰西的辩证法虽然是唯心主义的,但它仍然有其合理的"内核":那就是反对把马克思主义思想体系看成一成不变的、僵死的、封闭的教条,弘扬实践中主体的能动作用。然而这种合理的内核仍然必须颠倒过来才能发挥其积极作用。

二 美学与文艺观问题

葛兰西的美学文艺学观点的影响虽不及他的哲学观点,但他的关于"民族文学"及"文化领导权"的论述则成为后现代主义中反对"文化霸权——文化殖民主义"的理论依据之一。这方面的有关资料更加片断、不成系统,更加晦涩,所考虑的问题主要在以下方面:(一)建立意大利"新文学"的问题,包括"新艺术"与"新文化"的区别问题;(二)"民族的"文学与"人民的"文学之间的关系问题;(三)艺术批评的标准问题。由于他所考虑的问题过于局限、具体与狭窄,所以便影响到他的这些见解的普遍性。当然,在哲学上他也考虑过上层建筑与意识形态的问题,这方面的见解就带有更大的一般性。从以上零散的几个论述的方面,我们可以提炼出比较重要的普遍性问题:艺术、艺术家与政治及时代、内容与形式、文学艺术批评的标准以及文学作品中的"新人"与"旧人"的关系等,关乎反映论与历史唯物主义的问题。他并不是很明确直接地就这些问题发表专门论述,从他对某些有关的论述中我们可以引出这些问题。

(1)在葛兰西的时代,革命者与进步思想界关于建立意大利"新文学"是一个强烈的呼声。因为当时意大利人民广泛地阅读外国的文学作品,如法国、俄国的等。"无论是叙述和其他风格上,意大利从来没有,现在也没有民族的—人民的文学。"葛兰西指出:"意大利人民优先读外国作家的书那个事实意味着什么呢?它意味着人民感觉到外国知识界的智力和领导权,他们觉得自己与外国作家的联系比和'本地'作家联系的程度大些。"葛兰西指出，造成这种情况的原因在于意大利国内"精神与道德关系上不存在民族统一整体"，这又是由于等级制与不平等所引起的。这种不平等在文化上首先带来的结果是知识分子与人民大众的隔离。"一切'有学问的阶级'及其智力活动脱离了人民一民族"，这并不是说人民大众对文学与文化活动失去了兴趣，而是"外国的书籍比外国人还要多"。从这些论述中，后现代主义中的后殖民主义批评很容易引出反文化霸权主义与殖民主义的论断。

葛兰西指出，意大利的知识分子"没有人民的出身，虽然他们中间有些人也是出身于人民，却并不自觉与人民相联系（如果把动听的空谈放在一边的话），不知道人民，不了解人民的需要和渴望、人民藏在心里的情感；知识分子对人民的关系是割断的悬空的等级关系，而不是人民本身组成的部分，体现其有机的固有的职能"。

建立意大利的新文学也就是建立意大利的民族文学。在这里提出了两个口号的关系的问题，这便是"新文学"与"新文化"、"民族的"与"人民的"之间的区别与关系。

首先，葛兰西指出，在许多语言中"民族的"与"人民的"是同义词，或者差不多是同义词。而在意大利"民族的"一词"有很狭隘的意识形态意义"，即"民族的"一词与意大利独特的等级传统观念相联系，所以说意大利知识界脱离人民，并不意味着脱离民族。葛兰西因而特意把民族与人民用"一"符号加以连接。

在论及"新文学"与"新文化"的关系之中,我们可以看出葛兰西在区分艺术与政治等"非艺术"东西之间关系所作的努力,即竭力找出艺术与非艺术东西之间既联系又区别的界限。他认为建立意大利"新文化"与建立意大利"新艺术"或"新文学"是不可等同的口号。显然,葛兰西是赞同"为新文化而斗争"这个口号,而反对孤立地提"为新艺术"的。在他看来,文化不仅包括文学和艺术,还包括政治、道德观念、文学艺术批评、美学观念与生活方式在内的更广泛的时代含义。因为文学与文化的如此联系,"文学著作可见就是文化的历史,而不是文学史,或者说得好些,不是文学的历史,因为它是更广泛的历史——文化的历史的一部分和一方面"。因此,他认为新文学不能不具有历史的、政治的、人民的前提:这种文学应该努力深入研究已经存在的东西,用争论或者其他方法是不重要的;重要的是要使新文学扎根于人民文化的富饶基础上。

(2)从克罗齐《多余的哲学》一书中,葛兰西引出了历史唯物主义的文学观念。克罗齐的书中是这样写的:

> 诗不产生诗:"单性生殖"这里没有地位;"雄性"因素的干预是必要的——这是实在的、热情的、实践的、道德的。最有影响的诗的批评家,在这种场合下,推荐的不是诉诸文学处方,而正如他们所说,是"改造"人。

葛兰西在紧接着这段引文之后写道:"在人将改造好以后,

他的精神更新,感觉将体验到新的生活,就会产生新的诗篇。"①克罗齐所说的"诗不产生诗","单性生殖"可理解为"从艺术到艺术"或"纯艺术";"'雄性'因素的干预"可理解为非艺术东西对艺术的关系。所以,葛兰西认为克罗齐的"这种观察可以由历史唯物主义运用。文学不产生文学等等,即是意识形态不造成意识形态,上层建筑不产生上层建筑,例外的是由于惯性和被动而继承:它们的产生不是通过'单性生殖'的方法,而是由于'雄性'因素的干预、革命活动历史的干预的结果,它造就'新人',即是新的社会关系"。在这里葛兰西没有提出直接正面的回答,即意识形态与上层建筑不由自身产生与决定,那么给它们以本质规定的东西究竟是什么,所谓"革命活动历史的干预""新的社会关系"说得还是比较笼统。在社会关系中决定性的因素——经济的物质生产的方式与方法的关系始终没有被说出来,这当然与他在哲学上对历史唯物主义的主观理解有关,但在这里比较明显地有别于当时俄国形式主义诗学强调"文学内部规律"之历史唯心主义方法。从文学艺术作为意识形态与上层建筑的"他律"决定论,较之"自律"决定论是更接近历史唯物主义的。

由上面引文中提出的另一个问题是文学"新人"的造就。葛兰西指出:"……'旧人'也因变革成为'新人',在原来的关系成为被推翻的关系之后,就进入新的关系。这也是因为下面的事

---

① 安东尼奥·葛兰西:《狱中札记》,人民出版社,1983年版,第461页。

实,当积极地被造就的'新人'的自己表现在诗篇中以后,可以看到被否定地被革新的旧人之'最后杰作'的出现;而这最后杰作往往具有惊人的光辉:其中新旧结合起来,情感达到无与伦比的灼热等等。"①

这里所说"关系"是指作为人的外在的"社会关系","新人"是在对旧的社会关系变革中人自身新质的造就。新旧结合之"最后杰作"颇为费解,但我们可以通过他的另一段文字得到相互印证。在另处葛兰西谈到文学对"历史顶点的人"与"反动的人"的描写之关系问题,他指出,历史的"顶点"是发展的"因素","显示出活动的优越形式,即这种历史'顶点'的人,应该是某一因素的描写者;但是,怎样估价那些显示其他活动形式,其他的活动的因素呢?难道这后者不也是'被描写的因素吗?或者需要认为描写者的,只是那些将表现相互对立的一切抵抗力量和处于斗争状态中的,即是描写一切历史—社会整体矛盾状态的成分的那些人?"

这个问题实际上已经涉及"社会主义现实主义"的原则与方法,这是屡经争论而无休止的问题。葛兰西在这里提出了问题,而且心目中也有所回答,但在他所谓"新旧结合"之"最后杰作"尚看不出与后来斯大林对"社会主义现实主义"所下定义有明显冲突之处。因为他把"新人"突出在诗篇中间。而"旧人"只是以"被否定被革新"之因素出现在"最后杰作"中。在论及

---

① 安东尼奥·葛兰西:《狱中札记》,人民出版社,1983年版,第461页。

巴尔扎克时，葛兰西认为马克思、恩格斯之所以高度评价巴尔扎克，显然是因为巴尔扎克清楚地了解，人是在其形成与生活中的社会条件一切综合的表现，并且为了"变革"人，就应当变革这些条件的全部综合。

他在另处对"一致主义"的批判上，也表明了他对现实主义在不同时代发展的区别并不是十分清楚。所谓"一致主义"是指，"站到'一个唯一'进步发展路线观点上，一切新事物融合其上并且成为其他成就的前提"。他认为这将导致"严重的错误"，因为不仅存在着许多路线，而且在"最进步的路线上也发生倒退"。但是在这个问题上，他就这么几句话，最终也未能把问题说得很清楚。

（3）在文学艺术的内容形式问题上，葛兰西持两者既统一又区别的分析态度。在他那里，内容与政治、文化、世界观、一定的思想方式相联系；形式则与语言表现相联系。他说："可以说，拥护'内容'的人，实际上为一定的文化、为反对其他文化与其他世界观的一定的世界观而斗争"，"'历史的'形式意味着一定的语言，而'内容'则指一定的思想方式"。

在内容与形式的统一之中，葛兰西似乎认为不能简单地说"内容优先于形式"，因为"艺术作品是一个过程，内容的变化也就是形式的变化"，"不满意于原来的内容也就是不满意于原来的形式；当'满意的形式'达到时，往往以为内容也改变了"。在不同意说"内容优先于形式"的同时，他似乎更强调反对形式主义，指出"众所周知，关于形式等等饶舌的人，把形式和内容对立起来，说的完全是一大堆混乱的空话……"他反对形式主义与反对"自律"论是一致的。

葛兰西关于艺术批评的见解基于对内容与形式的以上看法。在这个问题上，在关乎文学批评的标准问题上，虽然反对形式主义，但对艺术的形式还是重视的。他对"艺术就是艺术，而不是'预谋的'先写好的宣传"这种显然来自马克思主义之外的批评，并没有简单地予以回击，而是从中引出积极合理的因素。他指出："我们假定在艺术作品中应当研究的只是艺术质量，可是无论如何并不排除研究集中什么感情，对待生活是什么态度贯穿着艺术作品本身。……例外的只是为了使艺术作品由于其道德与政治内容，而不是由于形式被认为是艺术的。"在这里可以看出，他是强调内容与形式统一的。

从这种内容与形式关系的观念出发，葛兰西指出两种批评的角度：一是属于纯粹艺术的美学方式，另一种是属于文化政策的即是单单属于政治的美学方式。他认为，"如果政治活动家施加压力，旨在使自己时代的艺术表现一定的文化界——这是政治的行为，而不是艺术批评的表现"，"所以政治批评家不是把某某人当作艺术家揭穿，而是作为'政治上的机会主义者'揭穿"。虽然葛兰西并不否认某些艺术家持"机会主义"态度，但显然他是反对以政治批评代替艺术批评的。

他认为，政治家从政治的观点看，永远也"不满艺术家"，因为"政治家想像人之为人，应该是为要达到一定目的的那种人；人的工作恰好也在于引导人于运动之中，使他们超出今日的界限，并且使他们用集体的方法成为有能力达到已定目标的人，即是与目标'相适应'的人。而艺术家对个别的、未形成的事物等的某种因素，有必要指出'本来是什么'——现实主义地指出来"。这个问题显然涉及文学正面主人公与历史前进方向一致及革命浪漫主义理想的关系，又与历史"顶点"及"新人""旧人"的关系问题纠缠在一起。可见，葛兰西对这些问题的论述没有分清层次，因此某个问题提了出来尚未展开便又绕到另一问题上面，另一问题又未展开却又绕了回来。

综上所论，可以看出葛兰西在美学与文艺学方面没有明显的错误观念，可能正因为如此远不如他在哲学方面的错误影响之大与深远。他的"实践哲学"的意志论与主观主义没有贯彻到自己的美学与文艺学之中，却为后来的"实践一元论"美学提供了哲学基础；他在哲学上反对反映论的立场也没有贯彻到美学文艺学上来，却对后来的西方马克思主义产生了根本的影响。

第三节　卢卡奇的早期思想
——《历史和阶级意识》

由于卢卡奇思想发展之曲折复杂，我们有必要将之分割为两大阶段，即将其早期以《历史和阶级意识》为代表的思想作为与葛兰西并列的对 20 世纪西方马克思主义产生决定性负面影响的人物置于本章，并以他对《历史和阶级意识》的自我批评为分界线，将其一般美学思想置于后章，而为保持他作为一个人物的完整,便打破时序将他在这一章里置于葛兰西之后。

而在卢卡奇的早期思想的发展中,我们按照他自己在自传中的说法,以马克思主义为轴心划分为"学徒期"前(1918年前)、"学徒期"(1918—1933)、"第三阶段"(1933—)。第三阶段实际是早期到后期思想的分界,以其自我批评作为本编之结尾。

一 "学徒期"前的思想影响

卢卡奇·捷尔吉(Lukács George,1885—1971)无疑是20世纪我们所能遇见的最为复杂最有影响的马克思主义思想家之一。他的思想历程之曲折复杂,充满矛盾,曾被冠以"教条主义"和"修正主义"两顶帽子,被说成是"激进"或"左"的,"保守"或"右"的;又同时被评价为当代最重要的,甚至是伟大的马克思主义思想家,至于是否应被列为"西方马克思主义"之代表人物尚存异议。对于这种复杂的思想和理论的矛盾性应该从主观与客观两个方面来看,他的世界观本身就有着以上两种矛盾方面的构成因素;另一方面,他的思想和理论又总受到来自矛盾的两个极端方面的解读和批判。由于他在政治运动与思想理论上不断失误,因而多次受到批评处分,他是勇于自省和自我批判的,这些自我批评个别是"违心"的,即迫于外部压力进行的,但多数是真诚的。因此,可以说卢卡奇的一生从未失去对马克思主义的信念和探索前进的信心。他从未自觉背离过马克思主义道路,甚至可以看出他的诚笃使他连对自身信念的怀疑动摇也不容许,但这位思想家又时时不忘另辟蹊径,可以说内在的思想斗争一天也没有在他那里终止过，直到生命的最后时刻。正是由于这种复杂性和矛盾性才使他对20世纪马克思主义思想发展从两个方面产生特殊的重要影响和相反的评价。

对于卢卡奇一生这种曲折复杂的思想理论矛盾必须通过他的时代和早年所接受的思想影响得到清理。卢卡奇在成长的世纪之初正是国际共产主义运动与马克思主义思想运动内部思想理论斗争激烈的岁月。在第二国际内部出现了以伯恩施坦为代表的强大的修正主义思潮。在哲学战线上是新黑格尔主义、新康德主义与以克尔凯郭尔、叔本华、尼采为代表以及孔德、斯宾塞为代表的现代唯心主义崛起交织缠绕在一起的时期。这一时期正值卢卡奇的"学徒期"前，因他把自己对20世纪西方马克思主义影响最大，迄今最有争议的《历史和阶级意识》一书的写作出版时期（1919—1922）称为"马克思主义的学徒期"。

卢卡奇出生于布达佩斯一个犹太银行资本家的家庭，在大学期间攻读过法学、经济、哲学、文学和艺术史。早在中学快毕业之际他便初次接触马克思主义（《共产党宣言》）。在大学期间又阅读了其他著作，特别是从头到尾钻研了《资本论》第一卷。但是，他同时又接受了其他方面，来自新康德主义和新黑格尔主义等现代主义思想家，如齐美尔、麦克斯·韦伯、叔本华、恩斯特·布洛赫等多方面的庞杂的思想影响。他在《我走向马克思的道路》一文中说，他曾是齐美尔的学生，这一影响使他有可能把所学到的马克思的东西"纳入"上述种种非马克思主义系统[①]。

在 20 世纪初,也就是正值卢卡奇 20 岁上下的光景,是他自谓的"克尔凯郭尔时期",表现为 1908 年发表的论文集《心灵的形式》,其中《形式遇生活而破灭》一文是直接阐发克尔凯郭尔思想的。在这里已经透露出其古典唯心主义从黑格尔的客观绝对精神体系向主观的主体性的转化。后来,在追述当时的思想时,他自称因为克尔凯郭尔的"重要作用",以致使黑格尔的影响也不明显了,自己"幻想在(克尔凯郭尔)这里找到一种新的综合",他在《历史和阶级意识》中把"个别现象不同方面的同时性"以一种"非机械方式"联系在一个"普遍一般的实体"之中。这个"实体"也就是后来的"总体(totality)"。[②] 其中特别值得注意的是与他同年的恩斯特·布洛赫,他表示如果"没有布洛赫的影响,是不是也会找到通向哲学的道路。"布洛赫理论思想,通过他早期到中期发表的一系列文章所表明的最大特点是一种哲学与美学的乌托邦,即他的"希望哲学"。布洛赫用一种从犹太教的神秘主义与新黑格尔主义中汲取的乌托邦精神来补充和改造马克思主义,幻想人通过主体性的历史创造并实现人在"希望"中使自己成为的那种样子,即"总体的人"。

以上的影响,使卢卡奇思想"充满矛盾和挫折的发展从一开始就向着本体论,绕过逻辑的和认识的问题"。这种本体论归根到

[①] 《卢卡奇自传》,社会科学文献出版社,1986 年版,第 211 页。
[②] 《卢卡奇自传》,社会科学文献出版社,1986 年版,第 23 页。

底是对人的精神现象的本体论的追问,如他当时已经向自己提出"有艺术作品——它们是怎么可能的?"[①]这样的美学问题。

然而,卢卡奇的这种带有新世纪特点的新人本主义一开始就置于叔本华与克尔凯郭尔的悲观—悲剧精神与布洛赫空想的乐观的理想主义相反极端的牵引之下。而这相反的两方面,可能由于布洛赫始终占主要地位,正如他自己说的"在思想上对抽象的乌托邦主义有一种偏爱"[②]。而另一方面的影响,则与他以"物化"概念对人在资本主义("史前"史)时代的悲剧性之批判不无关系。

在第一次世界大战与俄国十月革命的影响下,卢卡奇加入了共产党(1918)。在文学上,俄国文学——托尔斯泰、陀思妥耶夫斯基精神的影响,一方面是反战的"和平主义"情绪,另一方面是费希特关于"绝对罪孽的时代"的思想,使他在这一时期"所达到的马克思主义的特征"为"左翼伦理学同右翼认识论"的混合[③]。他的《小说的理论》即是这一时期的这种"折中"哲学的产物。前"学徒期"接受了种种思想影响,1967年他为《历史和阶级意识》写了题为《我向马克思的发展(1918—1930)》的再版序言说,"所有这一切造就了一种极其矛盾的理论混合物,决定着大战和战后最初几年内我的思想",而马克思主义对他的影响只是夹杂在如此复杂的思想境况中的一支并不十分和谐的"插曲"。

---

① 《卢卡奇自传》,社会科学文献出版社,1986年版,第25页。
② 《卢卡奇自传》,社会科学文献出版社,1986年版,第240页。
③ 《卢卡奇自传》,社会科学文献出版社,1986年版,第29页。

二 《历史和阶级意识》的主要错误

1923年发表的《历史和阶级意识》一书收集了卢卡奇1919—1922年的八篇文章。在这一时期，卢卡奇同时作为《共产主义》杂志的核心成员，"参与并制定"了一条"左"的政治和理论路线，而受到列宁的批评（说他"左得很"[①]）。其错误主要表现为，他认为"世界革命即将到来，整个文明世界必将被彻底改造"，主张与资产阶级"彻底决裂"（后来他自嘲为"革命救世主"），并在行动上拒绝参加资产阶级议会。这一理论和政治策略的错误又同《历史和阶级意识》一书在哲学思想上有着某种不可分割的内在联系。

《历史和阶级意识》在哲学思想上的基本战斗姿态是"捍卫辩证法"，正如该书副标题"马克思主义辩证法研究"所示。马克思在晚年已经提出"把黑格尔的辩证法当作一条死狗"的危险倾向，一方面是针对狄慈根的不够充分辩证的唯物主义，另一方面是针对来自伯恩施坦的机会主义路线。伯恩施坦的机会主义主要表现为以渐进的改良主义——议会斗争反对无产阶级革命的变革。恩格斯与列宁在第二国际内部继续了这方面的斗争。同时，来自现代唯心主义方面叔本华与克尔凯郭尔又向黑格尔提出了挑战。在这种复杂的哲学思想背景影响下，卢卡奇在为捍卫辩证法的斗争中夸大了主观精神的作用，陷入了唯心主义。在《什么是

[①] 《列宁选集》，第3版第4卷，第212页。

正统的马克思主义?》一文中,卢卡奇表达了这样一种思想,似乎辩证的"方法"可以脱离并超越马克思主义思想的"体系",以致即使"抛弃马克思的全部命题",只要不损害辩证法,仍然可以维持马克思主义的"正统性"。

虽然,在《历史和阶级意识》一书中,作者并没有像他后来的追随者那样明确地把辩证唯物主义与历史唯物主义拆卸开来,以所谓"历史唯物主义"的提法否定辩证唯物主义,在书中他还不止一次肯定地提到了辩证唯物主义,但是,他为他的后来追随者提供了人本主义以实践为核心的本体论,实质上是一种在马克思主义内部生长起来的现代主观唯心主义。

(一)意识与历史目的

代表着卢卡奇(马克思主义)学徒期思想的这部论集的中心议题,即其书名所示,是以意识与历史运动的过程之关系为总体框架与构想的,笼罩着强烈的黑格尔氛围。

他根据马克思所说"理论一经掌握群众,也会变成物质力量"这一著名命题,把整个历史看作意识异化(物化)的过程。他提出:

> 意识的出现必定成为决定性的步骤,历史过程一定采取这种决定性步骤以达到其适当的目的(这个目的是由人的意志构成,但是它既不是依赖于人的任意妄为,也不是人的发明的产物)。[①]

---

① 卢卡奇:《历史和阶级意识》,王伟光、张峰译,华夏出版社,1989年版,第2页。

只要我们比较以上两段论述，就可以发现卢卡奇在论证方法上首先犯了把马克思关于"理论与实践"关系的命题偷换为"意识与历史"关系的命题。尽管卢卡奇所引这一命题出自马克思早期著作1844年《〈黑格尔法哲学批判〉导言》，然而马克思所说通过理论"掌握群众"之途径，所完成"精神向物质"的转化，无疑是以物质力量作为前提的，即"批判的武器当然不能代替武器的批判，物质力量只能用物质力量来摧毁"①。因为"理论"是由人在对世界的物质活动中创建的。而卢卡奇在这里，把这一命题的前提取消，转换成意识与历史的本体论关系问题。他的错误在于给历史预设了一个"决定性"的"目的"——那就是为历史规定全程的"意识"。在他看来，意识出现的必然性不是作为从自然向社会发展的历史转折阶段的产物，而是其先有之"目的"。因为"目的"是同"自由"概念相联系，即行动向意识到的方向前进，它是以"意识"本身为前提的，而"必然（意识出现之必然）"则属"自然"领域，即本来无意识之自然，通过自然本身的必然规律生成意识，所以这样一个问题不可避免地引向意识作为精神东西与历史东西孰先孰后的元命题。

由此，卢卡奇进一步提出了他的"总体"论："这种辩证法的整体概念似乎已经远离现实，似乎很'不科学'地塑造现实。但是，它是能够理解和再造现实的唯一方法。因而，具体的整体

---

① 《马克思恩格斯选集》，第2版第1卷，第9页。

性是支配现实的范畴。"① 他这个"辩证法的整体"就是意识与历史——理论与实践一体化的范畴。它之所以能够"理解和再造现实",就在于它具有本体论化了的认识—实践的功能。这又是通向葛兰西"实践一元论"的本体论。其整个历史作为意识异化(物化)的过程表现为自然向人,人类历史向无产阶级的"阶级意识"转为实践对物化批判的运动。如他所说:"物化是生活在资本主义社会中一切人的必然的直接的现实。只有……通过意识到这些矛盾对整个发展的内在意义,才能克服这种物化。……最终要由无产阶级意识的进化来决定。"② 这种由"意识的进化"所决定的整个历史也就是意识异化(物化)与异化扬弃(批判—否定—克服)的过程。这整个历史观就是黑格尔逻辑学的演绎,只是把客观的"绝对精神"主观化为"意识"——群体(阶级)和总体(人类)的意识。

(二)总体论

如果说意识的历史运动是卢卡奇理论系统的构想与框架的话,总体论则是卢卡奇整个理论大厦的核心与支柱。最能代表卢卡奇早期总体范畴的是《罗莎·卢森堡的马克思主义》一文开始的一段话:

---

① 卢卡奇:《历史和阶级意识》,王伟光、张峰译,华夏出版社,1989年版,第11页。
② 卢卡奇:《历史和阶级意识》,王伟光、张峰译,华夏出版社,1989年版,第213—215页。

在历史的说明中强调经济动机的首要性，这并不能作为马克思主义同资产阶级思想决定性的差别，决定性的差别乃是总体观点。总体范畴，即整体完全优于各部分，是马克思从黑格尔那里获得的那种方法的本质，马克思卓越地把这种方法改变成一种全新科学的基础。……*总体性范畴的首要性是科学里的革命原则的承担者*。①

在这里"总体范畴"被提升到马克思主义"方法的革命本质"的地位。如果从马克思政治经济学的方法来看，这样说倒也无可厚非，列宁在《哲学笔记》中也说过不懂得黑格尔的逻辑学就不可能了解马克思。然而，马克思在《〈政治经济学批判〉导言》中所说的"从抽象上升到具体"的政治经济学方法，这一"具体总体"就是经过研究之后，从没有任何规定性的"混沌的表象"出发，所最终达到的充满大量丰富具体规定的"总体"。即从商品之抽象出发，经过研究揭示出劳动与资本的种种具体规定，揭示出剩余价值秘密的方法。而这方法本身恰恰是同黑格尔的辩证法之间没有"决定性差别"，决定性的差别正是马克思论述了经济事实。所以同卢卡奇所说恰恰相反，"在历史的说明中强调经济动机的首要性，正是（不是'不能'）作为马克思主义同资产阶级思想决定性的差别"。

---

① 卢卡奇：《历史和阶级意识》，王伟光、张峰译，华夏出版社，1989年版，第27页。

撇开了经济规定之后，卢卡奇的"具体总体"便从马克思那里作为"头脑掌握世界的"区别于"宗教的、艺术的和实践的方式"之一种——即抽象思维的（理论的）方式——又还原成一个精神与物质、存在与意识、主体与客体统一的空洞的历史的辩证过程。在他的书中充满着这种说辞，如"总体概念，每一部分服从于历史和思想的整个统一体。在马克思那里，辩证方法旨在把社会理解成一个整体"。"……只有论断的主体本身是一个总体，才谈得上客体的总体性；而且，主体如果想理解自身，它就必须把客体当作一个总体。"[①] 总体既是客体又是主体，既是个别又是一般，既是意识又是历史。

正如他在《自传》中所说的，由于对本体论一开始就产生的浓厚兴趣，方法论的东西、认识论的东西，在他那里都最后被还原为本体论的东西。在历史中表现为推进性的过程，总是被与起点和终点由目的连接起来的浑然一体。正是基于此点，卢卡奇批判恩格斯在《反杜林论》中把辩证法作为"与形而上学相反的"认识方式；批判恩格斯"强调在辩证法中概念的确定界限（概念所反映的现象）将会消失……辩证法是由一个规定转变为另一个规定的连续不断的过程，因而片面的和僵死的因果联系一定为相互作用所代替"，认为恩格斯"甚至没有提最重要的相互作用——历史中的主体和客体之间的辩证关系，更不用说让它处于

---

① 卢卡奇：《历史和阶级意识》，王伟光、张峰译，华夏出版社，1989年版，第28—29页。

其应有的突出地位了。当然,如果没有这一因素,辩证法就不再是革命的了,尽管试图……保持'流动的'概念。因为,这意味着无法认识到:在一切形而上学中,'客体始终不变'这样的思想始终就是直观的,不能成为实践的东西;而对于辩证法来说,中心问题还是要改变现实"①。在这里显然卢卡奇又搞颠倒了,他将之看成辩证法"最重要的相互作用——历史中的主体和客体之间的辩证关系",恰恰是他所批判的恩格斯所强调的贯穿于历史中的"相互作用"中的一个环节,即人类作为主体出现于对象化的世界上之后才出现的辩证关系。而且表明他设定的"客体始终不变"的"直观的(唯物主义)"是强加于恩格斯头上的"无的放矢"。这说明在卢卡奇的这一"学徒期"既没有真正掌握辩证法,也没有真正弄明白他所批判的恩格斯的思想。然而,这一理论误区却就此向"西方马克思主义"敞开。

由于卢卡奇的本体论是来自克尔凯郭尔、叔本华等的主体性的人本主义的本体论,所以他把辩证法从不分主客体的自然史中抽掉了。

(三)自然的客观性与辩证法

由于卢卡奇认为"辩证的过程……从本质上产生于主体和客体之间"②,所以他把主客体相互作用的关系之外的辩证法视为

---

① 卢卡奇:《历史和阶级意识》,王伟光、张峰译,华夏出版社,1989年版,第3页。
② 卢卡奇:《历史和阶级意识》,王伟光、张峰译,华夏出版社,1989年版,第150页。

不重要的，甚至是不存在的，进而认为"人在理论上和实践上所面对的世界"之"客观性""在任何地方都是人的产物，以及社会发展的产物"①。而非人的，人之前与人之外的，即不以人为转移的自然的客观存在消失了。正如他所说的："自然是社会的范畴，就是说，在任何特定的社会发展阶段上不管把什么当作自然的，这样的自然总是和人相联系的，不管人与自然相联系采取什么形式（即自然是形式），自然的内容、范围和客观性总是被社会制约的。"②人与自然的这种关系最终必然被还原为物质与精神、思维与存在的关系，否定自然独立于人的客观性，也就是否定物质独立于精神，存在独立于思维的客观性。自然对于作为主体的人客观的物质独立性，首先在于以上所说的意识作为人类的特征之出现是自然物质运动发展到一定阶段的产物。在人类和意识产生之前，自然已经按照物质运动的辩证法经历了远比人类历史漫长的世代。在人类和意识起源发生之后，自然与人类建立了一种相互作用的主客体关系，但此时自然本身的规律仍然带有不以主体、主体的意志以及整个人类为转移的客观性。

卢卡奇否定自然的客观性与否定自然辩证法是一致的，他说："黑格尔时常明确地认识到，自然辩证法决不能被抬得太高，不过是被孤立的观察者所目睹的运动的辩证法，因为主体至少在迄今为

---

① 卢卡奇:《历史和阶级意识》，王伟光、张峰译，华夏出版社，1989年版，第171页。
② 卢卡奇:《历史和阶级意识》，王伟光、张峰译，华夏出版社，1989年版，第237页。

止所达到的阶段上不能被结合进这一辩证的过程中。……由此我们推论出使纯粹客观的自然辩证法脱离社会的辩证法的必要性。因为在社会辩证法中,主体被包含进一种相互关系中,以这种关系使理论和实践彼此关联而成为辩证的(不言而喻,关于自然知识的增长是一种社会现象,因此被包含在社会辩证法的类型中)。"[①]这里产生一系列问题,首先所谓"自然辩证法决不能被抬得太高"是对黑格尔思想的不准确的理解。自然辩证法因为不包含思维的辩证运动,仅仅为无机界—非意识有机生命界的运动规律,较之社会历史的辩证法当然是低级阶段的运动形式。然而自然辩证法在人类起源之前与之后都起着作用,是自然界固有的运动规律,根本不是什么"被孤立的观察者所目睹的运动的辩证法",人类主要通过自然科学的发展成果,破除了包括黑格尔在内的古代哲学关于自然认识的种种神秘的形式,达到对自然辩证法的认识。所谓"使纯粹客观的自然辩证法脱离社会的辩证法"是一个荒谬的说法,所谓"纯粹客观的自然辩证法"是指其作为自然物质运动的客观规律不以主体人的主观为转移,而"社会辩证法"区别于自然辩证法之点在于它包括了人和人的意识,然而社会辩证法作为社会运动的客观规律,其与人的"类"和"群体"结合在一起(可以说是卢卡奇所说的"主体被包含进一种相互关系中")运动规律的客观性仍然是不以个体的主体的认识与意志为

---

① 卢卡奇:《历史和阶级意识》,王伟光、张峰译,华夏出版社,1989年版,第224页。

转移的,比如市场经济的规律、价值规律、阶级斗争的规律,这些在人类社会之前所没有的规律,其存在与作用的客观性仍不是我们个别人的愿望。实质上,卢卡奇的这一思想在后来的西方马克思主义,特别是萨特那里被明确为"辩证法就是人的辩证法",并认为自然辩证法是黑格尔和恩格斯"把辩证法塞到自然里面去的"。

(四)人本主义问题

人本主义(即人类学本体论)在卢卡奇的理论系统中起着支撑整个大厦的地基的作用。这是他早在写作《历史和阶级意识》前就在思想中酝酿着的,甚至可以说贯穿到他生命之最后一息(《社会存在本体论》的写作)的"根"性的东西。

卢卡奇认为马克思主义在关于"人"的问题上保留了"人作为万物的尺度"的命题,只是作了不同于相对主义的解释。他所谓"非抽象绝对化"的关于"人"的辩证历史的观点就是"人们一定要从人的观点出发来解释人……只有在人已经被纳入那个具体的整体中,并且自己已经被真正地具体化以后,才能解释社会"[①]。在这里,卢卡奇提供的思路是:人——整体——社会。由于其"历史""具体整体"范畴已在本体论上被主体(意识)化,所以他所说"非抽象绝对化"的"人"恰恰是反其意的。然而马克思在标志其历史唯物主义世界观成熟的《关于费尔巴哈的提

[①] 卢卡奇:《历史和阶级意识》,王伟光、张峰译,华夏出版社,1989年版,第203—204页。

纲》中已经放弃早期"从人本身出发"的人本主义，转向从外在于个体主体之外的"社会关系"出发来发现人的本质规定。也就是不是把人作为"万物的尺度"，而是从"万物"来发现并规定"人"的"尺度"。

卢卡奇接着还说："人本身是历史辩证法的客观基础，是构成历史辩证法基础的主客体的客观依据"。在这里，"人本身（man in itself）"是一个与"物自体（thing in itself）"相对应的本体论命题，是一个没有任何具体规定的抽象。所以马克思在《〈黑格尔法哲学批判〉导言》中从古典的"人的根本就是人本身"命题出发，但他并没有停留在这上面，而进入了"那些使人成为被侮辱、被奴役、被遗弃和被蔑视的东西的一切关系"[①]，虽然这仍然是马克思非成熟期的著作。1845年以后马克思不仅是放弃了"从人本身出发"的命题，而且是根本改变了探寻人的本质规定的思想路线，即既不是从人的哲学抽象出发，也不是从人的生物的自然的规定，从人的内部的心理的精神的规定出发，而是从对于人的个体带有"他律"性的，亦即客观的外在于个体人的人在物质生活生产方式中结成的相互关系的纽带出发。这才是卢卡奇所说的"历史辩证法的客观基础，是构成历史辩证法基础的主客体的客观依据"。

而从"人本身"出发，卢卡奇给人所谓"以辩证法的最初的抽象范畴来下定义：人既存在，同时又不存在"。他指出，"正

---

① 《马克思恩格斯选集》，第2版第1卷，第10页。

是在这里，马克思的'人道主义'非常清楚地区别于所有乍一看好像同它很相类似的人道主义运动"。所谓"人既存在，同时又不存在"实际上就是说的"人与人的本质异化"的人本主义，就是说，人的现实存在并不是"合乎人的本质"的存在，而是异化于"人的本质"的存在。这一思想成为卢卡奇在这本书的《物化和无产阶级意识》一文中批判资本主义"物化"的基本出发点。因为当时马克思《1844年经济学哲学手稿》(以下简称《手稿》)尚未整理公开发表，待30年代《手稿》首次发表掀起研究《手稿》的热潮时更强化了卢卡奇这本书的轰动效应。

（五）实践观念

实践范畴在卢卡奇这里表现为辩证法本体化的具体形态。卢卡奇的实践观虽不像葛兰西那样明确地提出"实践一元论"的口号，但都是主观唯心主义的本体论。实践在他那样被作为可以取代客体对于主体第一位决定论地位的主客体统一或同一。如前面所引他对恩格斯《反杜林论》的批判中认为，客体"始终不变（不是物质性不变而是对主体的决定论地位不变）"便是"直观的，不能成为实践的东西"，他说："对于辩证法来说，中心问题还是要改变现实。"① 对"改变现实"这一实践观命题，有两个理解：一是基于对自然物质运动和社会历史运动的客观规律的认识去物质地改变现实；二是唯意志，或意识地去"改变现实"。卢

---

① 卢卡奇：《历史和阶级意识》，王伟光、张峰译，华夏出版社，1989年版，第4页。

卡奇此时的实践观念无疑属于后一种，如他所说，"正确的意识就意味着对它自己对象的改变"，"只有无产阶级的实践的阶级意识才拥有改变事物的能力"。[①]在这里除了"意识"还是"意识"，意识不是通过实践中介作为精神向物质转化的起点与原动力。由此可见，实践一元论也就是改头换面的唯心一元论。卢卡奇把实践看成可以代替物质第一性（对于精神）——客体第一位（对于主体），不是坚持客体第一位决定论的主客体统一。前面所说的卢卡奇的"总体"就是这种主客体统一，如他所说："破坏了总体化观点，也就毁灭了理论和实践的统一。行动、实践——这是马克思在他的《关于费尔巴哈的提纲》中尤其主张的——本质上就是渗入和改造现实。但现实只能作为一个总体来理解和渗透，只有本身就是一个总体的主体才能进行这种渗透。"所说"现实只能作为一个总体来理解和渗透"不仅与马克思所说"总体"相悖，而且"本身又是主体"也自相矛盾。因为主体只有把自身同作为客体之现实区别开来才成其为主体。

卢卡奇的唯心主义实践观与尚在唯心主义时期之"青年马克思"有关，但他似乎比《1844年经济学哲学手稿》更倒退一大步。他认为马克思把"意识概念看作具有'改变世界'任务的'实践的批判活动'"[②]。实际上，我们知道，马克思在《手稿》

---

① 卢卡奇：《历史和阶级意识》，王伟光、张峰译，华夏出版社，1989年版，第226、233页。
② 卢卡奇：《历史和阶级意识》，王伟光、张峰译，华夏出版社，1989年版，第79页。

中已经指出,黑格尔的唯心主义的实践观念在于,"黑格尔唯一知道并承认的劳动是抽象的精神的劳动"[①]。"抽象的精神的劳动"即把意识看作"实践的批判活动"。相反,卢卡奇又把作为真正"实践"之一的"科学实验"说成是"最纯粹的静思",并振振有词地批评"恩格斯最大的误解在于其关于工业和科学实验的活动构成了辩证法和哲学意义上的实践的信念"[②]。在这里他把"工业和科学实验的活动"连接在一起,这很好,这样就同他所谓科学实验是"最纯粹的静思"相矛盾,并有利我们对他的批驳。生产活动是人类创造自己物质生活最必要条件的最基本的实践,其他一切实践活动莫不由此派生,与此关联,工业是直接的生产活动,当然属于最基本的实践活动范围,而科学实验是从生产活动提出的对自然界物质活动的规律性的种种问题,这些问题来自实践,并最终回到实践指导生产转化为生产力,因此当然也属于实践范畴。卢卡奇否认科学实验为实践的理由是认为:"实验者创造了人为的、抽象的环境,以便能够一方面不受干扰地观察被考察的毫无阻碍地发生作用的各种规律,一方面排除主体和客体的全部不合理的因素。他尽可能地努力把其观察的物质根据还原为纯粹理性的'产物',还原为数学上的'理智的素材'"[③]。排除其

---

① 《马克思恩格斯全集》,第1版第42卷,第163页。
② 卢卡奇:《历史和阶级意识》,王伟光、张峰译,华夏出版社,1989年版,第139页。
③ 卢卡奇:《历史和阶级意识》,王伟光、张峰译,华夏出版社,1989年版,第139页。

莫名其妙地从康德那里来的"纯粹理性"等,实验的"物质根据"必须还原为"产物""素材"就表明科学实验是一种不可能与物质分开的活动。综上三点证明科学实验完全是一种来源于生产,为了生产,最终回到生产的一种物质性的实践。"科学技术是第一生产力"的提法也正是就两者在实践上的同一性关系而言的。

综上所述,我们可以看出在卢卡奇的思想体系中意识的历史生发过程是以实践为动力,在资本主义物化形态中无产阶级的意识通过实践驱动实现了整个历史的运动,虽然在其体系内部对"物化"的批判有局部合理性,但在总体上是唯心主义的。因此他把马克思恩格斯的实践是检验真理的标准之命题加以颠倒利用,说:"一个行动其作用是正确的,还是错误的,最终要由无产阶级意识的进化来决定。"[1] 这样,辩证唯物主义认识论的"实践——认识(意识)——实践"的程式在卢卡奇那里就变为相反的,即"意识(认识)——实践——意识"。对于卢卡奇,意识既是出发点又表现为最终的归宿。

(六)关于"反映"

在《历史和阶级意识》中卢卡奇没有专门就反映的问题发表很多的意见,但他在后来的自我批评中认为该书在认识论上的立场是反对反映论的。这并不是他往自己头上"栽赃",从以上所概括的体系可以认为他是把马克思的思想进行主观唯心主义的黑

---

[1] 卢卡奇:《历史和阶级意识》,王伟光、张峰译,华夏出版社,1989年版,第215页。

格尔化的改造。但就黑格尔体系本身而言在认识论上并不直接与反映的观点对立,只是表现为在意识与现实辩证关系上对唯物主义的颠倒。因此这种颠倒也就必然在卢卡奇的论文中出现。

他把恩格斯的这句话"我们重新唯物地把我们头脑中的概念看作现实事物的反映,而不是把现实事物看作绝对观念的某一阶段的反映"①改写为"是把一切事物看作对概念的反映,还是把概念看作是对一切事物的反映,这无关紧要"②。当然他指出这是一种二元论立场,他最终的目标是回到一元论,那就是"思维与存在"的同一性。他指出:

> 思维和存在,在它们彼此"相适应"、彼此"反映"、彼此"平行"或彼此"一致"(所有这些表达词都掩盖了一种僵化的二重性)的意义上,不是同一的。它们的同一性在于,它们是同一真正的历史的和辩证的过程的两方面。在无产阶级的意识中所"反映的"是从资本主义的辩证矛盾中产生出来的新的实证的现实性。这决不是无产阶级的发明,也不是凭空"创造的"……③

在这段话里我们已经可以隐约看出后来批判反映论的武

---

① 《马克思恩格斯选集》,第2版第4卷,第243页。
② 卢卡奇:《历史和阶级意识》,王伟光、张峰译,华夏出版社,1989年版,第216页。
③ 卢卡奇:《历史和阶级意识》,王伟光、张峰译,华夏出版社,1989年版,第221页

器——创造（价值）论——就是说反映是机械地重复，不会产生出新质的东西，因而与"创造论"是对立的。卢卡奇还有一些话也透露出这个意思，他引黑格尔的话"真理不应把对象当作异化的"，指出："但是，当生成的真理性是应被创造但还未产生的未来时，当它是存在于那些（在我们的意识帮助下）将被实现的趋势中时，那么，问思维是不是一种反映，就显得毫无意义……""只有那种自愿地创造未来而且其使命就是创造未来的人，才能看出现刻的具体真理性"。[1]

反映与创造、认识与价值，在马克思主义看来它们是统一的；在实践一元论，或唯心的主体论看来它们是不可兼容的。人无疑是其自己历史的创造者，但这种创造总是在既定的历史条件下进行的，而不是凭空进行的，因此反映论才与创造论同时起作用。而在后者看来，既然可以不必反映真理地去创造，正如卢卡奇所说，那当然可以不必要反映论。这也归结为以上两种颠倒的公式之对立："实践——认识——实践"认为在实践中通过正确反映认识真理，在新的实践中创造出同客观真理性——客观规律不抵触的"新质"的东西；而"意识——实践——意识"则认为"创造"作为"历史的目的"就前设地包含在"意识"中，所以不必反映便可直接通过实践创造新质。

---

[1] 卢卡奇：《历史和阶级意识》，王伟光、张峰译，华夏出版社，1989年版，第220—221页。

第四节　对《历史和阶级意识》的自我批判

卢卡奇于 1929 年为匈牙利党准备召开第二次代表大会起草了一个政治提纲——《布鲁姆提纲》。由于党内最高领导换代引起的政治路线改变，这个提纲被看成"最纯粹的机会主义文件"，卢卡奇为了保留党籍，作了"违心"的自我批评。虽然后来，他认为这个提纲本身"今天很难说有什么重大价值"，但是正是以其标志的这一时期，"真正开始克服了自大战后期一直作为我的思想特征的二元论。只是在这里我初学马克思主义的时期才可被认为结束了"[①]。这个提纲显示的新的理论和思想的新方向，主要是克服了他过去一向奉行的"左"，提出了匈牙利当时还是不能直接向苏维埃共和制转变的主张。

五年后，也就是《历史和阶级意识》问世十年后，1934 年，卢卡奇发表了第一篇自我批评的文章，33 年后（1967 年）他说明在当时的情况下，这个自我批评必须采用"流行的官方语言"，但他指出这同他关于《布鲁姆提纲》的自我批评的区别在于："我真诚地以为《历史和阶级意识》是错误的，至今我仍然这样认为。"[②] 这表明卢卡奇不是一个反复无常之辈，但是怎样看待卢卡奇的自我批评当前在我国学术界仍有含混不实之处，如有的卢卡

[①] 卢卡奇：《历史和阶级意识》，王伟光、张峰译，华夏出版社，1989 年版，第 22 页。

[②] 卢卡奇：《历史和阶级意识》，王伟光、张峰译，华夏出版社，1989 年版，第 29 页。

第一章 20世纪西方马克思主义美学思想的早期哲学背景

奇研究者把对《布鲁姆提纲》的违心自我批评,误为对《历史和阶级意识》的真诚的自我批评①。

《历史和阶级意识》一经发表,一方面引起热烈的争论,如在第二年(1923年)科尔什在写《马克思主义的哲学》时《历史和阶级意识》出版了,他高兴地说:"我基本上同意那位作者的分析,这一分析建立在更广泛的基础上,在许多方面接触到了

---

① 《关于社会存在的本体论》的中译本序写道:"《历史和阶级意识》……发表以后不仅外界对其的评价引起了尖锐的对立和争论,而且卢卡奇本人对这部著作的态度也几经变化。的确,在以后漫长的岁月中卢卡奇有些自我批评是违心的,用他自己的话来说是为了换取一张参加反法西斯主义斗争的'入场券'。但从其晚年思想嬗变的进程来看,自《关于社会存在的本体论》以后,卢卡奇对《历史和阶级意识》所作的自我批评则是真诚的。"[《关于社会存在的本体论》(上卷),重庆出版社,1993年版,第13页]此说不切,在《卢卡奇自传》一书中的有关资料多处谈到关于《布鲁姆提纲》及卢卡奇为此所作的"违心"的自我批评。在1971年《答英国〈新左派评论〉记者问》时,他说:"……我对提纲(布鲁姆)作了自我批评。这完全是口是心非的:是当时的环境强加于我的。事实上我并没有改变观点,我确信我当时是绝对正确的。事实上,后来的历史进程也完全证实了布鲁姆提纲。"(《卢卡奇自传》第300页)在1967年《历史和阶级意识》序言中他谈到30年代对《历史和阶级意识》所作自我批评与对《布鲁姆提纲》的"自我批评"的区别:"当然,为了发表一份自我批评,我必须采用流行的官方行话。然而这是我当时所作声明中唯一的违心成分。它也是对后来从事游击战的'入场券';这次声明(指1934年的自我批评。——引者注)同我早些时候关于《布鲁姆提纲》的自我批评的区别。'只是'在于,这一次我真诚相信《历史和阶级意识》是错误的,并且直到今天我还这样认为。"(《卢卡奇自传》第270—271页。)很显然,对于《历史和阶级意识》的多次自我批评,从1934年以来卢卡奇的态度始终是"真诚的",只是在语言策略上因时势最初有些"违心"之处。明确这一点对认识卢卡奇的思想发展与理论品格至关重要。

我自己文章中提到的问题。"同时,《历史和阶级意识》也当即受到严厉的批判。这些批判虽然尖锐地抓住了其主要方面的问题,但也难免有简单化与过火的现象,甚至有些批判是离开了本文原意的。第一篇批评文章是发表于1923年的赫·顿凯尔的《一本关于马克思主义的新书——与卢卡奇商榷》。该文把"经济的阶级利益只有在资本主义制度下以纯粹的形式表现为历史的推动力"这句话同上下文割开加以摘录[①],显然,卢卡奇不是指"一般的经济的阶级利益",而是指对"经济的阶级利益"在阶级意识中的自觉性[②]。卢卡奇所说"阶级意识在前资本主义时期和资本主义时期有着完全不同的历史关系。就前者而言,阶级只能用历史唯物主义的方法从直接既定的历史现实那里推论出来。而在资本主义社会,阶级本身就构成了这种既定的历史现实"[③]这句话被批判为"卢卡奇认为,唯物史观只能充分地应用于资本主义时代"。虽然这并不否定卢卡奇的意识决定历史的总倾向上的错误,但对他本文的误读至少削弱了对他错误的批判的说服力。而卢卡奇本人直到1933年才在国际作家大会上发表《我走向马克思的道路》的文章清算自己的早年思想道路。此后,于1934、1938年到1967年,他至少作过四次正式的自我批评。

---

① 陆梅林选编:《西方马克思主义美学文选》,漓江出版社,1988年版,第68页。

② 卢卡奇:《历史和阶级意识》,王伟光、张峰译,华夏出版社,1989年版,第58—59页。

③ 卢卡奇:《历史和阶级意识》,王伟光、张峰译,华夏出版社,1989年版,第58—59页。

在《我走向马克思的道路》一文中,他主要从早年的思想道路上清理自己所接受的影响。回顾当时在哲学上的观点,他指出自己"认为唯物主义哲学在认识论方面已完全过时,其实我当时根本分不清辩证的唯物主义和非辩证的唯物主义。"他分析自己的主要倾向是主观唯心主义的,并指出在《小说理论》一书中表现为"由主观唯心主义向客观唯心主义过渡",在政治上是"一种极左的主观主义的行动主义……"①

卢卡奇自加入共产党起便在匈牙利党内担任中央委员等领导职务,但因《历史和阶级意识》以及政治路线上的问题,他便被解除了这些职务。1930年他到莫斯科,并读到《1844年经济学哲学手稿》。德国纳粹执政后,他便流亡苏联,于1934年他在苏联共产主义科学院哲学研究所进行了第二次自我批评。从这篇批评的基调来看,当时卢卡奇显然是处于一种巨大的压力之下。批评是以列宁《唯物主义和经验批判主义》中对马赫主义的批判作为旗帜进行的,因此除了给自己扣上种种帽子外,没有什么新东西,并缺少分析。但在这里他指出,正是因为对列宁著作的研究,才走上"学习马克思的第三阶段"②,并肯定了这次自我批评除了使用了"官方语言"这一点是"违心"之外,同对《布鲁姆提纲》的自我批评之"违心"是有根本区别的。

1944年匈牙利解放后,卢卡奇回到祖国。苏共二十大之后,

---

① 《卢卡奇自传》,社会科学文献出版社,1989年版,第213—214页。
② 《卢卡奇自传》,社会科学文献出版社,1989年版,第216—224页。

他参与了批判斯大林个人迷信的活动，参加了匈牙利"裴多菲俱乐部"，任纳吉人民政府人民教育部长，当纳吉接管了外交部并声明匈牙利退出华沙条约组织时，又退出纳吉政府。匈牙利事件后，他被留在党外。

他的《历史和阶级意识》一方面，在前"社会主义阵营"被作为"禁书"和"反面教材"；另一方面，特别是《1844年经济学哲学手稿》的公开发表掀起的热潮中被作为"西方马克思主义"的第一部经典著作，更助长了卢卡奇这本书新的轰动效应。1967应《历史和阶级意识》再版，卢卡奇写了一长篇序言全面批判了该书。我们尚难断言，这一批判已经表明他完全彻底地站在马克思主义辩证唯物主义与历史唯物主义的立场上来了。因为当时卢卡奇受马克思《1844年经济学哲学手稿》的影响很大，正如他所说："1930年……我交了意料不到的好运……《手稿》的原文已经完全翻译出来……在阅读马克思手稿的过程中，我把《历史和阶级意识》的所有唯心主义偏见都扫到了一边。"而青年马克思的《手稿》在认识论上已经确立了辩证唯物主义的基本立场，但在历史观上基本上还保留着费尔巴哈的人本主义，在共产主义理论上还受赫斯等的空想社会主义的影响。但是，卢卡奇的这一自我批判不仅在态度上如他前几次对此的自我批评一样是真正发自内心的，并比前几次更为全面、深入，而基本的出发点是建立在"客观性是一切事物和关系的首要物质属性"[①]这一唯物

---

① 卢卡奇：《历史和阶级意识》，王伟光、张峰译，华夏出版社，1989年版，第27页。

主义前提之上的。然而问题的复杂性在于，根据以上卢卡奇关于第一次见到《手稿》的兴奋和言论，表明他的后来思想理论起决定作用的自我批评是以《手稿》为理论依据的，正如我在《二十世纪西方美学主流》一书中说："卢卡奇以《手稿》为武器的自我批判不可能导致他完全回到经典马克思主义的立场上来。"[①] 这样说不够全面、公允。尽管在1934年的自我批评中有把马赫主义帽子往自己头上扣的简单化问题，但应该看到列宁的《唯物主义和经验批判主义》还有《哲学笔记》对他后来的影响，否则他不可能在以后的一系列美学问题上那样坚定地捍卫反映论和现实主义原则。由于在前面对《历史和阶级意识》一书中的基本观点已经从我们的立场和认识进行了分析批判，以下则着重表明卢卡奇本人1967年对有关问题的思想认识，并再略加评论，可以归纳为以下几个具体问题。

一 自然观与本体论问题

在1967年的自我批评中，卢卡奇较为深刻地把《历史和阶级意识》同20世纪西方马克思主义思想潮流自觉地联系起来，指出："所有这些形式，不管它们是否喜欢，不管有什么样的哲学根源和政治效果，有一点是共同的，即它们都冲击了马克思的本体论根基。"他指出，这些思潮只把马克思主义当作一种社会

---

① 毛崇杰、张德兴、马驰：《二十世纪西方美学主流》，吉林教育出版社，1993年版，第267页。

理论，社会哲学，因而忽视或否认"马克思主义是一种关于自然的理论"①。卢卡奇在这个问题上进一步指出，在书中许多地方断言"自然是一个社会范畴；全书的要旨在于表明，只有关于社会和生活在社会中的人的认识，才与哲学有关联"。当然这样说有些不明晰，不准确，后来这个问题明确为"辩证唯物主义"和"历史唯物主义"的关系。某些西方马克思主义者，如萨特等较普遍流行，把前者抛掉，即只承认马克思主义是"历史唯物主义"一体化的哲学，认为"辩证唯物主义"的提法把辩证法置入自然界，导源于黑格尔与恩格斯的错误。

卢卡奇自我批判后提出的正面观点是：

一方面，可以证明，正是唯物主义自然观造成了社会主义世界观和资产阶级世界观的真正根本的分歧，不把握这一点，就弄不清哲学上的争论，例如有碍于对马克思主义的实践观作出清晰的阐释。另一方面，这种对社会范畴在方法论上的明显抬高，也歪曲了这些范畴真正的认识功能。它们特定的马克思主义性质被削弱了，它们高于资产阶级思想的真正进展经常被无意识地抹杀了。②

这一认识是非常中肯和深刻的。也正如以上引文所认识到的，与自然观密不可分的便是有关"实践"范畴的问题。这一认

---

① 卢卡奇：《历史和阶级意识》，王伟光、张峰译，华夏出版社，1989年版，第8页。
② 卢卡奇：《历史和阶级意识》，王伟光、张峰译，华夏出版社，1989年版，第9页。

识一直贯穿到他晚年最后的《社会存在本体论》一书中,明确自然本体论是社会存在本体论的前提。

二 "实践"与"反映"问题

正如卢卡奇正确认识到的,《历史和阶级意识》一书"对革命的实践采取了过分的高调,与其说这些高调符合真正的马克思主义,莫如说它们更符合共产主义左派流行的救世主的乌托邦主义。……缺乏真正的实践的基础,缺乏具有本原形式和模式的劳动的基础,过分夸张实践概念也会走向其反面:陷入唯心主义的思辨之中"[①]。这里值得注意的是"本原形式和模式的劳动"这一提法。卢卡奇基本上是根据《手稿》认为《历史和阶级意识》"忽视'劳动'这一马克思主义基本范畴,是社会和自然之间新陈代谢相互作用的中介"。把劳动视为"社会和自然之间新陈代谢相互作用的中介"当然无可厚非,但"劳动"观念,正如"实践"观念一样,并不能成为马克思主义的"基本范畴",因为它们都是马克思主义以前的哲学和经济学中既有的基本范畴,马克思主义把它们安放在不同于前的哲学体系之中,而使之具有略不同于以往的意义。

但是卢卡奇把"劳动"概念一方面同他过去的"自然"观联系起来,发现自己过去虽然也坚持了经济基础的决定论,但由于在"自然"和"劳动"问题上"背离"了唯物主义自然观,这一

[①] 卢卡奇:《历史和阶级意识》,王伟光、张峰译,华夏出版社,1989年版,第10页。

方面"意味着（社会）这一变化过程所依据的那种本体论的自然客观性消失了……从真正的唯物主义观点来理解的劳动与劳动者的进化之间的相互作用消失了"。

在实践作为认识真理性的标准问题上，卢卡奇对恩格斯的原来的批评尚有一小点并非重大原则的保留，这里就不去说了，重要的是他已认识到自己原来把科学实验作为"纯粹的思辨"是"完全错误的"，并且否认工业是实践"同样是错误的"，"工业生产中的每一单个活动不仅代表着有目的的劳动活动的综合，而且它本身也是这种综合中的一种有目的的活动，即实践的活动"[①]。

卢卡奇首先表明过去由于他思想上的"救世主义的乌托邦主义、对实践的突出强调"，使他一向对"机械主义的宿命论（决定论）深恶痛绝"，并且认为这种宿命论是和机械唯物主义的反映论一直相伴随的，而这种反对当然"不是完全错误的"。但他在自我批评中承认，最原始的劳动，如原始人搜寻石器，就包含着对同他有关的现实所作的正确反映。因为进行任何有目的的活动都离不开对所涉及的实际现象的映象，"不管这种映象多么粗糙"。实践只有基于那种被认为是对现实正确反映的东西，才能"实现理论"，并成为理论的标准。[②] 至此，我们可以说卢卡奇后

[①] 卢卡奇:《历史和阶级意识》，王伟光、张峰译，华夏出版社，1989年版，第11—12页。

[②] 卢卡奇:《历史和阶级意识》，王伟光、张峰译，华夏出版社，1989年版，第16页。

期的实践观点已经基本上转变为唯物主义的了。

三 总体论与异化问题

在这个问题上，卢卡奇一方面仍然认为总体是贯穿于马克思的著作始终的核心地位的范畴，因此这也是《历史和阶级意识》的"伟大成就"之一；然而，另一方面，他认识到列宁的《哲学笔记》才是真正对马克思方法从社会民主党机会主义之"科学主义""取代"中的恢复，而他自己"把总体摆在体系的核心地位，使其凌驾于经济的首要性之上"，则是"黑格尔主义的曲解"，并且这种方法论上的谬误因把总体性视为"科学的革命原则的观念体现"而加重。

如果说早期卢卡奇的总体范畴带有凌驾于经济之上的错误的话，在自我批评之后的美学著作中他把关于总体范畴的理论基点建立在马克思的《哲学的贫困》中所说"每一个社会中的生产关系都形成一个统一的整体"之上，而恢复了总体论在社会横向结构上的经济意义地位。

卢卡奇认为自己在异化（他说明他把"异化"与"物化"是作为同义词加以使用的）问题上过去的错误主要表现为，追随黑格尔，"把异化等同于对象化"。他指出，对象化是一种"中性"现象，真与假，自由与奴役，都同样是对象化，只有社会中的对象化形式使人的本质与其存在冲突时，只有当人性受到压抑、扭曲和残害时，我们才能谈到客观的社会的异化状态并且作为一种必然的结果我们才能谈到异化的所有主观标志。然而，我们可以看出，在这个问题上，卢卡奇的最高水准仍然没有超出《1844年经济学哲学手稿》。[①] 从青年马克思的《手稿》中的思想来看，对象化是与人类的历史同在的，异化是对象化——劳动——在一定历史阶段发生的现象，异化现象产生后，对象化、异化与异化的扬弃便走在同一条路上，异化扬弃标志着人类"史前史"的结束。而在黑格尔体系那里，异化与对象化确实是同步进行的绝对精神的历史过程，这就迎合了资产阶级的哲学（如海德格尔）把"异化变成一种永恒的'人类状况'"。而卢卡奇在异化问题上正如总体问题那样，"这个根本的赤裸裸的错误肯定对《历史和阶级意识》的成功起了很大的作用"。

四 "保留"与"影响"问题

正由于卢卡奇自信自己的自我批判是真诚的，所以在再版序言中他表示决不打算违心地承认"本书包含的观点无一例外地全盘错误"。他首先坚持在《历史和阶级意识》中对"马克思主义正统派"所下的"定义"，"正统仅仅是就方法而言"。他作了一个这样的"假定"：马克思主义的每一个别命题都被证明是错误的，"每一个严肃的'正统'马克思主义者，仍能毫无保留地全部接受这些现代新结论"。此外，这个定义坚信，"一切超越或'改善'马克思主义的尝试已经导致，并将必然导致过分简单化、

[①] 卢卡奇:《历史和阶级意识》，王伟光、张峰译，华夏出版社，1989年版，第16页。

繁琐性和折中主义"。

似乎卢卡奇坚信可以存在一个"坚持与发展马克思主义"的笼统的抽象"方法论"原则,所以他所作为前提的"假定"便是成问题的,似乎"方法"可以全然同"体系"脱离开,以至于"每一个别命题都被证明是错误的",方法还可以单独保存下来。马克思和恩格斯从黑格尔的体系中拯救出辩证法也并不意味着抛弃其全部个别命题。实际上相反,从黑格尔许多甚至是十足保守的命题,如"凡是现实的都是合理的",都可从中引出革命的辩证法。而正是这个"正统"仅仅就方法论而言的定义莫不同卢卡奇夸大辩证法,夸大主观性,夸大实践,从而导致乌托邦救世主义有关。对这一点的"保留"也应使我们对他的自我批评的彻底性有所"保留"。

卢卡奇深知,正是《历史和阶级意识》一书中"那些我现在认为在理论上错误的部分,曾是最有影响的",因此他告诫读者警惕"那些在当时难以避免但也许现在已不再犯的错误"[①]。但他何曾想到正是他自我批判过的这些错误,甚至变本加厉地影响到80年代的中国。这对20世纪的思想历程似乎是必由之路,直至目前也还不能说在这条路上已走到了尽头。

1969年,卢卡奇重又被接纳入匈牙利社会主义工人党。

1970年,在他临终前半年,在答英国《新左派评论》记者

---

① 参见卢卡奇:《历史和阶级意识》,王伟光、张峰译,华夏出版社,1989年版,第18页。

访问时，卢卡奇说："在 20 年代，科尔什、葛兰西和我曾企图以不同的方式解决第二国际留下来的……问题……但是我们谁也没有解决它，葛兰西也许是我们三人中最好的一个，但他也未能解决。我们都错了，今天如果试图搬出那时期的著作，说它们在今天正确，那会是完全错误的。在西方，有一种将它们树为'异端经典'的倾向，但是我们今天没有这种需要。20 年代是一个过去的时代；我们应该关心的是 60 年代的哲学问题。"① 这番话是非常中肯诚笃的。

20 世纪早期的西方马克思主义学者在哲学思想上的影响有很大的共同性，这是由于那个时代社会结构与社会问题及当时的马克思主义思想史内部的斗争所产生的，这一思想影响并未因卢卡奇 1934 年的自我批评而终止，也未因其 1967 年的再版序言的更为深刻的自我批评而终止。但包括思想史在内的历史总是在现实状况保持着对"过去"和"未来"的张力中，在不断对"以往"的重复中开辟新路。卢卡奇在《历史和阶级意识》中，在提出"什么是正统的马克思主义？"的问题时告诫人们的事自己却未能幸免。当西方试图超越马克思成为时尚之时，当卢卡奇本人又满怀真诚地回到马克思时，"西方马克思主义"者们，则又对一个"过去"的卢卡奇流连忘返。60 年代的萨特几乎重复着卢卡奇的轨迹，说出"马克思主义是我们这个时代唯一不可超越的哲学，一切超越它的最好结果是回到旧的哲学体系中去"，同时

---

① 《卢卡奇自传》，社会科学文献出版社，1986 年版，第 293—294 页。

又在做着"知其不可，而为之"的事。这真是历史的诡计！

对于卢卡奇在《历史和阶级意识》上所作的自我批评无论是从其理论上的重要正面依据（《1844年经济学哲学手稿》），还是从其在某些重大原则问题上所作的最后的保留来看，我们可以认为都是不彻底的；但就其所认识到并作出检讨的重大问题来看，不能不说是不仅真诚而且深刻。盖棺论定，我们可以说卢卡奇是一位马克思主义思想家和理论家，但不能说彻底完善，却可以说伟大。这一似乎矛盾的评价系于其思想理论体系与其学者人格与风度的矛盾。

第二章

卢卡奇的美学思想
——在反映论与本体论之间

第一节 卢卡奇后期思想概述

我们在这里所谓"卢卡奇后期思想"是对他自1934年自我批评,即他自称的"第三阶段"以来直到一生最后的总概括。近半个世纪贯穿其中的是二次大战、"冷战"与"意识形态战"。其间最重大的政治事件是苏共二十大以来对斯大林主义的批评,以及随之而来的1957年的"匈牙利事件",在美学和意识形态上是现实主义与表现主义之争等。卢卡奇留下了大量著述,其中包括文学史和美学史的研究论文,思想政治评论,以及50年代完成的哲学专著《理性的毁灭》,60年代初未最终完成的《审美特性》(定稿一卷,未完稿两卷),还有最终未定稿的遗著——两卷集的《关于社会存在的本体论》。

第二章 卢卡奇的美学思想——在反映论与本体论之间

我们之所以可以把这一时期作为卢卡奇思想发展的一个完整阶段来看，表明其间有贯穿始终的东西。然而这种穿透自始至终的东西又非"一"以"贯"之的，而是在以上复杂动荡着的历史背景之下，始终作为矛盾的两个方面在他这一阶段思想历程中起伏翻腾着。这种矛盾并不能说是形而上学地截然对立的，有时甚至构成一种辩证法上的统一。这一矛盾就是本章标题所示：反映论与本体论。

在上一章我们已经知道卢卡奇早年就有一种可称为本体论"情结"的东西，在早年接触马克思主义之前，他谈道"……我的充满矛盾和挫折的发展从一开始就向着本体论"[1]，但在《关于社会存在的本体论》中他明确意识到："如果试图在理论上概括马克思的本体论，那么这将会使我们处于一种多少有些矛盾的境地。……在马克思那里又找不到对本体论问题的专门论述……"[2]

"本体论（Ontology）"是从希腊文"存在（einai）"一词的复数"Onta"而来，所以国内有的译者建议将"本体论"改为"存在论"。"存在"一语在古代希腊哲学中的唯心主义的埃米利学派中如柏拉图的《巴曼尼德斯》篇所述是基于把"存在"与"世界"区分开来的意义而言，而对唯物主义的米利都学派来说哲学的出发点和根本问题归结为对世界"本原"的追究。马克思认为的"存在决定意识"，"人们的社会存在决定社会意识"所说

---

[1] 《卢卡奇自传》，社会科学文献出版社，1986年版，第25页。
[2] 卢卡奇：《关于社会存在的本体论》（上卷），白锡堃等译，重庆出版社，1993年版，第637页。

的存在都是与世界结合在一起不可分的统一存在，或是自然的物质性存在，或是人类社会的物质性活动与物质性关系的构成性存在。哲学的根本问题就是物质对精神、存在对意识的关系问题，即认识论，在这个意义上说哲学就是认识论。所以卢卡奇说"在马克思那里又找不到对本体论问题的专门论述"。

反映论既属于认识论范畴，又是唯物主义认识论的基础和出发点。在马克思看来，"观念的东西不外是移入人的头脑并在人的头脑中改造过的物质的东西而已"[1]。这是对古代哲学中反映论传统的最为简要的辩证的表述。卢卡奇自1934年对《历史和阶级意识》进行自我批评以来，可以说在他的全部哲学美学和其他著作中自始至终毫不动摇地以反映论为立论的基点，并为坚持反映论进行着毫不懈怠的斗争。在他看来，构成现实主义文学艺术的哲学认识论基础的反映论，是马克思主义美学和文艺思想对从亚里士多德以来经过莎士比亚直到巴尔扎克和托尔斯泰的伟大现实主义传统的继承和发展。在他进行第一次自我批评期间同时进行了巴尔扎克现实主义的研究，1934年写出了《农民》一文。在第二年的《作为文艺理论家和文艺批评家的弗里德里希·恩格斯》一文中，卢卡奇阐发了恩格斯的现实主义典型理论，指出恩格斯"这种对现实主义所作的概括的、在历史观和辩证法上正确的理解，完美地表述了艺术是现实的反映，因为它本身就要求客

---

[1] 《马克思恩格斯选集》，第2版，第112页。

第二章 卢卡奇的美学思想——在反映论与本体论之间

观的真实性"①。这一反映论的艺术观念一直贯穿在他此后的几乎所有论著直到《审美特性》之中。反映论又成为《审美特性》一书的基础和出发点,他在该书中指出:"现代唯心主义哲学否定反映论,歪曲这一问题所提出的最后根据对我们……还有重要影响,它把对客观现实的反映武断地毫无根据或不加分析地等同于对现实的机械照相复制。"②甚至即使在作为他思想历程之最后一站的"本体论"终点,在反映论的矛盾之中他仍然竭力把两者统一起来。他一方面指出在马克思那里找不到关于本体论的直接论述,但另一方面,他又认为"任何一个公正的马克思著作的读者都必然会觉察到,如果对马克思所有的具体的论述都给予正确的理解,而不带通常那种偏见的话,他的这些论述在最终的意义上都是直接关于存在的论述,即它们都纯粹是本体论的"③。

在卢卡奇看来,马克思主义的本体论问题的核心在于:人类本身的存在本质上是社会存在。这种社会存在从自然的宏观来看,即与自然存在物,如动物的区分,人的本质如在马克思的《手稿》中规定为"劳动"。这是前历史唯物主义的自然唯物主义规定,卢卡奇的社会存在本体论即是从这一初级的人的本质规定出发展开的,劳动作为人的目的明确的有意识的物质性活动,是

---

① 《卢卡契文学论文集》(第1卷),中国社会科学出版社,1980年版,第80页。
② 参见卢卡契:《审美特性》(第1卷),徐恒醇译,中国社会科学出版社,1986年版,第297页。
③ 卢卡奇:《关于社会存在的本体论》(上卷),白锡堃等译,重庆出版社,1993年版,第637页。

在人类与自然的物质交换关系中展开的，卢卡奇指出劳动作为目的论的实现，也必须以认识论为前提，即"对自然的正确认识"——反映为前提。而正是在本体论中对反映论的未能忘怀，构成了卢卡奇自觉的思想矛盾意识，正如他所说：

> 我们虽然讲了这么多，然而在理解反映与现实之间的本体论关系方面，我们仍未迈出决定性的一步。这里，反映具有一种特殊的充满矛盾的地位：一方面，它是任何存在的严格对立面，而且正因为它是反映，所以它不是存在；另一方面而且是同时地，它又是产生社会存在中的新对象性的工具，是在同样的，或者更高水平上社会再生产的工具。[①]

正是这一深深困扰着卢卡奇的理论上的矛盾，使卢卡奇在完成原计划的《审美特性》三卷集的写作的第一卷定稿后，便放弃了第二、三两卷的修改定稿，于1964年开始转而着手写他的《关于社会存在的本体论》了。这部未完成之作经他身后学生整理于70年代初出版后，受到的评价不一。有人认为它是一部堪称"不朽巨著"的马克思主义的纲领；有人则认为这是一部"失败"之作，它没有能提供出什么新的东西；而更多较一致的意见认为它是卢卡奇一生思想的总结，代表着他最后的自我批评；也

---

① 卢卡奇：《关于社会存在的本体论》（下卷），白锡堃等译，重庆出版社，1993年版，第31页。

有人从中看出了困扰卢卡奇的深刻矛盾，但将之归为"科学和哲学的矛盾"；还有人认为，"卢卡奇思想的摇摆就产生于面对唯物主义的内在一致性和本体论的内在一致性时的焦虑不安"[①]。这里所说"唯物主义的内在一致性"指的是人的自然本性，"本体论的内在一致性"指的是社会本性，这样说不太确切，因为本体论本身就包含着自然与社会在"存在"上的对立统一，但这些说法表明对卢卡奇的思想体系中的矛盾毕竟有所觉察。实际上《关于社会存在的本体论》只是他向更高更大目标——伦理学前进的一个先行步骤与基础性工作，在已经定稿的《审美特性》第一卷的一开始，卢卡奇就认为"此岸性与彼岸性的固有战场无疑是伦理学"[②]，而这本书的最后也是以美学与伦理学的关系之论述为结尾的，我们在下面将会看到。伦理学集中的问题是人的理想和理想的人的实现的问题，这个问题与美学不可分割地缠在一起，而理想的实现通过目的论与劳动——作为人的历史性社会存在的本质——发生不可或缺的关系，从劳动生发出实践范畴为终结。因此可以说，《关于社会存在的本体论》的写作是把他在《历史与阶级意识》中的实践一元论，或实践的人本主义，重新安放在自然本体论和反映论的坚实基础上。也不能简单认为他是在用混合法拼凑体系，他竭尽毕生精力使这些要素辩证地统一起来，对此

---

① 卢卡奇:《关于社会存在的本体论》(上卷)(中译者序)，白锡堃等译，重庆出版社，1993年版，第31页。

② 卢卡奇:《关于社会存在的本体论》(上卷)(中译者序)，白锡堃等译，重庆出版社，1993年版，第14页。

我们只能说他努力地做了，但并没有做完，如果时间允许，他或许会做得比我们现在所看到的更好。卢卡奇的整个思想就好像一卷缠结得很紧的线团，实际上有很多断的线头可以从中抽出，它们又合为反映论和本体论这样两股。

从美学上来看，在1945年的《马克思恩格斯美学论文集引言》中，卢卡奇一方面坚持唯物主义反映论和经济基础与上层建筑的原理，强调马克思主义在人类社会生活各领域包括科学和文学艺术，只有相对独立的发展，而没有"独立的、内在的、完全由它们自己内部辩证法产生的历史"，认为在历史发展的"总体（或整体）"的内在关系中，"经济的原因，也就是生产力的发展，在错综复杂的相互作用中起着决定的作用"[①]。他同时反对对以上马克思主义原则的"庸俗化"，指出："正是在这一领域中，这种庸俗化把马克思主义的名声在广大的各界人士眼里糟蹋得最为严重。"这种庸俗化主要表现在"认为基础和上层建筑之间存在着简单的因果关系"。这种经济决定作用表现在文艺创作上，即使对于历史小说的作者，卢卡奇指出，当作家在经济问题上有能力看到并塑造具体人的具体生存问题时，才能在写作上揭开并塑造这些媒介。这就是说，卢卡奇强调马克思所说经济范畴是"生存形式，存在限定"……而不是"崇拜偶像地看作抽象的东西"；也就是说，经济对于人性作为人之外

[①] 《卢卡契文学论文集》（第1卷），中国社会科学出版社，1980年版，第274—275页。

部的东西，是通过人的最为本质的规定对人的内在的东西起作用的。

另一方面，卢卡奇强调马克思主义认为"主观的创造力，主观的活动在历史的发展中能起非常伟大的作用"。特别是：

> 人道，也就是对于人的人性性质的热衷研究，属于每一种文学、每一种艺术的本质。……而且还同时维护人的人性完整，反对一切对这种完整性进行攻击、污蔑、歪曲的倾向，那么它也必定是人道主义的。因为所有这些倾向，特别是人压迫人，人剥削人的倾向，在任何别种社会中都没有像在资本主义社会中那样采取如此非人的形式——正由于在表面上似乎有着一幅客观的物化的面貌——所以一切真正的艺术家，一切真正的作家，不管这些有创造才能的具体个人采取态度的自觉性程度如何，他们对人道主义原则之被践踏总是本能的敌人。①

在《审美特性》第二卷（未定稿）的最后一段话集中地表述了这一矛盾。卢卡奇写道：

> ……现在讨论的这个问题可以用普罗泰戈拉的著名论

---

① 《卢卡契文学论文集》（第 1 卷），中国社会科学出版社，1980 年版，第 282 页。

断来说明，即人是万物的尺度，是存在者的尺度，也是不存在者的尺度。关于这一命题的认识论上的唯心主义是不言而喻的。这种唯心论是显而易见的，不少唯心主义的思想都与这一命题有过联系。如果我们把这一命题用于上面我们所确认的事物，用于诗所表达的思想的审美价值与那种使思想得以产生并进一步形成——描述出来的人的态度的联系，那么就直接说明了人作为万物尺度的作用……

在这里反映论与本体论的矛盾表现为唯物主义认识论与美学人本主义的矛盾，并不时分解为客体与主体、客观与主观的两个方面。虽然他认为这两个方面是辩证统一的，但是他最后并没有彻底解决，主要在现实主义与现代主义关系上，人道主义在现代主义的断裂只有以历史唯物主义的认识论方可阐释，他把它们永远地遗留在身后。就卢卡奇一生的学术思想和道路而言，尽管他表现出对哲学的兴趣丝毫不下于美学文艺学，并在这方面也写了大量的著作，最后甚至把美学放到哲学上面，但我们认为卢卡奇的思想最光亮的部分不是在哲学而是在美学和文艺学，不是在美学中关于美的本质和根源论，关于自然美的本质论中暴露出的人本主义不可避免的唯心主义尾巴，而是在其关于审美主体的意识与心理描述以及现实主义理论。因为正是在后一部分，他可以以执着的反映论把其弱点遮掩（我们暂且用此字）甚至辩证地统一起来。

第二节 审美反映(上)

在康德与黑格尔美学的影响下,卢卡奇自1911到1912年间开始萌发写作一部"具有独立体系的美学"的想法,并在1914年开始动手,但没有成功。50年代他开始实现自己"青年时代的梦想"。在这漫长的人生之途中,他的思想深处发生了深刻的革命性变化。在文艺和美学方面对他影响最为直接的是30年代同苏联的文艺学家里夫希茨的结识和交往,以及《1844年经济学哲学手稿》的问世。在此期间,他全面系统地研究了马克思主义经典作家的文艺和美学理论,并写出大量有关论著。在上面提到的以里夫希茨收编的《马克思恩格斯论艺术和文学》为材料出版的《马克思恩格斯美学论文集》(1945)所写的引言中卢卡奇指出,尽管马克思和恩格斯一生没有为美学文艺学写过专门的论著,仅有的材料是一些书信和谈话录,以及有关问题的摘录片断,但这决非意味马克思和恩格斯"没有形成一个有机的、系统的思想体系"。他指出,马克思主义美学思想理论体系首先是对立于资产阶级思想体系,即"那种认为科学或艺术的发展能够完全或者主要从它们的内在关系来进行解释的观点"而存在的。[①]

其三卷集《美学》的标题,原定的第一卷《审美特性》、第二卷《艺术作品与审美态度》、第三卷《艺术是一种社会历史现

[①] 《卢卡契文学论文集》(第1卷),中国社会科学出版社,1980年版,第273—277页。

象》。虽然属定稿的部分只是第一卷,但正如他的学生所说,在他转向《关于社会存在的本体论》之时实际上他已经把《美学》的后两卷的基本内容写出来了。因为卢卡奇的写作文风本不简练,加之未最后定稿,所以第二、三卷《美学》也正如其作为未定稿之《关于社会存在的本体论》(如有人批评说,这部长达几千页的著作充满了逻辑的矛盾,对同一问题的截然相反的概念,空洞的反复,论证过程的间断[①])一样,结构庞大而松散,枝蔓繁杂,重复累赘令人难以卒读,虽然其中不乏思想闪光。

一 反映论的心理学基础与审美反映的发生

卢卡奇以俄国心理学家巴甫洛夫的条件反射理论作为他整个立论——审美反映——的自然科学的理论基础。巴甫洛夫的学说在现代实验心理学中总的属于20世纪初美国行为主义心理学派以华生为代表的体系。然而以环境—人之间线性反应—反射为主要出发点的行为主义带有不可避免的机械性质,虽然它具有唯物主义特点。所以它当即就受到弗洛伊德的心理分析学派和格式塔"完形主义"心理学派的指责。卢卡奇为巴甫洛夫辩护指出,完形心理学派的错误在于:一是把"完形",即对外部环境世界在"形"上完整性的心理把握构成效应和功能,切断了与心理学"联想主义"的关系;二是把"完形"作为一种"始原性

[①] 卢卡奇:《关于社会存在的本体论》(上卷),白锡堃等译,重庆出版社,1993年版,第37页。

(即先验性)"功能,并将之不加实际分析地无限推广。卢卡奇并不是简单地从巴甫洛夫那里汲取心理学上的唯物主义依据,正如他批判了弗洛伊德和格式塔学派的唯心主义,同样也指出行为主义的不足。比如,一方面巴甫洛夫关于条件反射的是建立在动物(狗)试验之上的,他自己认为对于人类是要加以补充的。但就巴甫洛夫谈到条件反射在接受主体上引起综合,上升为"表象"甚至"概念"的情况时,卢卡奇指出他"夸大了在这方面出现的相似性,同时几乎把人和动物等同起来",虽然他以"第2信号系统"加以区分,但他最后又认为"根据各种情况来判断,在动物那里也有概念"。[①]他还认为,人类的绝大部分条件反射都是社会历史地形成的,而"无条件反射"则有许多是与"人的人类学本质密切相关的",甚至可能起源于动物状态。[②]

他认为巴甫洛夫"到目前还缺乏对他所发现的处女地作任何实际科学开垦的严肃努力。当然即使有这样进一步充分发展的心理学,也不能为美学提供足够的基础。美学终究是一门哲学学科。但是这一点是肯定的,即通过科学的反射学说,心理学对许多美学问题可能比目前更充分地加以阐明"[③]。就人的外在环境作为客体与人作为主体的关系这一点而言,巴甫洛夫的学说以环

[①] 卢卡契:《审美特性》(第2卷),徐恒醇译,中国社会科学出版社,1991年版,第331页。
[②] 卢卡契:《审美特性》(第2卷),徐恒醇译,中国社会科学出版社,1991年版,第378页。
[③] 卢卡契:《审美特性》(第2卷),徐恒醇译,中国社会科学出版社,1991年版,第323页。

境对心理效应作为第一性比其他任何心理学派更能与反映论保持一致,这是毫无疑问的。卢卡奇的最终目的是从巴甫洛夫的学说中引出在"第 1 信号系统"与"第 2 信号系统"之间的"第 1′信号系统",即区别于一般反映——"日常反映"与"科学反映"的人的主体性功能特质,实际上很接近一般所说的"形象思维"。关于这一点我们暂置于后面再论。

关于审美发生的历史考察,卢卡奇探讨了节奏、对称、比例,以及由这些抽象的美的形式所构成的装饰纹样(图案)的起源。从这些抽象的美的形式与自然、人及其日常生活的相互关系,特别是从劳动对这些"抽象"的作用来说明这些抽象形式都不外是现实的审美反映。在装饰作为一种人的本能与性生活之间的密切关系问题上,卢卡奇批判了达尔文的性选择的生物进化论美学思想,他指出,动物生来就具有装饰,但它既不能改进也不能排除这一装饰;而人生来是完全没有装饰的(按:此论限于把动物的毛皮色泽为其装饰;而不把人的肤色毛发视为装饰),装饰是人自身的一种活动,是他的一种劳动成果,是社会活动的产物。其实就装饰与性爱而言,从性爱与社会关系的联系便可得到非达尔文主义的美学说明,就是说,装饰一方面可以从表现为吸引异性的动机得到说明,而另一方面两性关系又是人们社会关系之一种体现,同人们的意识形态观有关。

如果说,反映论的生理学基础的论证,卢卡奇主要得之于巴甫洛夫的学说,在审美反映的发生上其《审美特性》一书的主要贡献在于巫术对审美发生的作用。卢卡奇没有停在旧说上,而是更进一步分析了巫术与模仿乃至审美反映和艺术的关系。他指出，为了产生某种巫术效果如祈生祷亡等，而对"过程的模仿"与现实的"模仿艺术形象"曾长期走着同一条道路，之后方渐渐分离。他指出："如果说对不依存于意识的客观现实的反映不再是认识论的出发点，那么模仿就将或者成为一个谜，或者变成多余的东西。"① 产生模仿艺术形象的最初冲动只是由巫术操练活动中产生的，这种活动是要通过模仿来影响现实世界所发生的事件（如祛邪避灾、提高生产—生育）。艺术模仿一开始包含在巫术中，两者都有"拟人化"的特点。卢卡奇还分析了巫术中与艺术对立的迷狂，并指出这是通向审美意识的道路。

卢卡奇从"巫术—模仿论"中提出了"原始典型"的概念，指出包含在巫术中的整体（类）与个体尚未分化的人的形象，就是作为对生活事件的反映所作的集中。巫术导致将原始典型作为"惯例"，作为严格的传统固定下来。原始典型之整体（类）与个体的分化是原始社会解体，阶级产生以后的事。

在卢卡奇的巫术—模仿—审美反映的论说中值得注意的是，主体构成审美反映之基础的"模仿映象"不是建立在主体与现实的直接关系上，而是主体对于"现实的映象"之模仿，是对映象的反映。这有些类似哲学思辨过程中的"反思"这个术语所传达的意义，也可以从德国古典美学的"外观"来理解，或是把柏拉

---

① 卢卡契：《审美特性》（第1卷），徐恒醇译，中国社会科学出版社，1986年版，第295页。

图的"模仿之模仿"说中的"理念—现实—艺术"的序列改变为"现实—映象—审美反映"的结果,由此理解通常所说"意识形态"即不是意识本身,"意识"形态化之后的产物方为文学艺术。

从审美的发生线索来看,卢卡奇突出了巫术到审美这一单线关系。巫术被描述为劳动的对立物。由劳动直接生发出的科学反映同与巫术并行的模仿—艺术之间又有着对立性区别。游戏与审美的发生学关系在卢卡奇那里是被切断的。这样,由作为功利活动的劳动这同一源头分流出来的审美—艺术的互源互流的复杂关系被巫术所简化。

二 "人化"——审美反映的本质

苦心孤诣地在唯物主义认识论——辩证的反映论与人的存在之本体论——人本主义之间探索着辩证统一的卢卡奇,在美学上迈出的决定性的一步集中在《审美特性》这部鸿篇巨制的理论支点上,即把"人化"作为审美反映的本质(卢卡奇用了两个字:"Personifikation"和"Anthoropomorphisierung",中译本把前者译为"人格化",后者译为"拟人化",我认为后者应译为"人本化"或"人类学化",简称"人化",恰恰前者当译为"人格化"或"拟人化"时,实际上两者很难区分,卢卡奇也没有对它们加以界说,只是后者"以人为本",哲学意味更浓,前者在修辞的意义上更文学性和一般性)。这一思想被反复申论,集中表述为"在每一种艺术活动的背后都隐藏着这样一个问题:这个世界实际上在多大程度上是人的世界,他能够肯定这个世界适合于他自己、他的人性到什么程度"。问题像这样笼而统之地提出,是很难得到具体确定的科学解答的。因为实质上每一不同时代的每一种艺术、甚至每一个人,对这同一问题的回答都会是极其复杂地区别着的,甚至是相反的;有的艺术派别把这一问题相对直接地显露出来,另一些则将之隐藏得很深很深,但是,无论对此采取怎样的态度与方式,却都不外是同一客观现实的不同主观反映的产物。美学人本主义必然在对美的根源与本质问题的回答中显示出来。卢卡奇没有在他的《审美特性》中专门单独地论"美的根源"和"美的本质"这一美学"入门"问题,即使现代美学常将此置诸胡塞尔的"括弧"之中,至今的美学家可以正面回避这一问题,但最终能够真正成功地绕开这个问题的美学家可以说是没有的,对于卢卡奇也是同样。我们可以透过他把人对世界的反映区分为"日常反映""科学反映"与"审美反映"的有关论述看出他对"美的本质"的观念,以及其中的矛盾甚至混乱。虽然他强调"世界的物质统一性"对于这三种不同的反映形式具有"决定的意义",并且它们都根源于各自所摹写的同一现实,就这一点而言当然与他早年的实践一元论的人本主义有重大的区别。但"反映"之所以能够被划分为以上三种,表明它们在人面对其与对象世界的关系之间仍然存在着功能性区别,对于这种区别,卢卡奇把"日常反映"作为科学反映和审美反映的出发点。任何反映都来自作为社会存在的人们同自然之间的"物质交往"与人际间交往,其中从生产劳动上升到抽象思维的部分为科学反映,未经抽象上升之最普遍一般的认识便是日常反映。后者相当于马克思所说对世界不同掌握方式中的"实践"掌握，因为马克思在这里所说"实践"并非严格意义上如劳动生产那种，而是日常实用性的行为。同科学反映一样，审美反映也是从日常反映"分化"出来的，是对前者的"中断"。而区别科学反映与审美反映的根本特点是前者之"非人化"与后者之"人化"，因此我们可以认为在卢卡奇那里"人化"是带有美的本质特性的。科学反映之所以被判定为"非人化"的，其关键之点在于科学反映是纯客观的，要求不以主观为转移的客观正确性。

在这个问题上卢卡奇有极大的矛盾，甚至可以说是混乱，但他并不是简单地等同于苏联50—60年代的所谓"社会派（以万斯洛夫、斯特洛维奇为代表）"美学。该学派把《手稿》中在根本上是指出工业和劳动产物之"自然人化"或"人的本质对象化"，庸俗化地说成一切"美的本质"甚至未经人的劳动改造过的粗糙原始的自然美的本质。卢卡奇与该学派观点之不同可从下面这段话中看出，他正确地指出：

将技术根源和自然根源明确地区分开来，不仅使得对劳动本质的认识成为可能，而且防止了把劳动错误地普遍化，即把劳动范畴毫无批判地用于人以外的现实中。[①]

这段话虽然不是针对苏联"社会派"美学，而是针对古罗马

[①] 卢卡契：《审美特性》（第1卷），徐恒醇译，中国社会科学出版社，1986年版，第112页。

普洛丁的,但完全适用于对"自然人化"美的本质论之批判。这一观点显然是卢卡奇承认自然物质对于社会的第一性,承认自然辩证法,坚持反映论,放弃实践一元论的结果。因此他所说的"人化"可以认为不同于《手稿》中所说的由于劳动或实践之"人的本质的对象化"或"自然人化"。这样离开《手稿》的基本思想又带来了另外的矛盾,因为只要讲到"人化",没有比青年马克思在《手稿》以劳动作为人的本质通过"对象化"在对象世界实现自己的本质这一思想更为深刻的了。而只要不抛弃《手稿》的这一重要思想,就不可能把科学反映说成是"非人化"的,而科学反映又是来自日常反映,因为日常反映来自包括劳动为主要内容的日常生活。因为《手稿》对卢卡奇来说也是根本的、不可能摆脱的依据,因此他又说:"每种多少无偏见的透彻的分析都会指出,日常生活中人对他周围环境的反应,不论实践主体事后对这种反应怎样解释,总是自发地符合唯物主义的,这是由于劳动的本质所决定的。"① 如果卢卡奇不否认劳动是人的自然的本质(没有在他的论著中发现),那么以上所引的这段话已经表明日常反映也是由"劳动的本质"(亦即"人的本质")所决定的,进而科学本身就是来自生产劳动,是人的本质对象化的集中体现,那么说科学反映的特质是"非人化"就是没有道理的。因此他指出,科学作为人对现实的正确认识,其"非

---

① 卢卡契:《审美特性》(第1卷),徐恒醇译,中国社会科学出版社,1986年版,第13页。

人化"作为"人支配世界的一种工具"的功能却担负着"人化"的使命。"……它由于对现实的大量揭露而丰富了人本身，使人更完善、更人化"。正是科学使人成为人；然而，另一方面卢卡奇又认为，科学要真正地把握现实，"只有与人格化、拟人化的直观方法彻底决裂才有可能"①。但另外他又指出在"最终的"意义上，对科学反映的"非拟人化"要否定以上两种态度：一是认为在科学态度和科学的世界中会有些"非人的东西"；二是把纯科学地把握的世界看成是与人的本质相敌对的。②卢卡奇在这里陷入自身设置的悖论困境之中。实际上，可以认为三种反映都是"人化"的，又都有其"非人化"的负面作用，如科学技术用于战争，带来环境破坏，艺术也可为反动派利用等，这个问题后面会有更深入的分析。因此"人化"就不能作为"美"或"审美"的本质。当然在这里卢卡奇所遇到的矛盾与混乱，恰恰是与苏联"社会学"美学学派同样的，虽然他比他们要复杂得多，也就是更充满自身矛盾，这种自身矛盾又比因简单化庸俗化地表面无矛盾的"统一"要好。

卢卡奇的"人化"概念同审美及艺术的"反拜物（defetishisierend）"性是密不可分的，可以说是同一问题的两个侧面，或两种说法。正如他所说：

---

① 卢卡契：《审美特性》（第1卷），徐恒醇译，中国社会科学出版社，1986年版，第105页。
② 卢卡契：《审美特性》（第1卷），徐恒醇译，中国社会科学出版社，1986年版，第137页。

艺术采取了一种哲学唯物主义的立场。这只是涉及——在当时社会历史可能性范围内——在真正的艺术实践上所自发表现出的反拜物化倾向。这一倾向的出发点是，只承认现实的客观存在的外部世界，排除在其中拜物化地投射的各种观念，对现实以其自身的真实性表现出来。

对其"人化"的最好理解是从审美心理学上，即完全从主体的美感效应来看，"拟人化"或"人格化"是人在面对一个美的对象发生美感时往往从"人"甚至"自我"的角度来看待对象，无论是自然还是艺术，即把对象看成是另一"自我"——自我的"外在化"。他引用了恩格斯述及原始人类对待自然便是这样一种态度（"他们用人格化的方法来同化自然力。正是这种人格化的欲望，到处创造了许多神"[①]），这当然关乎神话起源之艺术发生学问题。正是在这个问题中产生两种"人化"观念：一是实际的物质性的"人化"，即在人与自然直接的物质交换之劳动及实践关联的"人的本质对象化"；另一种即是在主观上发生的心理效应，这种"人化"丝毫不直接改变自然或社会的物质性，即不与自然进行任何直接的物质交换，而是在其基础上主观发生的心理联想，或上升为宗教性自然崇拜，或艺术性审美想像等。从卢卡奇美学思想的总体来看，"人化"是他整个理论系统的支柱，

---

① 卢卡契：《审美特性》（第1卷），徐恒醇译，中国社会科学出版社，1986年版，第99页。

而不是局部,我们将会看到仅从审美心理上的以上理解对于卢卡奇显然是过于狭窄了。从后一种意义来理解卢卡奇的"人化"观念,必然带来两个问题:一是这种"人化"在审美机理上应包括19世纪末到20世纪初的"移情"心理美学学派的原理,而恰恰卢卡奇对"移情说"在《审美特性》一书中大加批判。而从前一种"人化"观念出发,必然混淆一般"非审美"的人的劳动实践创造——即卢卡奇所说同科学反映相联系的"非人化"的成果——同人的美的创造(正如马克思在《手稿》中所说"按照美的规律"的创造)。

以上所说这一矛盾恰恰又是卢卡奇反映论与本体论这一总体性矛盾的一个侧面,所以我们在这里的指出也是简单化的,必须结合他在其他方面的展开再加反复分析才能避免把本来复杂的问题简单化。因为科学反映与审美反映在"人化"问题上的区别,还通过许多层面展开,如情感、形式以及上面所提到的"条件反射"各"信号系统"的区别等等。

三 审美反映的主客体关系问题(一)

反映论的一般原理认为,主观所反映的对象世界是不以主观为转移的客观存在。正是反映论认识论的最一般而根本的唯物主义前提几乎被所有唯心主义攻击为"机械论"。30年代以后,卢卡奇对这一反映论的唯物主义前提毫不动摇,在其美学著作中不厌其烦地反复加以强调。但是正如他之区别审美反映与其他反映,却又对这一唯物主义前提产生了悖论。

他指出,"没有主观就没有客观"这一命题在认识论上"具有纯粹唯心主义的意义";但他又认为,在美学中这一命题"对于主客观关系却是根本的"。他把一般非审美的存在物与作为审美对象的存在物在主客体关系上加以根本的区别,正如下面一段话所说:

当然,每一审美对象本身是不依赖于主观的存在物。当这样理解时,它却只是一种物质的存在,而不是审美的存在。若要使它的审美的规律性起作用,那么与此同时也就设置了一个这样的主体,因为它的审美本质特征,正如我们反复说明的,是在于,通过模仿这样一种对客观现实的特殊反映,在接受主体那里唤起一定的体验。忽视了这一点,审美形象本身就不复存在了。它只是一块石料,一块亚麻布,与每一个不依赖于各种意识和主观性的其他对象一样。"没有主观就没有客观"这一命题只是关系到这种形象的审美属性。[①]

这是我们非常熟悉的说法,几乎每一个"坚定的唯物主义者",虽不能真正在美学上将唯物主义贯彻到底的美学家,都能不加思索地欣然接受这一论说。问题必然又回到"审美的规律"(即"美的规律")、"审美本质特征"(亦即"美的本质")这些虽可"加诸括号"、暂时"悬置"却难以绕开的最根本的问题上面来了。与此有关的类似说法我们常见的还有,诸如美不是一种物

---

① 卢卡契:《审美特性》(第2卷),中国社会科学出版社,1991年版,第28页。

质属性，物质属性仅仅是美的属性的承担载体……归根到底，一句话：美是人的属性，美仅存在于作为主体的人对于对象世界的审美关系之中，离开了这种关系的自在客体谈不上美与不美，最后归结为上面所说的美的本质是"人的本质的对象化"。这是从以上所引卢卡奇的那段话中必然得出的逻辑结论。我们无需再加论证这种美的根源论和美的本质论，究其实质是一种主观主义的美论。它以人作为审美主体与美的对象（自然物、社会存在或艺术）之间的关系属性代替和混淆了主体与对象各自固有的审美属性。其各自的属性，在客体是不以主体的主观为转移的其之所以为美的本质规定，亦即"美的规律"；在主体则是非先天固有而是经过训练的对美的感受力（即马克思所说"音乐的耳""感受形式美的眼睛"等等）。主体与客体各自的属性与它们双方在这一特定关系中的相互依存或依赖的属性，是最容易被混淆的问题，特别在美学上。唯物主义美学在认识论上所坚持的是同一的原理，即对美的认识与对真实或真理的认识，或对自然物质运动的规律的认识与对美的规律的认识一样，在不以主体的主观为转移，即不以主体是否感觉到它们，是否认识它们，是否承认它们，以及给予它们以何种评价，它们在主体主观上引起何种心理的和精神的效应等等，影响它们之所以为真，之所以为美的存在的固有的本质。而"关系属性"则是由建立这样那样相应关系双方相互规定的一种属性，如科学研究中没有研究者主体与他的研究对象，由单独任何一方都不能构成它们的关系属性，没有买方与卖方就构不成任何一方的商业关系属性，正如在日常生活中没有可食之物与求食之人就不成其为双方之"吃食"的关系属性，没有一男一女就不成两性关系等等，对于审美关系也是一样。正如马克思在《手稿》中所说，对于饥肠辘辘的穷人，再精彩的戏剧也是无动于衷的。对于非音乐的耳，最美的音乐也是无意义的，对于不能感受形式美的眼睛，最美丽的色彩同样也是没有意义的。客体的美对于主体"没有意义"，或主体对客体的美"无动于衷"恰恰表明人主客体双方没有建立起审美的"关系属性"，但这并不能构成客体本身之所以为美的不以主体的主观为转移的素质。"商人只看见矿物的价值，而看不见矿物的美"，表明商人在商业关系之中，只有商业属性，而没有审美属性。但主体之"看不见"，并不等于客体之美的不存在。这一结论在马克思《手稿》所有有关的论述中已经表明得再清楚不过了，但这个问题长期被忽视与混淆，连知识渊深，自我批评后自觉坚持唯物主义的卢卡奇最终仍不能幸免。但是在这里我们要注意"关系属性"这个概念的相对性，一事物有与其外部他事物的关系，而在其自身也有其内部的各种关系，如形式与内容、物质成分、组织结构等方面的关系，正是在这个意义上，狄德罗说"美在关系"。

美的客体是否依赖于主体，在艺术美的问题上往往最容易蒙混，因为艺术是人所创造的，单纯的物质媒介，如卢卡奇所说"一块石料，一块亚麻布"，未经过人的审美反映去创造，不成其为艺术。这个问题暂且不论，但在自然美问题上，特别是原始的、未经人的劳动实践改造过的自然美的问题上是美学唯心主义与唯物主义的最后一道试金石。在《黑格尔的〈美学〉》(1951)

一文中,卢卡奇谈道:

> 所谓自然美的问题。不管机械唯物主义,还是主观唯心主义都不能解决这个问题,因为它们把完全不依赖于人的自然同从主观的观点来理解人的艺术活动彼此僵硬地对立起来,把它们当作是完全互相排斥的。①

虽然在这里他没有就这个问题展开,没有正面给自然美的本质以回答,但从这句话和前面所引的那番话,可以推知他在这个问题上的基本倾向,即他至少不认为自然美的本质属性同自然的物质属性同样在其根源上也是"不依赖于人的主观(感觉认识)"的。在这个问题上,卢卡奇明显地表现出受车尔尼雪夫斯基的影响,即把黑格尔由自然本身的观念对其美的"定性"改造为一种对人的"生活"的一种"暗示",即"人们完全是用占有者的眼光来看待自然的,在世界上那些与人的幸福和富裕生活相关联的东西,对于人同样也是显得美的"②。在车尔尼雪夫斯基看来,当然在这一点上卢卡奇是全然一致和正确的,自然之美决定于人们用什么样的"眼光"去"看"出来,是在同人的生活的"关联"中方得"显"出来的,而不是自然本身的物质属性所决定的种种

---

① 《卢卡契文学论文集》(第1卷),中国社会科学出版社,1980年版,第426页。
② 卢卡契:《审美特性》(第2卷),中国社会科学出版社,1991年版,第17页。

次一级客观属性，如马克思所说金银从地下发掘出来就固有的物理反射出来的色彩，是不以主体主观为转移的美的自然属性。车尔尼雪夫斯基的哲学和美学观念本于费尔巴哈的人本主义，加之俄国革命民主主义的改造，如农妇与贵妇之（自然）美的区别在于前者之劳动，后者之闲逸、慵懒等。再者，他与同样受车尔尼雪夫斯基影响的苏联"社会学"派美学一样认为，把自然美同人之间的审美关系等同于人的"艺术活动"，也就是人以自己的艺术创造物那样的眼光去"看待"自然，自然才是美的。这么一来，根据以上所述，我们完全可以把卢卡奇归为一个十足的、持苏联"社会学"美学派别的唯心主义主观的美论者，但他的复杂的理论矛盾，使他虽与前者有千丝万缕的联系，又同他们保持一定的差别。这个差别从根本上来看，"社会学"美学派把自然本身看成在人类的社会关系之中，正如卢卡奇在《历史和阶级意识》中的观点那样，不仅否定自然美的客观存在，也不论自然的自在状况。认为自从人类历史开始起，自然就与人类发生一种休戚与共的关系，自然在社会之中，而不是社会在自然之中。在这一点上，正如我们前面说过自我批评后的卢卡奇，已经比较彻底地放弃了这种更为露骨的唯心主义，他在《审美特性》一书中多处表现出在主客体关系观念上的矛盾。他又认为"没有相应的客观关系，审美主观本身就根本不会产生"[①]。他在谈到主观的"外

---

① 卢卡契:《审美特性》（第2卷），中国社会科学出版社，1991年版，第48页。

化"问题时,指出,"……主观性的丰富和深化只有通过对实际客观世界的深入掌握才能达到。"[1] 在谈到艺术创作的主体性时,他强调,这种主观性中"再现了客观社会—历史现实的结构……在这一创作主观内它决定于,在哪一水准上将纯粹主观的质和社会—历史的真实结合起来……"[2] 从以上所引卢卡奇的论述看来,对于艺术创作而言,主体在创作上的能动作用恰恰表现于主体对"相应的客观关系"的依赖性,这种"相应的客观关系"即主体存在外部的"实际客观世界",亦即他所说的"客观社会—历史现实的结构"。创作主体的能动性,正表现在对其主观所不能转移的"客观世界"的"深入掌握"所带来的"丰富和深化"。那么所说"深入掌握"不是对象——客观世界,或社会历史现实的结构——的固有的美学特质,即决定其所以为美的本质规定,又是什么呢?如果社会历史现实中不存在实体性的美,即我们称之为美的实体性东西,那么在一个"审美反映"的主体主观上反映的又是什么呢?艺术的美学特质又是从何而来的呢?如果不承认客观世界中确实"客观"的(不以主观为转移的)美,那么只能认为创作主体在作品中所作出的对现实的"审美反映"是完全脱离现实的主体与生俱来的先验的东西,对于构成"客观世界"的社会—历史现实是这样,对于同样构成"客观世界"的非人化

---

[1] 卢卡契:《审美特性》(第2卷),中国社会科学出版社,1991年版,第68页。
[2] 卢卡契:《审美特性》(第2卷),中国社会科学出版社,1991年版,第75—76页。

的自然也是这样。这正是卢卡奇在审美反映之主客体关系上的无法超越的深深的矛盾。这个矛盾表现为作为审美反映之创作主体与对象世界的美学特质上，也同样表现在由艺术作品组成的次一级，或第二"对象世界"与感受、欣赏的主体的审美反映上，这一审美主体通常被称之为接受主体。这在现代美学中被归入接受美学，或接受理论的问题。

四 接受——审美反映的主客体关系问题（二）

关于"接受"问题，在卢卡奇看来是与艺术作品的审美"激发"问题密切关联的，正如他所说："在审美中总是存在某种主观的实体性，更恰当地说，是人的实体性体验的激发。"[1]而有意思的是，恰恰在他批判"为艺术而艺术"倾向时把"接受"这个问题带了出来。且看下面这段话：

> 只有在艺术作品本身始终包含着对接受者的感受进行引导的可能，这部作品才能够被承认是艺术作品。过去几十年各种短暂的为艺术而艺术的趋向却表现出这样一种倾向：使作品客观上存在的"美"（审美属性）不依赖于每一种效果。在这一倾向的背后——进一步在主观上可以理解、甚至是合理的——对同时代一般判断的否定，米开朗琪罗或贝多

---

[1] 卢卡契：《审美特性》（第2卷），中国社会科学出版社，1991年版，第107页。

芬的伟大不应该取决于小市民张三或李四的趣味判断。即使这种情感是合理的,然而它的基础却是建立在脆弱的类推之上的。因为这一思路无意中就会使人浮现出科学的实例。哥白尼学说的真理性不取决于,这一学说是否及何时被承认,这只是在客观上说明了,地球确实围绕太阳运转,而不取决于人们是否察觉或认识到这一事实。在审美中,客观性的基础不能以这种论证来说明。我们说提香的维纳斯与它所反映的现实的关系与上述哥白尼的例子中映象与原物之间的关系是无法相比的。哥白尼学说在科学上是真理,因为它在极大的近似关系中把一种自在存在转化成了一种为我们的存在。而提香的维纳斯却是审美原理的实现,因为它反映现实的方式,作为艺术规定的整体性,提供了那种在此情况下对于人类发展有意义规定的整体性的真实映象;因为这种反映方式基本上能够在人身上唤起这种整体性。科学的客观性是基于自在存在本身不依存于意识的性质,而审美的客观性即使在观念上也不能脱离人以及人的思想情感等。在这里有决定意义的不是小市民张三或李四的见解和趣味,而是依存于作为人类自我意识的它的客观性,这一点作为一般特征已为我们所熟知。[①]

在这一大段引文中我们可以看出许多混乱。首先,"为艺术

---

① 卢卡契:《审美特性》(第2卷),中国社会科学出版社,1991年版,第147页。

而艺术"的倾向之所以错误,不在于它肯定了已凝结在作品中成为一种"第二客体的"艺术美的客观确定性,而恰恰在于把这种美同外在于创作主体的客观现实世界的美(包括自然美与社会生活中的美)割裂开来,并否定后者,把前者说成是无本无源孤立自在的,由形式孤立决定的。当然若说其"本",其"源"则完全属于主体(人性)的。卢卡奇把"为艺术而艺术"在以上关系的错误倾向混淆为艺术作品作为美的客体同阅读欣赏审视者作为接受主体的关系。这样两个层面上的关系,创作主体—艺术作品、艺术作品客体—接受主体,其在认识论上的构成性关系立足于一个共同的基础——那就是客观现实世界。从审美反映的角度来看,则是主体创造的能动作用(用卢卡奇的话来说"对现实把握的丰富程度与深度"),主体在美学上的塑造形象的能力,主体自我外化(对象化)凝固在作品中的美(按马克思对希腊艺术的美作为"永恒的魅力"之评价),以及主体对外在世界所有美(自然、社会、艺术)的感受能力之所以能够发生形成,全在于客观世界本身确实存在着这样不以主体为转移的美。正是基于这一点,我们反对卢卡奇把真理论与美论在认识论上切割开来的说法。在卢卡奇看来有两种不同的"客观性":一种是科学的,另一种是美学(或审美)的艺术的;前者是不以作为主体的人的主观意识认识(承认)为转移的,后者则是以主体的主观思想感情,特别是"整体"性的人作为"类"主体为转移的。那么,还是让我们来看看列宁在这个问题上是怎么说的。

正是在卢卡奇一再推崇的《哲学笔记》中,列宁多处指出:

"客观的—在我们之外的"①。在谈到亚里士多德并以反映论的朴素唯物主义批判黑格尔的唯心主义时,列宁又明确指出:"这里的关键是'外在'——在人之外,不以人为转移。这就是唯物主义。……外在或内在不是无所谓的。关键就在这里!'外在'就是唯物主义。'内在'=唯心主义。"②显然在列宁看来没有两种不同的"客观性"和"外在性"。如果真正是,不是仅在口头上,以唯物主义认识论为马克思美学的哲学基础的话,那么就应该同意列宁以上的论断。或者就算《哲学笔记》有行文上的片断性,那么在《唯物主义和经验批判主义》《有没有客观真理?》一节中,列宁指出波格丹诺夫把真理的"绝对—永恒性"同真理的"客观性"混淆起来时,写道:

(1)有没有客观真理?就是说,在人的表象中能否有不依赖于主体、不依赖于人、不依赖于人类的内容?

(2)如果有客观真理,那么表现客观真理的人的表象能否立即地、完全地、无条件地、绝对地表现它,或者只能近似地、相对地表现它?这第二个问题就是关于绝对真理和相对真理的相互关系问题。③

这就是唯物主义美学必须确认的哲学前提,马克思主义经典

---

① 《列宁全集》,第2版第55卷,第42页。
② 《列宁全集》,第2版第55卷,第247—248页。
③ 《列宁选集》,第3版第2卷,第81—82页。

作家的一系列关于艺术的论述，如列宁关于托尔斯泰是反映俄国农民革命的一面镜子，马克思恩格斯关于巴尔扎克和系列论述无不是以此为前提。当然，这个问题进一步扩展为"美"与"真"，即艺术与真理的关系问题。如果承认这两者的统一性，也就是既看到科学反映与审美反映的区别，又不把它们在真理观上截然地形而上学地对立起来，那么就同样应该接受列宁以上关于承认客观真理的唯物主义基本原则，即文学艺术反映现实的真实性，特别是生活的本质的方面，或社会关系的一定的本质，与它建立在这种反映论上的美学特质，包括形式上、风格上的系列作为审美反映的特殊性的异质性东西，都不应该将之截然地对立起来。我们应该注意到这个问题复杂的以悖论形态出现的辩证法，即在列宁的以上表述中也可以看出，一方面客观真理是"在人的表象中"，即它进入了人的主体主观之中；另一方面在其"内容"上又是"不依赖于主体、不依赖于人、不依赖于人类"的。同现实美的客观属性一样，客观真理，一方面趋向于主体主观的认识之中与主体构成一种相互依存的"关系属性"，真理的相对性正是鉴于这种依赖于人的主观的关系属性；而在另一方面，正是在这种关系属性之中，真理与美又保持其自身的作为存在的"客观"的独立属性。卢卡奇所说艺术作为审美反映所提供的"对于人类整体发展有意义规定和整体性真实映象"正是这种客观的独立的属性。列宁这一论断的精确性在于它分为三个层次："不依赖于人类"，是就在人类起源之前就存在的自然规律，如所说哥白尼定律，它们早在人类起源之前的广漠世界已经起着作用，后来人类通过生产实践逐渐认识它们;"不依赖于人",系指已经与人类存在于同一宇宙共同体内,但人类实践尚不可能触及的客体的运动规律,即现今人类已经认识或未认识的自然规律;"不依赖于主体",是指人类自身的社会历史的运动发展规律,即人既是认识主体也可以是被认识客体。当它是客体时,其真理的内容是"不依赖于主体"的。自然美与社会美、艺术美分别与以上自然规律与社会历史规律的真理相对应。对于这种辩证关系的复杂性,甚至不仅是卢卡奇,相当多的人把这个悖论形态的辩证法转化为形而上学的对立与逻辑上的自相矛盾。卢卡奇的这一矛盾正是他总体上的反映论与本体论矛盾的一种形态与根基,在单独论述现实主义艺术原理时他是完全正确的,其中不乏深刻独到之处,然而,在论述审美主客体关系,或科学反映与审美反映的区别时便暴露出唯心主义的一面。

五 "同质媒介"——审美反映的主客体关系问题(三)

关于"同质媒介"的概念,卢卡奇是以"同质化"为前提的。他指出:

> 只有当所有由反映所获得和加工过的对象及其关系经过与该反映方式的职能相适应的同质化,才能形成更高的对象化。[1]

---

[1] 卢卡契:《审美特性》(第1卷),徐恒醇译,中国社会科学出版社,1986年版,第137页。

由此可知，所谓"同质媒介"是对象世界——自然与社会历史——的本质性关系经过主体化——认识作用的综合上升及赋以形式——再外化（或对象化）于一种艺术的物质载体，在这一上升提高过程中虽然经过不同媒介仍保持美的特质的同一性。从信息论来看，这是美作为信息的运载、传播过程。卢卡奇指出，在主体的诸感官中，只有视觉和听觉才能形成（审美的）同质媒介（对应于相应的客体的物质载体）。所以"同质媒介"是一个审美主客体统一的概念。在《审美特性》一书的第二卷中，卢卡奇开辟了专门的章节论述了这个问题。

因为涉及"媒介"，这个问题也就与艺术的品种和门类有关，"随着单个作品的审美构成，同时也构成了门类和艺术一般。"卢卡奇把"作品"、艺术"门类"与"艺术一般"作为审美领域连续性与间断性辩证上升的不同层次。这种"连续性"正是人类在正确反映世界之中自我意识发展的辩证过程，这一纵向的过程又与反映的"总体"与"个别"相应。卢卡奇指出，人类历史中个别艺术作品作为"点"的审美体验结合成为一个整体。在其中——无论创作者或接受者是否意识到——同时存在着人类发展的连续性契机。这种连续性的存在与通常的历史连续性相比，更强烈并更加不可排除，同时又比历史连续性更隐蔽、更加不明显。每一部艺术作品，正是规定了其决定的审美特性的东西，处于它所属的那种艺术类型以及门类的连续性中。[①] 这个问

---

① 卢卡契:《审美特性》（第2卷），中国社会科学出版社，1991年版，第90—91页。

题与国内美学"积淀"说有关，但"积淀"说是一种错误的美学进化论观点。因为艺术的、美学的东西中的非理性成分，它不可能如"纯粹理性"之科学那样，是一个由低级向高级累积，进化与飞跃的认识过程。我们不能说现代人的审美心理积淀比古代人丰厚，因此现代主义的艺术就高于古代希腊的艺术等等。"积淀"说把历史、政治经济、道德与美学之间的复杂关系简单化为机械的单一的线性关系。卢卡奇的"同质媒介"说远比"积淀"说高明。他指出，"同质媒介"不单是形式感的心理积淀的载体化。艺术作品的"形式"正是在同质媒介中审美地反映了现实时才有它特殊的"现实性"，其功能在于把反映中的客观现实化为一种"艺术映象"，而构成了艺术创作的实践基础。因此仅就其第一直接性而言，同质媒介才是一种单纯的"形式原理"。在形式上由同质媒介决定的多样性又返回到内容上是由典型的"多样性和普遍性决定的"。一种内容上的同质性把形式上的多样性与丰富性最终统一起来。如他写道：

> 莎士比亚戏剧中形形色色人物世界的这种丰富性已经成了老生常谈。但是如果在这种多样性的背后不能使人透视到这样一种同质性，一种由奥赛罗、苔丝德蒙娜、亚戈的对立性构成的某种协调、某种不可分割的结合的同质性，与对现实在认识上反映的多样性统一在审美上相对应的无限多样性的同质性，那么他的悲剧的深度将是不可设

想的。①

同质媒介在审美反映的主客体关系中以形式的多样性最终完成使主体上升到这样一种主客体统一的最高层次上，那就是——"完整的人"——作为卢卡奇审美反映学说的中心。

第三节 审美反映（下）
——审美中"完整的人"和"整体的人"

以"人化"为审美反映的本质特征区别于科学反映，卢卡奇以指向"完整的人"和"整体的人"这一对概念，作为艺术创作与艺术所激发之美学感受的最高目标与境界。首先"完整的人"这个概念是从古代希腊开始的人本主义为起点，经过意大利文艺复兴运动和法国启蒙主义，到德国古典美学——以席勒的唯心主义人本主义美学为集中代表和歌德的泛神论的自然主义唯物主义人本主义，再到俄国革命民主主义人本主义，如车尔尼雪夫斯基的费尔巴哈式的唯物主义人本主义，最后到以《1844年经济学哲学手稿》为代表的青年马克思的共产主义人本主义，集大成之观念。其同过去唯心主义人本主义的区别又在于这一贯穿线索和归宿却可以说始终紧紧地扣住反映论这个唯物主义认识论基础。

---

① 卢卡契:《审美特性》（第2卷），中国社会科学出版社，1991年版，第142页。

"完整的人"在人类学意义上考察,其内涵在于人的整个心灵力量的激活。当然其相反的方向是与劳动分工联系着的"专业化"—"片面化"的问题。卢卡奇指出:"人的活动的片面性形成了他的整个个性的一定方面,不论是体质上的或精神上的,而其他方面则暂时被忽视,甚至长期被压抑。"[1] 但是,卢卡奇在这里已经明确地表明与古典的、经济的和人本主义的浪漫主义对资本主义分工的批判划清界限,"在这种批判中完全把劳动分工看成是一种消极的东西,只是把它看成对人的肢解和压抑,而没有考虑到,它不仅是人类高度发展所不可避免的一个阶段,劳动分工本身——尽管在资本主义社会存在着损害和压抑人的现象——在人的身上不断地唤起甚至发展着各种特性和能力,它扩大和丰富了人的整体性概念。因此,甚至在资本主义对整体的人最不利的阶段也不会离弃整体的人。相反,那种肢解的倾向愈发展,其反作用也就愈强烈"[2]。在这里卢卡奇使用了"完整的人"与"整体的人",两个概念的区别似乎在于,前者系对个体而言,即功能的全面发展与被片面化肢解的人相对立;后者似指人的"类"主体概念,相对个体或群体而言。个体的"完整"与"整体"类的解放相一致又相抵触。其相一致处在于,人的"类"解放只有通过个体的解放得以实现,而全人类全面发展又以个体的片面

---

[1] 参见卢卡契:《审美特性》(第2卷),中国社会科学出版社,1991年版,第3页。
[2] 参见卢卡契:《审美特性》(第2卷),中国社会科学出版社,1991年版,第4页。

化——非完整性为代价。这一辩证法思想显然是从马克思《手稿》中关于异化与人的本质对象化以及异化的扬弃"走在同一条道路上",以及后期马克思在《剩余价值学说》中关于人之"类"的发展是以个体的牺牲为代价的有关论述的阐发。卢卡奇颇有深度地把审美过程归之为人在旧质——原有的与经济政治制度相联系着的社会关系——规定下,不堪忍受而奋起对新质的期待、召唤和选择。他说:"因为在历史上只有当人的个性和关系中新的东西与旧的制度、联系、思想、感情等陷入对立时,类的属性的发展才能表现出来和发挥作用。"①

审美反映在人的整体性中的作用在于,其他领域只是暂时进入意识的东西,包括人类所完成的一切——对自然的认识、利用、征服,人们相互关系的发展、人的高度发展和人道化,所有这些都是人本身的产物,在审美中都以直接的显现而提高到中心地位。②唯独只有艺术——借助于模仿——创造出与世界相对立的客观图像(即审美映象),这种图像自身完善成为一个"世界","这个世界在其自身完善中具有一种自为存在的意义,其主观性被扬弃,但同时保持和提高到更高阶段仍处于主导的环节"。这种扬弃了的主观性这时唤起了"类意识(整体性意识)"……在艺术作品"世界"中完成了保持其主观性的客观化作用,"这

---

① 参见卢卡契:《审美特性》(第2卷),中国社会科学出版社,1991年版,第62页。
② 卢卡契:《审美特性》(第2卷),中国社会科学出版社,1991年版,第48页。

个世界正是客观现实世界的一种反映、一种模仿"……在这条道路上,"正确认识世界的深度和正确自我体验的深度在这里融合成一种新的直接性"[①]。在这里审美反映中的主客体统一的过程与关系被表述得还是相当辩证和清晰的。这一过程也被卢卡奇经常表述为日常生活中的"完整的人"过渡或转化为"整体的人"。在卢卡奇看来,人个体的完整性与类的整体性,与其外部世界的整体性在事物的普遍联系中取得辩证的统一,在审美反映中,主体以能动方式表现出对其新质的选择,始终同旧质作用于既有的世界客观事物有联系。作为"反映对象的属性(客观性)",对审美反映对象具有"约束力"。但是在审美的"关系属性"中,对象世界,"不单纯是世界的自在存在,而是人的世界的自在存在",卢卡奇说明"当然它是具有不依赖于意识的客观性,在这个世界中人的活动痕迹被客观化,好像成了客体,然而不扬弃它的这种客观性而返回来关系到人。……因此每一种艺术作品对整个世界的模写,都是从一个重要的、人的观点出发来看待的,它的整体性和构成其基础的各种规定的整体性,因此首先不是形式上的,而是一种内容上的整体性。这种整体性,只有当它成为审美的时候,也就是说,只有进入唤起它的形式世界,它才能达到一种客观性"[②]。这就是说,人之外的客体,因而也就是带有"非人"性

[①] 卢卡契:《审美特性》(第2卷),中国社会科学出版社,1991年版,第51—52页。

[②] 卢卡契:《审美特性》(第2卷),中国社会科学出版社,1991年版,第121—122页。

的东西,在审美反映中带着其原有的客体性进入人的主观而"人化",成为属人的客体。经过主体的人给它以形式返回客观,成为一种得到人的整体性的审美客体。对艺术的这种主客体关系的看法,使卢卡奇把艺术的本质突出强调在反映论的前提与基础上,艺术同时作为人的一种自我意识而存在,即艺术不单是对于独立自主存在的某物的意识,在审美反映中还包含着表现为对所揭示作品的内涵之无限性、对生活的批评、审美的普遍性为途径达到的主体性存在。它包含了人们面对世界所能经历和体验到的喜怒哀乐的一切,并在作品中获得了将特殊的沉寂提升并形成自我意识的语言的那种声音。这样人的外在的自在存在着的无言的世界、相对世界以及人自身所固有的沉寂,在审美的艺术中结合成为一个整体的世界。这样的描述,如果不否定这一整体过程之前的"非人"的客体仍然自在地存在着一种美的本质规定的前提,我们完全可以说是完全正确的,虽然我们也可以批评它过于思辨而令人费解。

整体的人类与完整的个体通过同质媒介的具体化的作用,在艺术品种中下降到个别性。这种个别性也就是"创造个性"。但这种"个性化"如不保持在以上所描述的整体的人的审美反映的主客观关系之中,如果脱离了人化了的独立于人的客观外在世界,就会发生一种"精神病人"式的内向性的"个性的畸变"。卢卡奇在《审美特性》中对"精神病写作"现象作了较多独到的专门研究,我们将在下面介绍。卢卡奇指出,在对外在世界的抗拒为特征的"内在性"转向是以反资本主义的社会倾向为基础的，他强调只有当在"内向性"创作的作品中使人感到这种"由内向的转变所产生的、与对象世界的关系"受到拒斥的情绪时，"那么这种表现的真实艺术强度、真正内在性的审美体现才能形成"。卢卡奇指出，卡夫卡优于他的同时代的竞争对手之处正在于此。[①]

这一概念同"人化"——"反拜物教化"不可分割地联系在一起，成为卢卡奇美学与艺术思想体系的贯穿线索和最终归宿。在他看来，真正的艺术本质地含有"反拜物"倾向，"只要艺术传统不自身瓦解就决定不会放弃这一倾向"[②]。然而，正是这个最重要而又最易一般化为一种老生常谈的问题，卢卡奇论述得极其枝蔓、繁琐而混乱。"反拜物""反商品拜物教"同"反庸俗唯物主义""反客观主义""反实证主义"甚至"反非理性主义"，以及哲学上的因果律、必然和偶然问题搅和在一起。

从这一章一开始，卢卡奇对马克思在《资本论》中对资本主义社会发展的必然趋势——"商品拜物教"开始，引出"对于我们的目标具有决定意义的"——人与人的社会的关系采取了商品之物与物的关系这一虚幻的形式。马克思的发现对艺术理论具有巨大的意义。几乎19世纪与20世纪的每一个大艺术家都纠缠于这个问题。即艺术作为审美的反映，从物的形式对"人"关系

[①] 参见卢卡契:《审美特性》(第2卷)，中国社会科学出版社，1991年版，第132页。

[②] 参见卢卡契:《审美特性》(第2卷)，中国社会科学出版社，1991年版，第169页。

之掩盖通过"反映真实恢复人的权利",摆正人在历史上的作用。为完成这一使命,具有代表性的作家为巴尔扎克和托尔斯泰。只是当帝国主义时代的后期,资产阶级艺术的相当一部分产生了拜物教的屈从,才使艺术不得不放弃它的主要内容,放弃了为人的完美而斗争以及用这一观点进行的生活批评。对拜物化的表态——无论对拜物化本身是否认识到——成为进步艺术实践与反动艺术实践之间的分水岭。[①]

尽管卢卡奇指出,马克思对拜物化的认识具有普遍的意义,并作为审美反映"反拜物化"的出发点,但是他认为,"将拜物化的一般现象限制在资本主义商品交换的经济上是错误的"。对此他提出了"拜物化"概念的"宽泛化",即指出一种"既非自在的又不依赖于人的实际状况"的独立的"对象性"。由于这一"宽泛化"便出现了上面我们所指出的概念范畴转换运移的情况。如被他称为"艺术的自发的唯物主义"和"自发的辩证法",即只承认现实的客观存在的外部世界,排除在其中拜物化地投射的各种观念,对现实以其自身的真实性表现出来,在这里"拜物化"成为一种非主观性的纯客观实在性,相反则是非客观的纯主观性。在从康德开始的现代主义哲学运动中,在日常思维与先锋派艺术中,把时间与空间分割开来是"拜物化的最显著的表现方式"。[②]

---

① 参见卢卡契:《审美特性》(第2卷),中国社会科学出版社,1991年版,第165—167页。
② 参见卢卡契:《审美特性》(第2卷),中国社会科学出版社,1991年版,第170—173页。

卢卡奇还把审美反映的"自发辩证"倾向与反拜物化联系起来，但这种联系并不意味着对因果性的"否定和取消"。因为对现实的人的行为与事件以及人的思想感情的反映，必须关联到把这一切连接起来的客观的因果关系。在因果性问题上，他又批判了现代资产阶级哲学的两种拜物化作用：一种是极端的纯粹因果的、机械的、宿命论的必然观念；另一极端是非理性主义的变种，它否定或怀疑必然性。他认为将文艺世界中的因果性置于它应有的位置上，可以克服在生活和科学中能引起其独占统治的拜物化倾向。① 我们可以看出，这种把拜物化与哲学的范畴，如必然与偶然联系起来以说明艺术之持续和维护人类有价值的"拯救作用"是枝蔓和勉强的。这似乎在这部庞杂的未定稿中是不可避免的。笔者认为艺术的"反拜物化"与人在物化历史阶段的具体人性本质规定是联系在一起的。②

第四节　审美反映中的美感问题

正如卢卡奇没有专门讨论美的本质问题一样，他也没有专门把美感抽出来论述，仍然是在"模仿问题"之中作为"美学中主客观关系的一般特征"来谈的。作为美感问题，一般在人与对象世界的审美关系中，从主体方面来看，离不开形象思维、美的观

---

① 参见卢卡契：《审美特性》(第2卷)，中国社会科学出版社，1991年版，第230—231页。
② 《理性的批判与批判的理性》，《文学评论》，1996年第5期。

念到美感的本质等,但卢卡奇似乎是故意摆脱这些传统美学的术语,用自己独创的术语来论述这些同样的问题,如他把形象思维等有关审美心理效应问题归结为对巴甫洛夫学说的改造所提出的'第1'信号系统'问题。

一 "第1'信号系统"

可能使人感到奇怪的是,在卢卡奇的美学文艺学论著中几乎见不到关于"形象思维"的论述,想像倒是经常谈到。这个问题的秘密可以在其关于"第1'信号系统"的论述中解开。在《审美特性》第二卷的后半部,卢卡奇用较大的篇幅专门展开了这个问题。他指出,巴甫洛夫的第1信号系统具有感性的直接性,是人与生俱来不需要学习训练的本能;第2信号系统以语言符号的间接抽象的形式使反射"具有本质的特性",属人的高级神经系统的活动。而"第1'信号系统"恰恰在这两者之间,既表现出两者共同的中间性并保持两者各自的特点,又是两者的提高形式。

从卢卡奇的叙述来看,"第1'信号系统"有以下几个特征:

(一)想像的特征,在这里卢卡奇引证了列宁关于想像力在思维中的作用,甚至在最精确的科学中的作用。"想像力'自由'地接通各种条件反射和联想,便使它们在人身上产生作用并在一定情况下被动员起来。"因为想像力是在条件反射的基础上主体自由的心理与思维的活动,所以卢卡奇把想像称为"信号之信号",即在第1、第2信号之上形成的信号。同样他也把"第1'

信号系统"称为"信号之信号"。卢卡奇还引证了黑格尔所划分的想像的三个阶段：(1) 记忆，(2) 表象，(3) 综合，即"知性使其一般表象与表象的特殊东西相一致，以此给予表象一种形象的存在"。

(二) "第1′信号系统"既然不是一种动物式的本能，那么必然有其发生过程。卢卡奇指出，这一过程是与审美发生相联系的，虽然"第1′信号系统"并不仅限于审美活动中的思维与心理功能。这是与人类形成史的所有事实相一致的，是在人类通过劳动创造自身过程中，所形成的主要的"人的特性"，"自我创造"地生成各种可能性的产物。由于"第1′信号系统"的自由创造特性，它在其活动中总要产生出对于条件反射而言的"新质"。这种"新质"对动物而言，就是对新的存在环境的新的适应情况下所建立的条件反射，对人类就必然引出不断改造外在环境的内在要求。

(三) "第1′信号系统"以劳动这一总体的人的类发生为前提，还通过音容笑貌举止在社会交往中的日常生活习俗，包括"礼仪""举止得体"等表现。这些东西往往不通过思考甚至语言得以表现。但卢卡奇指出，礼貌行为与思维语言的一定脱离决不是对任何非理性主义的承认，"因为事后对每一个有礼貌的行为都可能在思想上和言词上完全精确地加以描述和分析。这一行为在内容上完全是理性的，只是引起这一行为和生理学—心理学机制并不是第2信号系统，而是第1′信号系统"。卢卡奇指出，人的这种相互作用是随着文明出现的，由于人际交往的重要性，它不仅是文艺的对象,而且也是思想家,首先是道德家和社会学家所关注的问题。

(四)第1′信号系统不仅表现为第1和第2信号系统之间复杂的相互作用,而且还表现为"无条件反射"与"条件反射"间的复杂关系。卢卡奇是从人类独特的性爱问题来展开这方面论述的。因为性爱单单从欲望满足的角度来看,就同试验中狗直接同食物关系那样是无条件反射——外部环境对象直接刺激感觉官能。然而对于人类,性爱则由这种无条件反射为起点上升到"渗透入人的全部生活中",由此又为第1′信号系统的"适用性和必不可少"开辟了五个广阔的领域。在这里面为说明"观念"东西所起的作用,卢卡奇举了一个令人信服的例子,那就是莎士比亚剧中奥赛罗与苔斯德蒙娜的爱恋,后者之被打动,据她自己的陈述,几乎完全是从前者叙述自己征战中传奇性的起初故事引起的,她甚至表示,若是奥赛罗的朋友爱上了她,只要学会讲述这些故事,"就可能赢得她的爱情"。卢卡奇指出,要在两人之间形成这种特殊的性爱,就需要"把感情和观念与肉体方面的个体特性(形体、声调、目光等)构成一个人格的整体",并"使性爱被感觉到,被加工和综合为统一的恋爱感情的这种媒介正是第1′信号系统"①。

(五)"第1′信号系统"在情绪与情感上的"激发性"和直

---

① 参见卢卡契:《审美特性》(第2卷),中国社会科学出版社,1991年版,第373页。

觉性。在关于直觉性上,卢卡奇又引证了巴甫洛夫的有关分析:"我们的直觉存在于何处呢?它存在于我要说的瞬间却忘掉了动机的过程……对各种直觉作用应这样来理解,人们想到了最终的结果,但在当时的瞬间却没有注意到他思维的全过程和使他达到目标的途径。"卢卡奇指出,直觉是一种在第2信号系统与"第1′信号系统"都会出现的心理学现象。但其相似之处在于前者不仅具有对象激发的反应的"瞬间性",还有区别于第1信号系统的对于对象世界的"距离","这种距离性及其后果与激发作用的瞬时性决不是对立的"。而且这两种高级信号系统都总是处在正确或错误的交叉路口,都包含有产生错误的可能性。

(六)从认识路线上来看,"第1′信号系统"是"作为典型化的来源",它一方面不是不需要普遍化,而是避免将之提升到抽象的高度。另一方面,认识的发展重点转移到个体,转移到个人的私生活。卢卡奇在这里提出了一个前于"典型"的"本色"范畴。同时他在这里批判了在有关对人的认识和典型化的可能性方面,在"新近的很有影响的现代哲学潮流中,一般地形成了一种虚无主义"。他指出,没有因"第1′信号系统"参与的即使是无意识的典型化,就"不可能达到对人的认识,不可能理解单个的人"。对典型的认识,是两种高级信号系统在不同范围以不同比例不断共同配合参与相互转化而完成的。[①]一方面不仅是

[①] 参见卢卡契:《审美特性》(第2卷),中国社会科学出版社,1991年版,第365—370页。

"体验"(第1′信号系统)只提供素材,这种素材只有经过思维才能获得它的恰当的形式,而是在进行语言—思维的描述时,它本身就基本上完成了典型的形象、各种体验的综合。在这一过程中"思维往往起到一种关键性的作用"。卢卡奇认为,两种高级信号系统的不断配合是现实方式的显著特征。在现实生活中这两者参与的比例,分别依范围的不同,甚至同一范围个别情况的不同而有明显的变化。①

(七)卢卡奇指出,我们的绝大多数的条件反射都是社会—历史地形成的,另一方面有许多无条件反射是与人的人类学本质密切相关的,甚至可能起源于动物状态。由于人类社会第2信号系统与第1′信号系统之间的复杂的、充满矛盾的合作,教育实践所起的重要作用归根到底是按社会所限定的原则加以引导和调节的,所以知识和思考在其中必定起着主导的作用。这里的教育实践应理解为"第1′信号系统"必要的专业训练。这也是由于历史社会对于"第1′信号系统"产生的作用远远大于本能的作用。卢卡奇以笑为例,指出即使在人那里笑也是作为无条件反射而存在的,如当被搔痒了的时候。但一般在人的生活中的笑只能简单地看作是条件反射的作用,人们的笑中往往是由于社会偏见而表示的蔑视。通过"第1′信号系统"的作用,综合,归类,笑则被提升到喜剧(讽刺—滑稽)之美学范畴,同典型化联系起

---

① 参见卢卡契:《审美特性》(第2卷),中国社会科学出版社,1991年版,第369—370页。

来。在人们的社会生活中涉及第1′信号系统类似于笑的屡见不鲜的反应，还有哭。卢卡奇指出，还有"沉默"可以考虑作为人际交往的表达手段。对沉默的各种内涵进行理解的中介是由沉默所唤起的"氛围"。卢卡奇指出，氛围的形成是作为由各种个别印象和联想组合成的具有统一激发作用的一种具体系统。在这里我们已经看到'第1′信号系统'已经从主观移向客观了。卢卡奇说明，只有通过艺术才能形成'第1′信号系统'的明确的客观化。① 在这里最后提出的问题是，在'第1′信号系统'的道路上最终形成的、在表象的基础上形成的"概念体系（实际上是形象观念）"是否"保持原有表象不变"，还是在这种新的心理整体中产生出与原表象的特性根本不同的"新的内容、新的机能、新的结构关系"……并由此导致将各种思考的对象客观化，在语言中创造出自身的形态而达到概念的鲜明性，并反作用于表象和直观，由此赋予表象和直观一种客观性和精神性。②

实际上我们看到，卢卡奇通过"第1′信号系统"所表达的就是形象思维从直观感性，经过表象上升到形象观念，一方面保持着感性直观的全部特性，并不断保持着同种种情感反应（笑、哭……）的联系；另一方面又带有概念的综合概括的集中性特征。这也正是审美反映在主体主观上历经的道路。卢卡奇为了维

---

① 参见卢卡契：《审美特性》（第2卷），中国社会科学出版社，1991年版，第379—384页。
② 参见卢卡契：《审美特性》（第2卷），中国社会科学出版社，1991年版，第385页。

护审美反映及其主观上的能动效应,还引用了普鲁斯特在青年时代一封谈到马拉美的信:"……我打算……一般地谈到这个诗人,他的那些昏暗的和明亮的形象无疑仍然是事物的模象,因为我们不能作别的设想,但是可以说,它是由黑色大理石的平滑而暗淡的表面所反映出来的。"后来意识流小说的大师也曾不完全自觉地引用了反映的原理。卢卡奇由此写道:"辩证唯物主义的反映论,正如它在所有的以人来构成主体的领域中的应用那样,根本不会贬低主观性的作用和意义,更不用说去否定主观性,相反地人们可以放心地确信,正是辩证唯物主义,与任何极端的主观主义现代理论相比,能够更为具体地把握主观性……"[①]

卢卡奇之所以回避"形象思维"而提出"第 1′ 信号系统",可能是想对原有基础取得一定突破,将之纳入巴甫洛夫心理学的基础上,如他所说:"到目前为止,还缺乏对他(巴甫洛夫)开垦的处女地作任何实际科学开垦的严肃努力……美学终究是一门哲学科学。但是这一点是肯定的,即通过科学的反射学说,心理学对许多美学问题可能比目前更加充分地加以阐明。"[②]

二 审美反映的主观效应——美感

关于美感的问题,卢卡奇主要是在"作为美学一般范畴的

[①] 参见卢卡契:《审美特性》(第2卷),中国社会科学出版社,1991年版,第255页。
[②] 参见卢卡契:《审美特性》(第2卷),中国社会科学出版社,1991年版,第323页。

陶冶"之标题下展开论述的。他称之为"感受性"的东西就是对美的感受性。他把这种"感受性"的最高层次视为"审美意识"。他指出:"在感受性中产生的审美意识也具有一种概念的性质:直接对审美体验必然性的依据和前提的思索。"[①] 这里根据他的思路,他所说的在感受性中产生的"具有概念性质的审美意识",就是蔡仪所指出的"美的观念"的东西。其在审美活动中的作用,也正如他所说,是"直接对审美体验必然性的依据和前提的思索"。当然,这里所说的"思索"是结合着感性"具象"的,而不单是抽象的,也就是他所说的"第1′信号系统"的成果。

在这里似乎要分清,"审美反映"是一个持续不断的整体过程,"审美感受"——美感——一般说来是在"审美体验"之时的即时过程,即面对一具体美的对象,艺术作品或自然美、社会事物的美的具体目标时,在主体产生的心理效应,而"审美意识"则是审美反映整个过程中的积极成果。"审美意识"或"美的观念"即在审美反映过程中,通过形象思维("第1′信号系统")在主体头脑中形成的对美的对象之特有的素质的认识,亦即对"什么是美",或美之为美的本质的一种认识。

这样一种美感理论,是在德国古典美学家那里基本上确立了的,尽管是以一种唯心主义的形态,即美与美感不分或以美感代替美,经过马克思主义美学对古典美学的批判继承使之在唯物主

[①] 参见卢卡契:《审美特性》(第2卷),中国社会科学出版社,1991年版,第272页。

义认识论基础上颠倒过来。所以卢卡奇指出:"对感受态度的这种见解很少包含什么新的东西。"但是,他又指出:"如果我们要正确理解和评价这一点,那么我们必须——这在现代美学中很少出现——着眼于人的全部生活联系。"卢卡奇特别突出了审美接受过程中以审美意识为轴心有一个"前导"和"后续"的过程与作用。他指出,人们在审美接受时,如果"把接受者看作是一块精神上的白板,看作是其效果可以任意地刻画而尚未应用的唱盘,那么人们就会产生误解。另一方面,如果人们把审美效果与它自身的直接性简单地等同起来,而不考虑在接受者那里当审美感受之后,它还会产生余响和作用"。这就是审美体验的"前导"和"后续"作用。这种作用与审美意识或美的观念形成一种互因果性的关系,审美意识成为审美体验之"前导"作为一种主体"审美感受力"起着使审美之成为可能的决定性作用,而其"后续"又往往巩固与加强着审美意识的作用。与古典美学的唯心主义先验理念或人的抽象本质、本性对美的观念解释不同的是,马克思主义美学是从生活的基本实践出发,如卢卡奇所说,接受者首先来自生活,甚至对儿童也是如此,他多少不同地具有印象、体验、思想和经验,"这些由于时代、自然、阶级等的作用在他身上被多少不等地固定化了,有时可能处于个人或社会过渡的转化状态中"。

当然,与一般认识接受不同的是,审美接受有一个形式上的独特性问题。在这里卢卡奇又强调了同质媒介的作用问题。他指出接受过程与创作过程恰恰是相反的,前者是使内容形式化

(用德国古典美学与现代表现主义美学的话来说就是"给物质—质料以形式")的问题,后者是"借助于构成了和实现了形式体系的同质媒介使接受者进入作品的世界:在这里形式化为内容"。在这里,一方面审美体验是由作品的形式唤起的;另一方面,如果审美体验不能借助形式达到内容,如果接受者不能通过内容达到一个对他是"崭新的又是可以信赖的世界,如果作品的世界不能产生这种真实感,那么就不会产生真正的审美效果"[①]。在美感中情感的作用问题即与此有关。卢卡奇指出,如果没有经过形式的这种中介的激发作用,"对情感性再强的内容的单纯传达仍然是一般生活的内容,它可以激发起情感、思想等,却并不具有对于审美所特有的双重(内容与形式)性"。再者,与创作过程的主体行为的主动性占支配地位相反,美感过程中占主导地位的是感受性的接受,虽然同创作过程一样,想像力的主动在这里也"主动地起着补充和解释的作用",而在感受的基本态度中,视觉的每一活动起着辅助的作用,表现出"静观的优先性"。[②]

由美感产生的美感教育问题,卢卡奇借助于亚里士多德的主要是悲剧理论,即"陶冶"说,还有歌德关于"人是壳还是核"

[①] 参见卢卡契:《审美特性》(第2卷),中国社会科学出版社,1991年版,第272—277页。
[②] 参见卢卡契:《审美特性》(第2卷),中国社会科学出版社,1991年版,第276页。

的说法[①]。这一作用的基础,恰恰与康德的审美"无功利"说相反,在审美态度表现出对日常生活的暂时"中断"则是在"更高水准上的继续"。这种"继续"是由审美的中断"返回"到生活时恢复那种由艺术体验而停顿了的"能动性"。这种能动性很少是同艺术的审美体验直接发生联系的,而是或多或少经过中介。这就是同艺术的伟大的社会作用相关的对审美体验在生活中的"后续"作用。卢卡奇回到亚里士多德的陶冶说,指出他把通过感动而在心灵中唤起道德情感的伦理作用看作是中心问题。这种伦理作用恰恰是通过与伦理的直接作用有区别的如音乐的"单纯感官享乐效果"而产生的。在悲剧范畴则是通过情感的伴随使接受者的主观经过"净化"达到"道德完善性"的精神基础,由此使接受者的主观性"得到彻底改变"。他指出,陶冶范畴的应用范围比艺术美感教育要广泛得多。像所有重要美学范畴一样,它不是从艺术进入生活,而是从生活进入艺术的。在社会生活中,"陶冶"作为美感教育作用是经常发生的,不仅为艺术创作提供美学契机,而且表现为对现实进行审美模写的形成力量。其根本的功能与使命同艺术的反拜物化关联,就像医疗的作用一样,起着调节并根除妨害人类进步之痼疾的作用,是指向人的完整和整体的人的。就对真正的艺术作品的真正感受而言,陶冶的作用,意味着在人的全面性方向上的逐步迈进。

[①] 卢卡契:《审美特性》(第2卷),中国社会科学出版社,1991年版,第269—271页。

在这个问题上,卢卡奇援引歌德以及托马斯·曼等作家对"陶冶的直接而确定的道德效果持怀疑态度",他让人们回忆苏联著名影片,根据同名小说改编的《恰巴耶夫》,其中有一个镜头,出现了一个残忍的白匪将军,他在闲暇时间可以弹奏一首动人的、相当妙的贝多芬乐曲。这个问题可以追溯到柏拉图对艺术教育作用的否定。他还指出,在"一个伟大的艺术家—伦理学家"如布莱希特那里,可以明显地看出对各种艺术的情感效果"抱有深刻的不信任",即其剧作的"间离效果"所体现的。对这样一个问题,卢卡奇仅将其置于主体美感接受的主观性区别上加以说明,他指出对所有真正艺术作品的接受,从本质上看,在纯粹审美上会产生"类似的震撼"。然而这种震撼相互之间"在质上是不同的"。这不仅在于每一部艺术作品"会引起不同的情绪",在不同的接受者那里对同一部作品引起的情绪也必定是不同的……"不同的艺术和艺术品种原则上激发不同的情绪,各种情绪的这一无限可变性活动于一个多样分解开来的宇宙中。"[①] 实质上,这个矛盾正就在卢卡奇本身的反映论与本体论的矛盾之中,在关于美的本质以及与此密切相关的美学在人的道德完善与造就全面完整的人的作用与使命中的一系列矛盾之中。

卢卡奇指出,审美效果的后续过程中,一切真正艺术作品的共同特征在于,使在审美后续过程中变化着的影响主要是"指向

---

① 卢卡契:《审美特性》(第2卷),中国社会科学出版社,1991年版,第295页。

生活中完整的人的一般态度"，表现为在审美中处于运动的人的中心"决不会失去它与生活边缘（壳）的内在联系"。正由于此，改造人的那种审美力量才始终指向完整的人。在美感与美感教育问题上，卢卡奇明确了他的艺术美学观中关于艺术功能与使命作用，是建立在"以阶级决断为基础"的"普遍主义的人道主义"之上的。因此在与生活边缘联系着的人之作为中心（"核"）的同时，反对两种"极端倾向"：一是认为艺术是社会发展的决定性变革力量，二是认为艺术对人的社会实践根本不具有任何真正的影响。结论是：不改变人对生活的态度，就不可能使社会产生重大的变化，也不可能产生真正的社会进步。[①]

第五节　现实主义与现代主义问题

卢卡奇对于现实主义文学艺术原理和发展历史的研究，是他整个理论系统中最为丰富与充满光华的部分。在卢卡奇看来，现实主义是作为文学艺术发展历史中最高最光辉之成就而保持在人类的伟大精神生活的传统中的。这一传统之得以保持与继承，则在于其作为人类精神上升的倾向不断同下降的分支——非现实主义——斗争的结果。所以在他的美学和文艺学著作中，我们处处可以看出这样贯穿着的斗争精神。这一斗争分别体现为反映论

---

① 参见卢卡契：《审美特性》（第2卷），中国社会科学出版社，1991年版，第318—319页。

与反对反映论,总体主义与个体(或个人)主义,反拜物化与对拜物化的屈从,人道主义与反人道主义—非理性主义等的一系列对立方面。从文学艺术发展的流派与方法来看,这一斗争集中表现于现实主义与自然主义、形式主义与形形色色的现代主义之间。卢卡奇的现实主义美学原则可以最为简练精确地概括为:总体的人对总体的世界的认识与反映,这必然是审美的反映。关于现实主义与现代主义问题,我们将之分为两个部分,主要部分在这一节论述,另一相关的部分置于下面的章节在30年代卢卡奇与布洛赫和布莱希特关于表现主义之争中继续论述。

一 社会关系——本质与表象的反映

在文学艺术发展的历史上,伟大的艺术家和思想理论家,从苏格拉底、达·芬奇、莎士比亚、塞万提斯、歌德、席勒到列宁,总是用"镜子"比喻艺术对于现实的反映论关系。比喻之简明,突出了理论上最尖锐的部分,而立体的理论体系的阴凹部分则需要精细的分析去填充。反映论可能导致的致命弱点,就在于把艺术看成对生活的原样机械的复制。这一致命伤不仅可能招来外部批判性抑制,同时也是其自身窒死的陷阱。卢卡奇把反映论与"总体"(或"整体")论结合起来,黑格尔的理念总体,马克思的理论掌握世界的思维"总体"以及他自己早期的意识—历史总体,在这里表现为现实社会关系总体,对于历史现阶段就是资本主义的社会关系,其经济上的"整体性"。他依据马克思所说"每一个社会的生产关系都组成一个整体",把这种整体性看成"独立于意识的客观的"资本主义制度、资产阶级社会在"世界市场"的建立上世界经济的整体性。而现实主义正是立足于这种"总体"性上反映现实的,他写道:

> 倘若一个作家致力于如实地表现现实,抑或是一个名副其实的现实主义者,那么整体性的问题就会起到决定性的作用,至于这个作家头脑中实际上是如何构想这个问题的,那是无关紧要的。①

这种整体性在现实主义反映上的重要性,在于作家清楚地认识到了他所描写的任何"现象的真实的意义"。而这种认识又是对"表象与本质关系之间辩证统一"的理解,对这种关系的揭示。显然他把古代反映论及相关的现实主义理论提高到了马克思主义经济决定论的基础上。

现实的社会关系具有无限广阔的内涵。现实主义艺术对其本质的提炼,不是表象与抽象的轻而易举的、随意性的结合。对社会关系的本质的表象的反映,不仅仅是横向结构上的关系,其本质的东西必然通过历史的纵深度得以表现。所以,卢卡奇指出,伟大的现实主义描绘的不是"直接的显而易见"的现实方面,而是永恒的(按:在这里"永恒"的说法应与固定不变性加以区

---

① 董学文、荣伟编:《现代美学新维度》,北京大学出版社,1990年版,第9—10页。

分),更具有客观重要性的方面,即人与客观世界的"各种关系",最重要的是那些"不被时尚所淘汰的关系"。在这里,我们应把"各种关系"理解为也包括"非本质"的关系,然而"最重要的"关系即是与本质方面结合着的"不被时尚所淘汰的关系"。这种本质关系,带有历史的必然性,因此与指向未来的历史运动相联系,如卢卡奇指出,这种伟大的现实主义还能捕捉住当时只处于萌芽状态,还不曾有机会完全展示出其人类与社会方面的潜能的发展趋势。①

(一)现实主义与自然主义

在30年代与恩·布洛赫关于表现主义的著名争论中,卢卡奇把文学艺术上的"古""今"之争归结为现实主义与反现实主义的对立,并提出"哪些潮流在当今文学中代表着进步的趋势?"的问题。②

正如以上所述,卢卡奇以本质与现象、必然与偶然的辩证关系作为现实主义艺术对于世界审美反映同其他现代主义,特别是自然主义的根本性的区别。他写道:

> 在艺术表现的意义上,什么东西是偶然的呢?没有偶然的因素,一切都是死板而抽象的。没有一个作家能够塑造出

---

① 董学文、荣伟编:《现代美学新维度》,北京大学出版社,1990年版,第28页。
② 董学文、荣伟编:《现代美学新维度》,北京大学出版社,1990年版,第5页。

活生生的事物，如果他完全避免了偶然性。另方面，他又在创作过程中必须超脱粗野的赤裸的偶然性，必须把偶然性扬弃在必然性之中。①

他以左拉的《娜娜》和托尔斯泰的《安娜·卡列尼娜》中分别对赛马场面的描写来剖析现实主义与自然主义的区别。他指出，左拉所写的赛马，可以说是现代赛马业的一篇小小的"专论"，凡是在赛马场上可能出现的一切，从马鞍到结局，都被"精细地、形象地、感性地、生动地描写到了"。特别是，卢卡奇指出，一个纯属偶然的巧合——结局获胜的马匹也名叫娜娜——象征着女主人公在巴黎上流社会和下流社会的胜利。而在《安娜·卡列尼娜》中，赛马却是一篇"宏伟戏剧的关节"。渥伦斯基的坠马意味着安娜生活中的突变……

在以上的例子中，卢卡奇似乎抓住了两种文学描写的偶然性：一种是同必然、同本质联系着的偶然；一种则是纯属现象的偶然。在卢卡奇看来，渥伦斯基的坠马当然也有其偶然，但托尔斯泰能够抓住这个偶然，展示主人公们的命运。他指出这是一种"客观描写的整体性"而使某种看来是偶发的事变"在艺术的意义上成为必然的"。这种整体的必然性就是偶发或突发事件同主人公"命运的必然"之关联。他写道："渥伦斯基的野心同参加

---

① 《卢卡契文学论文集》（第1卷），中国社会科学出版社，1980年版，第40页。

赛马一事联系起来，能够产生一种同左拉的全面描写迥然不同的艺术必然性"。而人物的命运问题与社会关系的某些本质方面是联系在一起的。他说社会发展的真实也就是个人命运的真实。而只有人的行动才能具体地表明人的本质。所以，卢卡奇说："真正的叙事艺术作品的悬念永远系于人的命运。"对事物的本质的叙事一方面是选择，既言"选择"就表明了主体的能动作用，从广泛而丰富的生活中选择本质的东西。同时卢卡奇指出："对本质事物的选择，不论是在人的主观世界还是客观世界中，都是由生活本身完成的。"卢卡奇指出，在这样的选择中，读者是由"全知"的作者来引导的。这正是叙事学中关于现实主义的一条原则。在实践中对把握人的命运所作的本质选择，也就是现实主义作为最根本的对人们的社会关系本质的形象反映，对社会关系的本质的认识，也就是作为现实主义最根本认识论原则的对典型的认识，正如卢卡奇指出："只有在作家正确而有把握地知道而且体会到什么是本质的东西，怎样从一个个人命运中塑造出一个阶级，一个时代，甚至整整一个历史时期的典型命运。"[①]

卢卡奇把现实主义与自然主义的原则区别归结为"叙述（通过'体验'）"和"描写（通过'观察'）"，并指出，现实主义的作家都是现实生活的"参与者"，如歌德、斯汤达、托尔斯泰都参加了可以称之为革命的产婆的战争；巴尔扎克则是新生的法国

---

① 《卢卡契文学论文集》（第 1 卷），中国社会科学出版社，1980 年版，第 247 页。

资本主义的狂热投机副业的参加者和牺牲者……而自然主义的作家们,如福楼拜和左拉则不然,他们是在1848年革命以后,在业已组织就绪的资产阶级生活中开始创作的。他们并没有积极参与这个社会生活,他们也不想参与。似乎在卢卡奇看来,叙述同参与—深入生活的本质相联系;描写则表现出在生活之外旁观现象。这里有一个细节真实与本质真实的对立统一关系问题,卢卡奇指出,自然主义的弊端表现为细节离开情节,离开行动着的人物的命运的"独立化"。并且在自然主义那里,"社会规定和人的心理生理特征相互交错这个深刻的社会真实永远地消失了"。他指出,泰纳和左拉曾惊叹巴尔扎克《贝姨》中于洛的性欲的描写。但是他们只看到了一种"偏执狂的医学和病理学的描写"。至于于洛的"性爱和他的拿破仑时代将军生涯之间关系的深刻表现",他们却一点也没有看见。①

"体验"或"观察"是资本主义两个时期的作家们对于社会的必然态度,对应着"叙述"或"描写"则是这两个时期的基本写作方法。② 从这种客观的必然性,卢卡奇又转移到不同方法与风格创作主体的世界观上,他指出,就主观创作意图而论,福楼拜和左拉当然不是资本主义的辩护士。但是他们都是他们时代的儿子,而且正是这样,便在世界观上深为那个时代的见解所影

---

① 《卢卡契文学论文集》(第1卷),中国社会科学出版社,1980年版,第69页。
② 《卢卡契文学论文集》(第1卷),中国社会科学出版社,1980年版,第48页。

响;特别是左拉,资产阶级社会学的错误偏见决定地影响了他的作品。在左拉身上,1848年以后资产阶级知识分子的普遍的世界观危机表现为"一种不可知论的实证论"。正如左拉所说,我们只能认识和描写事件的"怎么样",而不能是它的"为什么"。正是带着这种偏见,左拉非常尖锐地谴责斯汤达和巴尔扎克作品中例外事件的形象为"不近人情"。而福楼拜把生活同资产阶级的平均的日常生活混为一谈。卢卡奇指出,正是这种自然主义的世界观的偏见主观地歪曲了"对现实的诗意反映"。他写道:

> 生活的内部的诗,就是斗争着的人们的诗,人们在其实际实践中充满斗争的相互关系的诗。……人总希望在叙事诗中看到他自己更清楚的、放大了的映象,他的社会实践的映象。叙事诗人的技巧正在于正确地分派重点,恰当地强调本质的东西。①

他把自然主义产生的最终原因归之为"资本主义的散文压倒了人的实践的内部的诗,社会生活日益变得残酷无情,人性的水平日益下降——这都是资本主义发展的客观事实"。"观察"和"描写"的方法是随着使"文学科学化、把文学变成一门应用的自然科学,变成一门社会学的观点一同产生的"。但是,通

---

① 《卢卡契文学论文集》(第1卷),中国社会科学出版社,1980年版,第55页。

过观察来把握,通过描写来表现的种种社会因素,是如此贫弱,如此稀薄而又图式化,它们很快,很容易就变成了彻底的主观主义。[①]

卢卡奇以"叙述—体验"和"描写—观察"之对立来区别现实主义和自然主义在创作上的特征也不尽准确,人们也可以平和地把自然主义看成现实主义内部所包含的一个分支流派,正如浪漫主义也可以包含在现实主义之中那样。但是,卢卡奇对于现实主义与自然主义的基本区别的把握,即使在今天看来也还是精当的。

(二)关于现代主义

正如把自然主义看成是与现实主义对立的现代主义潮流中的一支,卢卡奇把对现代主义的批判作为在意识形态上同资本主义和帝国主义斗争的表现,在他的整个美学和文艺学论著中几乎无处不在。在《马克思和意识形态衰落问题》(1945)一书中,他把19世纪末到20世纪中期的现代主义思潮看成是"意识形态衰落",他写道:"就这样,伟大的现实主义在衰落时期中沉沦了。就这样,在被反动资产阶级所促进的公开辩护论的反现实主义和假现实主义的文学旁边,形成了一长串流派,它们在原则上十分'急进地''先锋主义式地'竭力想彻底消灭现实主义。不管这些流派的代表们抱什么目的,在反对真正现实主义的斗争中,他们

[①] 《卢卡契文学论文集》(第1卷),中国社会科学出版社,1980年版,第70页。

客观上是帮助了资产阶级。衰落时期的全部文学,从自然主义至超现实主义,都起着这种客观的社会作用。"[①]

他所说的"假现实主义",系指以现实主义面目出现的劣质文艺作品,这些作品不是揭露批判现有制度,而是维护现有制度。而"反现实主义"则有着更广泛的现代主义含义。他的这部著作发表的时间,恰恰是"冷战"开始之际,因而上面所引这段话可视为"冷战"时期声讨现代主义的宣言。然而实际上,关于现代主义的论争,早在10年前就在马克思主义阵营内部展开,那就是在卢卡奇、赫尔什与布莱希特之间关于表现主义之争。

卢卡奇把现代主义出现的根源归结为现代资产阶级意识形态的主观主义与个人主义特点。人的主体性被封闭在个体的孤立的"原子"内。资本主义拜物教的生产方式使人们产生出这样的假象:一方面是物的(经济)联系组成的社会、群体的关系——是人之外的关系;另一方面是似乎与前者截然隔离的人的主观的内心的孤立世界——"没有气孔的动物"。[②]卢卡奇的这一精彩的剖析影响到80年代初弗里德利克·杰姆逊在其重要著作《政治无意识》的有关论述。自然主义的表现手段到20世纪已直接转变为完全抽象的表现了。如梅特林克、晚期易卜生、斯特林堡的表现主义戏剧,乔伊斯的意识流小说等。这种抽象性基于与现实主

[①] 《卢卡契文学论文集》(第1卷),中国社会科学出版社,1980年版,第248页。

[②] 《卢卡契文学论文集》(第1卷),中国社会科学出版社,1980年版,第344、304页。

义的本质的反映相反,表现为选定"最极端的琐事",对"飞逝的时机"的捕捉,对最纯粹的"此时此地"之描写。资本主义后期的个人主义不同于其早期上升时期,由于其"极端"的封闭而内向,表现为"日益增长的强调心理因子的成见",其结果势必导致"人物的消解",由于客观现实分解为一种"直接感觉的综合物",人的自我只是成为"这些感觉的一个集合体",个人的性格消失了,人物表现为纯然抽象的统一。卢卡奇引用斯特林堡剧中人物同巴尔扎克的对话说:

> 我的人物只不过是反应红色与蓝色的石蕊试纸,有生命的、伟大的、真实的,都是酸素、权力、命运。……在戏剧里,人物不过是对位法的必然罢了。

卢卡奇指出,现代主义文学表现一切非本质的事物——仅是个性的浮光掠影的表现——的能力增加了;那么与它平行着的、巨大的社会问题就被降低至平庸的水准了。[①]

现代作家们这种创造"智慧风貌"的完全失败,并不表明他们对技巧的欠缺。卢卡奇指出,他们使自己技巧发展到最高点上的中心是指向"未知的和不可知的人"。这种技巧改变了过去文学传统积累的成果——情境的制造、性格创造,以及对话语言

---

① 《卢卡契文学论文集》(第1卷),中国社会科学出版社,1980年版,第196—198页。

等。一切称之为技巧的目的是叫我们去体验人物的"邪恶的不可知性"。在戏剧中,对话的主要效用变成了漠不相关地对谈着的人们的描写,变成了他们的孤独,他们无能互相接触的描画。他指出,斯特林堡也许就是这一位——表现孤独的灵魂和"要驱除这种孤独感之必然无效的努力"——对话的最伟大的大师。现代主义作品用一连串"表面上是经验的结果",实际提供给人们的是"僵死的、不能体验的东西。"因为那些人物完全孤独地长成,已"失去一切理解每一个关在自己的世界里的唯我的利己主义者的能力了……"古典的,是把模糊的东西变成清晰的;现代的,相反使本来显然是清晰的东西变成不可透视的黑暗,"以明显的明晰肤浅,把对于难测的黑暗命运的背理的凝视却赞许为人的深奥"。[①]

卢卡奇把对现代主义的批判从政治上同意识形态斗争结合起来,立即转为一种政治的批判,他认为现代主义对于现实关系的认识在向主观方向转化,这一点马克思早在1848年革命时期就已把它认作是客观上投降历史的反动势力的征象。他指出,恰恰由于不认识生活的客观前进运动的倾向,甚至多少有意识地对这种倾向置之不理,以主观愿望当作现实的运动力量来代替这种倾向之时,思想上的颓废就应运而生。恰恰由于历史的客观运动同资产阶级意识形态存在着矛盾,这种纯粹主观的因素即使

---

① 《卢卡契文学论文集》(第1卷),中国社会科学出版社,1980年版,第202—203页。

以"最激进的""最深刻的"方式出现,也会在客观上必然地转变为"对反动资产阶级的一种支持"[①]。这显然是一直贯穿到"冷战"时期对现代主义最终政治批判的基调。

二 创作与世界观问题

在卢卡奇的现实主义文艺理论系统中,世界观与创作的问题占有一个突出与显要的地位。他认为:"没有世界观,就没有作品"。"每一部文艺作品正是在它的结构的基本原则上,最深刻地为作者的世界观所支配。"作家必须有一个坚定而生动的世界观,他必须按其动荡的矛盾性观察世界,以便从命运交错着种种矛盾的人当中选择一个来做主人公。

(一)没有世界观就没有作品?

卢卡奇把世界观与创作方法的关系分为两大层:一是较简单的,或不很复杂的、首先是直接的关系;另一种大都是间接而复杂的。前一种他以英国19世纪历史小说作家司各特为例,后一种,他指为"伟大的现实主义作家"。因为司各特本人对于英国历史采取了介乎两极端的政治派别——革命的清教主义和保守复辟的斯图加特王室——之间的比较中立的观点,所以在他的大多数小说(如《威佛里》和《清教徒》)中"总是把一个不偏不倚、在伟大的政治斗争中模棱两可的人物放在中心位置上"。因此他

---

① 《卢卡契文学论文集》(第1卷),中国社会科学出版社,1980年版,第236页。

的创作的"艺术本质",正是他的政治、历史态度的反映,正是他世界观的表现形式。但是司各特这种世界观与创作的简单关系也是建立在矛盾上的,卢卡奇指出:"尽管他在政治和世界观上偏爱他的主人公,但他清楚地看到并且令人心服地表现出,那些极端党派的强有力的代表们在人品上大大超过了他的主人公。"这种简单关系正是建立在这样简单的矛盾关系之上的。他指出,伟大作家的世界观是多种多样的,世界观在叙事中的表现方式更是多种多样。因为一个作家的世界观越是深刻,越是与众不同,越是为生动的经验所营养,它在作品中的表现便越是可以千差万别,变化多端。①

他对福楼拜是这样分析的,这位作家深深地感到建立自己世界观的需要:"正确地写作,同时意味着,正确地感觉,正确地思维和正确地表达。"但是,卢卡奇指出,福楼拜把其中的关系弄颠倒了。因此,福楼拜并没有在生活中获得一个世界观,也没有在他的作品中把这个世界观表现出来;他只是作为"诚实的人和重要的作家",为一个世界观奋斗过,因为他懂得没有世界观就不可能产生伟大的文学。②但是在这个问题上,卢卡奇本身也表现出他自身理论上的矛盾。首先,他似乎认为作为世界观体现的"思维"应该在写作之前具备,所以他说福楼拜颠倒了。再

---

① 《卢卡契文学论文集》(第1卷),中国社会科学出版社,1980年版,第70—72页。
② 《卢卡契文学论文集》(第1卷),中国社会科学出版社,1980年版,第72页。

者,他说福楼拜没有建立起世界观,但他也曾明确指出,实证论是影响自然主义的思潮,实证论难道不是一种世界观吗?诚然,他把实证论看成是"资产阶级世界观的危机"。但这种危机和由此产生的不可知论也正是现代资产阶级的世界观表现。在这里,似乎唯有古典的人道主义,或无产阶级的世界观或马克思主义才称得上是世界观。这样看是偏颇的。而在另处他对世界观的说法是:"世界观是每一个人都有的一种深刻的个人经验,是他的内在性质的极富有特征的表现,同时,它也在一种很重要的方式中,反映出他的时代的一般问题。"[①] 既然是"每一个人都有的"一种"个人经验",那就是说,无论是思想家、政治家、艺术家还是资本家、工人、商人、市民,社会各阶层的每一个普通人,只要生活在这个同一的世界上,有他对世界和生活的感觉、经验、意见、看法、思想,就会形成世界观。既然这样,不同个体的人的世界观怎么可能有同样的表现方式,会达到同样的"深刻"呢?显然这里有深刻程度的区别,自觉和不自觉、确定与不确定、清晰与模糊、完整系统与支离破碎的问题。因此,世界观的表现形态可以是系统的意识形态,哲学的、政治的、经济的思想潮流,也可以表现为某种信仰,也可以通过文学艺术作品显示出来,还可以透过日常生活的行为、言谈、举止,待人接物的方式体现出来,等等。实际上也就是人对世界掌握方式的不同所产

[①] 《卢卡契文学论文集》(第1卷),中国社会科学出版社,1980年版,第174页。

生的相应精神形态。

在述及"形象的智慧风貌"时,卢卡奇又指出:"不包含所创造人物的世界观描写,不会是完全的描写。世界观是意识的最高形态,因此作者要是忽略了它,那他就把自己心目中的形象的最重要的东西模糊了。"这里他又绝对化了,既然世界观有自觉不自觉、深刻不深刻等以上所说之分别,也就会有"意识的最高形态"与低级形态之别,在作品中人物世界观的直接表露与作者本人世界观的关系又构成叠层的复杂关系。所谓"智慧风貌"仅仅是较深刻与自觉的世界观通过作品中人物直接表达的一种方式。这种方式是作者世界观的折射与投影。在论及"艺术形象的智慧风貌"时,他指出,文学上的人物"以观念来表达其世界观的能力,在现实的艺术的再现上是构成一个必须而且重要的因素的"。这样说,并不意味着其观念必定就是正确的现实之反映。如果作品所反映的是愚昧蠢笨的,或者寡廉鲜耻的人物典型,比如果戈理的《钦差大臣》《死魂灵》等,根本谈不上"智慧风貌"人物,和作者的世界观的表现形态则又是一回事了。

这样看来,所说"没有世界观就没有作品"之论断便成问题了。因为既然世界观是"每一个人的"生活经验,那么就不存在"没有世界观"的个人,由此引出的反题"有世界观就会有作品",或"有什么样的世界观就会有什么样的作品"是否能成立呢?对前者的回答当然是否定的,后者则牵涉到世界观与创作方法的矛盾问题。

(二)所谓"世界观与创作方法的矛盾"问题

在 1938 年的《马克思和意识形态的衰落问题》一书中,卢卡奇在论述马克思主义经典作家关于"现实主义的伟大胜利"论断时,涉及世界观与创作方法矛盾的问题。当时他已经指出,这个问题不是一个根本的"新问题",而只是把"老问题"拿来强调和突出罢了。

他对这个问题表述如下:

> 单单提出世界观也是不够的。我们知道,世界观和创作方法之间的关系是非常复杂的。事实上存在着这等情况,即一种在政治上和社会上都很反动的世界观并不能阻碍伟大的现实主义巨著的产生,同时也有这等情况,即一个资产阶级作家恰恰由于他政治上的进步性而接受了某种程式,从而阻碍了他现实主义地塑造人物。①

这一观点在"社会主义国家"的文艺理论界,引起广泛争论,也遭到一些反对与批判。卢卡奇本身的理论矛盾在于,把世界观说成是"每个人的世界经验",又从他的"总体"论出发把世界观理解为"总体"意识形态(或"意识的最高形态"),带有从历史的总体上把握世界的特点与性质。在他看来,伟大的作家之所以能克服世界观的反动性从而取得现实主义的胜利,在这里

---

① 《卢卡契文学论文集》(第 1 卷),中国社会科学出版社,1980 年版,第 224 页。

有一个"主观的诚实性"问题，他认为这是现实主义胜利的"不可避免的先决条件"。他说，这完全要看作家对于综合在自己作品中的世界景象的处理方法而定，它或者给他开辟一条"公正诚实地观察真实"的道路，或者在他与真实之间竖起一重栏栅，阻碍他倾注全力去写丰富多彩的社会生活。问题在于这种主观性，或主观的诚实性是否是在世界观之外构成与世界观矛盾的东西，还是在世界观内部构成互为异质性的东西。这个问题正如过去在论争中的驳者所说的那样，世界观不仅仅表现为作家的政治倾向这一个方面，创作方法本身也是世界观的一个组成部分。显然简单地概括为"世界观与创作方法的矛盾"是不恰当的。如卢卡奇所说，"在社会方面，如同在意识形态方面均如此不利的环境中，作家的诚实性必须断然超出作家的主观——形式，作家的诚实性必须含有一种社会的、世界观的内容，通过此内容的力量，在坦率和开朗方面对现实起作用，并引起对于如此观察到的现实的深刻而内在的信赖，唯有借助这种信赖，才能产生再现自在世界的创作勇气"，在现实关系中对待如何反映与再现这样一个问题时，世界观中真诚部分克服其政治上的偏见。又如卢卡奇所说："现实主义的胜利并非奇迹。而是一种十分复杂而辩证的过程的必然结果。"然而问题的复杂在于，虽然我们分析了对"世界观与创作方法的矛盾"之简单化表述，但卢卡奇在论述中并没有全然超越这个提法，而是以一种复杂的反复的论述形态出现。如他在论及易卜生的创作时，认为易卜生揭露了资本主义社会的伪善，并且"总是一再提出，资产阶级上升时期的理想现今已成为伪善的谎言",显现了资产阶级社会里爱情、婚姻和家庭方面的真正的巨大的、不可解决的悲剧性矛盾,这表现出"易卜生的创作实践超越了他对世界观的提法"。"在艺术刻画上比他自己的世界观更为广阔和客观。"① 然而,同时他又不无矛盾地把易卜生这种剧作中所揭露的资本主义世界的"悲剧性矛盾"看成是剧作家本人世界观危机所带来的悲剧性矛盾。这个世界观危机表现为易卜生一方面是"一个十分现实主义的作家";然而,另一方面,从《野鸭》一剧开始了他明显的象征主义转变,以象征主义创作方法把生活中"不能解决的、不可理解的、歪曲地观察到的以及更歪曲地反映了的矛盾"人为地掩盖起来。卢卡奇把易卜生的这一转变视为"悲剧性"的②,并指出它在本质上很少属于纯粹艺术性质,而是作家的世界观危机。这样一来就出现了把"易卜生的创作实践"看成"超越了他对世界观的提法"在理论上的矛盾。因为正如他所说,现实主义所没有能解决的矛盾,象征主义也未能解决,这种不可解决性都与转变前后的世界观相对应。在转变之前是用现实主义揭露资本主义世界不可克服的悲剧性矛盾,在世界观危机的悲剧性转变中以象征主义歪曲地反映了现实中仍然是不可解决的矛盾。所以,所谓"世界观与创作方法的矛盾"实质上是在现实关系中的各种复杂矛盾在作家创作主体上通过主客观

---

① 《卢卡契文学论文集》(第1卷),中国社会科学出版社,1980年版,第241页。
② 《卢卡契文学论文集》(第1卷),中国社会科学出版社,1980年版,第243—244页。

"互化"关系(主体对象化——人化,对象主体化——反映)表现出的世界观内部与外部的更为复杂的矛盾。世界观作为文学艺术创作的主体性,其与客体世界的关系,总是处在这样的两极性中——或辩证地统一,或非辩证地偏向一端。

卢卡奇在这里把资本主义中后期,即20世纪早中期,称为"意识形态衰落"时期,也就是现实主义下降、现代主义崛起的时期。在他看来,现代主义在世界观上是对资本主义偏见的屈服,表现为对社会重大问题的逃避,夸张而抑郁的折中主义,以及普遍的颓废倾向等。在这个问题上他所提出的,在世界观的偏见中一个作家不屈从于习惯的世界观,不去"有意识地为了符合统治阶级需要而改动真实"对于我们今天仍然是正确与必要的。他说,这并不是等于要求作家具有辩证唯物主义的世界观,而是针对偏见的"持久的斗争"。

尽管卢卡奇关于现实主义与现代主义的理论中包含着一定的混乱和矛盾,但他在这方面的基本理论还是全面的、深刻的。后来许多西方马克思主义美学和文艺理论家在论及意识形态、世界观与创作的关系时,多少表现出他的积极影响,也对他进行一定的批判、纠正和发展,如法兰克福学派关于"肯定"的与"否定"的艺术之观念,一方面接受了卢卡奇关于"假现实主义"对现有的社会关系"顺从""附和"的反动性,但他们所推崇的非辩证的绝对之"否定"艺术恰恰又是卢卡奇所反对的现代派。这些问题在后面的章节我们将继续论述,因此这一章的结束只是对卢卡奇的美学思想的论述告一段落。

第三章

20世纪德国、法国、英国的马克思主义美学

在进入本章之前我们要加以说明的是,这里对20世纪"中期"这个时间界限是灵活的,松动的,即这里论述的马克思主义美学的重要代表人物及重大问题以第二次世界大战前后为主,也涉及30、70—80年代,甚至个别90年代(如伊格尔顿)的著作和问题。因为本书始章与末章分别以卢卡奇与杰姆逊,作为贯穿世纪、首尾相顾的两位西方的马克思主义美学文艺学代表性人物为界,其他人物作为"中期"人物。由于在理论问题上与时间顺序的穿插,甚至颠倒(老问题重新提出),所以对章节安排在体例上采取了灵活的方式。在论人物、著作与理论问题上,本章也与时间顺序同样采取松动的方式——在论问题时突出人物重点,在述人物时加重某些代表著作与论点。

第一节　德国的马克思主义美学

20世纪中期,德国恰恰处于纳粹法西斯执政发动第二次世界大战期间,马克思主义思想理论在德国本土被禁止传播,马克思主义思想理论家流亡国外,他们的学术活动也在德国本土之外得以展开,如代表这一时期的马克思主义学术机构法兰克福学派的成员多半转移到美国等。在这一节里将研究四位德国美学家的艺术与美学思想,布洛赫、布莱希特、本杰明、阿多尔诺,前两位通过30年代展开的关于表现主义的一场争论,并涉及卢卡奇,后两位是法兰克福学派的成员。

一　关于表现主义之争

19世纪末到20世纪初,是现代主义艺术运动崛起的时期,相应的理论思潮是以克尔凯郭尔、尼采、叔本华等为代表的哲学美学,马克思主义美学在这个问题上不容回避地要表明其理论姿态,上一章我们已经了解了卢卡奇在这方面的观点。进入20世纪中期,随着现代主义从印象派后期进一步向超现实主义与抽象主义发展,理论上的争论在马克思主义内部与外部都同样激烈。卢卡奇对现代主义的批判,在马克思主义阵线内部遇到了强有力的对手——他的好友德国美学家布洛赫和布莱希特。同时,法兰克福学派的成员也广泛地介入了这个问题,如本杰明对波德莱尔的研究表现的浓厚兴趣,阿多尔诺在现代主义音乐上发表了大量的论著,研究勋伯格的十二音作曲体系,以此批评斯特拉文斯基,以及阿尔都塞对克勒莫尼尼的抽象主义绘画的评价,而卡夫卡则成为普遍关注的焦点,等等。在这个问题上,关于表现主义之争是有代表性和普遍性的,通过对这场论争的回顾,我们可以了解与卢卡奇不同的布洛赫和布莱希特的观点,进而通过本杰明,我们又可以看到另一种更为深刻的对现代主义创作思潮的马克思主义阐释与分析。

20世纪初,德国兴起了一股美术现代主义思潮和运动,1911年开始被称为"表现主义",而其源头当追溯到1905年成立于德国德累斯顿一个叫"桥"的美术团体,继而在1913年同类性质的"蓝骑士"的绘画社团又在慕尼黑建立,并相应举行了多次展览,标志着现代主义绘画运动从以巴黎为中心的后期印象派向德国表现主义的转移。德国表现主义的领袖人物是俄国的康定斯基,"蓝骑士"便是以他的一幅画命名的。此外,还有德国的马尔克、科科乞卡,挪威的爱德华·蒙克,瑞士的保罗·克利都是著名的表现主义画家。表现主义运动很快蔓延整个欧洲,遍及诗歌、戏剧、小说,甚至音乐领域,当时许多无产阶级革命作家,如布莱希特等,也投入了表现主义形式的创作之中。一般认为,狭义的表现主义运动迄于20年代便告结束,但是达达主义、超现实主义包括抽象表现主义的创作远未终止。关于表现主义的争论,是指马克思主义美学家和艺术理论家内部于30年代展开的一场笔墨官司。

1937年,西方马克思主义早期代表人物恩斯特·布洛赫发表了《关于表现主义的讨论》一文,用他自己的话来说,关于表现主义的"讨论又开始了",这是一场对"已经过去了的运动"的热烈论争。旧话重提的直接导因,是当时的德共负责人齐格勒于1937年9月在《发言》杂志上发表了批评表现主义的《现在最后的继承人是……》一文,针对的是当时的一个表现主义诗人贝恩(1866—1956)。1933年希特勒上台之后,贝恩曾在电台发表题为《新国家与知识分子》的广播演说,公开支持纳粹政权,后来完全走到法西斯那里去了。齐格勒认为,"走向法西斯主义",是表现主义必然的规律导致的结局,他写道:"现在所以清楚地看出,表现主义是哪种思想的产物,不折不扣地遵循这一思想,会引向何方呢?——引向法西斯主义。"①因此布洛赫指出,重新引起争论与法西斯在德国上台执政的政治背景有直接的关联。而且在表现主义运动一开始,1919年库尔特·品图斯选编的23位诗人的作品选集《人类的曙光》被认为是文学表现主义的代表作,而其编者"导言"又被认为是为法西斯主义"煽情"的。

实际上早在齐格勒的文章之前,卢卡奇于1933年就发表了《表现主义的伟大和衰落》一文。布洛赫指出,齐格勒的许多文章,还有其他人如莱施尼茨的文章,都是以卢卡奇的文章为"思想基础"的。卢卡奇的文章虽然没有像齐格勒对表现主义上"纲"那样高,认为表现主义并不自觉倾向法西斯主义,但他指出,表现主义归根到底可能"作为从属的因素被并入到法西斯主义的'综合体'中去",并认为"……倘若说强使表现主义的创

---

① 《西方马克思主义美学文选》,漓江出版社,1988年版,第214页。

作方法为法西斯主义的蛊惑煽动、为堕落和倒退的合一而效劳，那肯定没有曲解它"。"法西斯主义者把表现主义看作对他们有用的遗产，这是有一定道理的。"①

1938年，布洛赫和汉·埃斯勒又联名发表了《艺术的继承》一文，同年卢卡奇发表了《现实主义辩》一文以答。与此同时，本杰明与布莱希特正在热烈地讨论着卡夫卡的小说等。1937—1938年间，布莱希特发表了《与乔治·卢卡奇论战》，卢卡奇又发表了《现实主义辩》等论战文章。十几个人卷入这场争论，在20世纪马克思主义美学思想史上产生了重大的影响。

卢卡奇1933年的文章以两起事件为缘由，一是1933年纳粹头目戈培尔说："表现主义包含有理想召唤的种子，因为它表现有整个时代的东西。"②再就是表现主义诗人贝恩的作品中表现出所谓"返祖"情绪，或文化"寻根"，即追怀大日耳曼民族古代的伟大，这显然是为法西斯主义"以古证今"之种族优越论张目。但是，1937年法西斯当局在慕尼黑举办了一个画展，其中表现主义绘画被希特勒贬斥为"堕落的艺术"，此后，表现主义在德国遭禁。此举又为布洛赫等提供了反击卢卡奇等的依据。这场"公说公有理，婆说婆有理"的论争之复杂性，不仅在于纳粹头目们对表现主义前后不同态度授双方以柄，而且从采取表现主义形式的具体作家与作品的政治倾向来看又是复杂多样的，不仅

---

① 《西方马克思主义美学文选》，漓江出版社，1988年版，第215页。
② 董学文、荣伟编：《现代美学新维度》，北京大学出版社，1990年版，第64页脚注。

贝恩有法西斯主义情绪的诗作并且本人堕落为法西斯分子，除布莱希特之外，倾向无产阶级的革命法国诗人艾吕雅和阿拉贡等也支持并参与表现主义与超现实主义创作运动。

这场论战在美学理论上看，所集中的焦点主要可归结为以下方面：（1）表现主义作为现代主义的艺术潮流，其出现是否是历史之必然，是否有其合理性；（2）怎样看待创作技巧与形式上的创新与继承的关系，坚持现实主义为唯一进步的、革命的创作方法是否反映了保守、僵化的观念；（3）表现主义与现实主义同人民性与通俗性的关系问题。在齐格勒文章中对问题的提法是：（1）古代文化的"崇高的朴素和肃穆的伟大"的美学传统是否应该继续保持与发扬；（2）是否可以认为形式主义是一种真正追求伟大艺术高峰的主要敌人；（3）接近人民和人民性是否是真正伟大艺术的基本标准。关于这个问题，从争论双方的思想理论根源来看，我们对卢卡奇的美学思想，包括他的现实主义理论与他对现代主义的认识，已经在上面有所论述，具体到这场论战中他的观点比较容易了解。这里应着重对布洛赫与布莱希特结合他们的哲学与美学思想来认识他们在表现主义之争中的具体见解。

二　布洛赫的"乌托邦"精神与表现主义

恩斯特·布洛赫（Ernst Bloch，1885—1977）出身于一个德国犹太职员家庭，1905年师从利普斯学心理学，1907年又在维尔茨堡攻读哲学等科目，1911年至柏林，师从齐美尔，相继结识卢卡奇、麦克斯·韦伯、雅斯贝尔斯等，1914—1917年完成其主要代表作《乌托邦精神》，1933年逃亡至苏黎世。1935年他发表了《这个时代的遗产》，对法西斯主义从文化上进行分析批判。1938年他移居美国，至1947年完成其三卷集《希望原理》。布洛赫1949年接受莱比锡大学的学术职务，但于1957年在东德遭到政治冲击，1961年至柏林政治避难，担任客座教授。

戈尔曼在他主编的《新马克思主义研究辞典》中把布洛赫作为一个唯心主义的马克思主义者，说他"把他的唯心主义马克思主义推到了大多数马克思主义者一致认为是不可原谅的极端地步，创造出一种被阿·施密特一度称为是'神秘的、目的论的宇宙论'的革命理论"[1]。布洛赫从人本主义出发，为改变人的异化，解脱现实人生的苦痛、灾难、死亡与毁灭，把"希望"作为马克思主义哲学的基本范畴，认为人的本性就是向着未来，充满乌托邦的。他自称所说的乌托邦不同于上一世纪圣西门、欧文、傅立叶等空想社会主义先驱，是"具体"的，是通过人的主体实践能动作用得以实现的。这种革命性的人的主体的能动作用就是宇宙物质的内在动力。宇宙发展的历史导向柏拉图"理想国"式的"至善"的境界。这是由现实中的人通过实际行动，以积极进取的态度，克服自身无知、绝望与环境的障碍达到的。

在表现主义问题上，布洛赫首先指责卢卡奇没有认真地了解真正优秀的表现主义作品，特别是绘画方面突出的代表作，而是

---

[1] 罗·A.戈尔曼主编：《新马克思主义研究辞典》，中央编译局当代马克思主义研究所译，社会科学文献出版社，1989年版，第54页。

单凭某些如《人类的曙光》诗集导言之类间接的资料、文献、文章，就把表现主义一棍子打死。他认为在绘画方面，表现主义比文学更有代表性，其中有些作品具有"永远的意义和伟大的价值"。[①] 显然，表现主义中存在着某些与布洛赫的"乌托邦"精神相通的东西。表现主义，特别是绘画，在现代主义本身，把后期印象主义，特别是凡·高、马蒂斯的"野兽派"的强烈的色彩感觉与未来主义和立体主义在构图上的反透视结合起来了，并汲取了原始艺术的野性、儿童涂鸦之非理性、中世纪哥特式怪异风格，以及民间艺术的质朴性。其基本精神是在现实的绝望中指向未来，或在主体主观的、内在的、心理的世界中躲避现实矛盾，因而在传统的现实主义与浪漫主义的批判中找不到它所需要的形式。由于它兴起于第一次世界大战期间，所以普遍带有对战争和暴力之憎恨，或和平主义愿望。因此在表现主义的精神中混合着两种相反的东西，有反法西斯主义的东西，也有可为法西斯主义所利用的东西，这不仅在马克思主义批评家那里形成"各执一词"的局面，甚至也可从戈培尔与希特勒对它的不同态度看出。一方面它的反战情绪为法西斯的极端暴力主义所不容，而它逃向未来的一面又可填充所有空洞或虚假的"民族理想主义"狂热面貌的东西，为之利用。

布洛赫从他的乌托邦精神出发，认为卢卡奇对表现主义的批判正是为他自己"所反对的社会学主义和公式主义"张目，是机

---

① 董学文、荣伟编：《现代美学新维度》，北京大学出版社，1990年版，第216—217页。

械的、非辩证法的批评,并指出在表现主义的"过去和现在都捉摸不透的主观爆发中,在那种复古的、乌托邦式的形式中,显然可以找到比卢卡奇将之贬低为'独立社会民主思想意识'还要多得多的东西"。布洛赫对表现主义的主观性有其特别的解释,他认为这不能仅仅用"小资产阶级的茫然失措"来说明,而部分出自"复古"形式,部分出自"革命的想像","谁要是仔细听一听,谁就能从这些爆发中听到一种革命的积极的东西……从旧世界到新世界的过渡"。①

针对齐格勒提出的三个问题,布洛赫一一加以驳斥。首先在对待遗产继承上,布洛赫坚持反对"厚古非今",认为"青年拥护我们,因为我们在文化上有生气"。②并认为表现主义在破坏了那么多"古典遗产"的同时,又破坏了那么多的"清规戒律"和"经院主义",并且列举了表现主义对古典哥特式,甚至巴洛克式,直到狂飙运动以及农民艺术的形式上的汲取。因此在表现主义的"追求表达方式的意向,和过渡状态方面",可能比古典主义更容易被年轻的艺术家们所接受。因为古典主义已经形成为"抽象的文化",看来是一种"没有激情的文化"。③

在形式问题上,布洛赫承认表现主义有形式主义的问题,但

---

① 董学文、荣伟编:《现代美学新维度》,北京大学出版社,1990年版,第319页。
② 董学文、荣伟编:《现代美学新维度》,北京大学出版社,1990年版,第231页。
③ 董学文、荣伟编:《现代美学新维度》,北京大学出版社,1990年版,第226页。

又认为这一缺陷对它是"微不足道"的,甚至相反,不如说它的毛病在于太不讲究形式。而"形式主义不能通过学究主义得到克服,只能从要求一定形式的新题材着手"。① 关于人民性,布洛赫认为,这种指责可能表明它所追求的目的尚未达到(过渡性),而不可理解;也可能是指责者不具备正常的人民的理解力,不理解任何"新艺术所必须有的开拓精神",表现主义正是具备着接近人民的突破。由此可见,表现主义的创作可以说在某种程度上正是布洛赫的"希望"或"乌托邦"哲学精神在艺术上的实践。如果表现主义对未来追求的意向与布洛赫的乌托邦是一致的话,那么这种意向与从现实向原始、向中世纪的过去的逃避也有某种共同之处。如果说齐格勒给表现主义政治上"纲",卢卡奇以资本主义发展最高峰的现实主义为范式对表现主义批判具有某些片面性的话,那么布洛赫对表现主义的"革命性"、创新与未来的追求的肯定则又是用另一种片面性反对这种片面性。布莱希特也为表现主义辩解,与卢卡奇争论,但他作为一个形式创新的实践者,是以诗歌、戏剧和小说进行广泛的创作实践并取得世界公认成就的革命作家,与布洛赫的"乌托邦"精神出发点又有根本的区别。

三 布莱希特的现实主义新概念

布莱希特(Bertolt Brecht,1898—1956)生于德国巴伐利亚州,父母开办工厂。第一次世界大战期间,他在大学学医,后来

---

① 董学文、荣伟编:《现代美学新维度》,北京大学出版社,1990年版,第232页。

在战地医院当过医护。战后投身德国工人运动，20年代后半期用诗歌、戏剧等写作从事革命宣传，著有《三分钱歌剧》。1933年他被迫离开德国，在国外展开反法西斯斗争。1947年在他旅美期间，曾因所谓"反美活动"遭到"非美活动委员会"的迫害。布莱希特不仅是一位才思卓越的诗人、戏剧家、小说家、政论家，也是一位艺术批评和理论家。在他20卷文集中，艺术理论方面的著作就占了6卷。他的理论不同于其他西方马克思主义理论家的思辨气息，他的理论主要来自对革命斗争中丰富生动的创作实践经验的概括和总结。

布洛赫在为表现主义的辩护中已经不怎么提现实主义，甚至可以说实际上他已经放弃了现实主义，认为它在现代已经完全过时了。布莱希特则不然，他一方面反驳卢卡奇对表现主义的声讨，一方面继续张扬现实主义。他的口号是"战斗的现实主义"和"社会主义现实主义"。在他看来，两者是同一回事，也就是立足于现代，为了"人"，为现实无产阶级和一切被剥削被压迫者的解放，向资本主义、帝国主义和法西斯主义战斗的新型的现实主义。他认为从卢卡奇对表现主义的批判可以看出，他在现代资产阶级作家那里已经完全找不到一种在"深度、广度和进攻性"方面可与经典小说家相匹敌的现实主义了，也就是说，传统现实主义是随着资本主义走上顶峰期后难免走向下坡。所以他提出：

新的上升的阶级指出了办法。它不是走回头路，不是同

过去的好时光相联系，而是同现在的坏时光相联系。它所涉及的不是废弃技巧，而是发展技巧。

布莱希特认为，现代的现实主义为了革命的目标不应该拒绝向现代主义、表现主义和其他先锋派学习技巧和形式，因此他特别强调现实主义随时代与革命斗争任务和特点之不同而发展变化，提出了新的宽广现实主义的观念。在1938年的《现实主义风格的广阔和多样性》一文中，他认为："现实主义需要的是广，而不是窄。现实本身是广阔的。丰富多彩的，充满矛盾的……我们的美学，还有我们的伦理学，其基础就是我们的斗争需要。"[①]他说："托尔斯泰会用不同的方式来写这章内容这一事实，绝不能作为抑制乔伊斯方法的理由。"[②]他把自己的创作实践上的探索看作"实验"，因此允许接受失败的事实和成功的事实。他回顾自己的道路也曾反对过把"自我表现"当作写作的使命，对某人"发狂"这种令人不安的意外事件持怀疑态度。后来事情发生了变化，这些发狂的人只是把自己从语法中解放出来，但并没有从资本主义中解放出来。他从自己的创作实践和实验中感到传统现实主义在形式上给他的困难"极大"，而认为愿意学习和探寻事物实际方面的现实主义者，可以从表现主义那里学习到大量的东西，在别人处理相似的问题的地方更容易学到东西。他承认斯特

---

① 《文艺理论译丛》（第3辑），中国文联出版公司，1985年版，第109页。
② 董学文、荣伟编：《现代美学新维度》，北京大学出版社，1990年版，第45—48页。

林堡等表现主义作家那里蕴藏着大量可资利用的东西，比从巴尔扎克、托尔斯泰那里学习更容易一些。①这种学习新形式的运用，完全是为了斗争的需要，"旧的风格有碍于我的斗争"。

在具体创作实践上，布莱希特所认为的战斗的现实主义或社会主义现实主义区别于旧的或传统现实主义之处在于，前者如同在经济上的"计划性"，不像后者那样拒绝"过于明显地表示自己的意见"，不愿意"随便为了什么概括而无条件地向读者展示大量的原始材料"，因为"越是清楚地懂得人的命运就是人，就越是清楚地意识到阶级斗争是因果性关系的基础"。布莱希特在创作上提倡理性，这种理性是对阶级性和党性的自觉意识，体现在作品中是同娱乐性结合着的艺术的教育作用，但他同时也强调对内心世界描写的重要。他指出，旧技巧不能满足描写阶级斗争中的个人需要，因为运用旧技巧，人物的内心感到不是将读者纳入阶级斗争而是将他们排除在外。②

在创作实验中，在戏剧方面他采用了"间离"效果，这是一反传统现实主义的亚里士多德"模仿"说和"逼真"说的，改变传统把"戏剧"与"叙事"区别开来，而把戏剧与叙事结合起来，即剧本中人物、演员与观众融为一体，达到"同情""怜悯"的接受效果，然而布莱希特的"间离"效果，汲取了类似中国戏曲的"表现的"（非"形似"地模仿现实）手法，使演员可以暂

---

① 董学文、荣伟编：《现代美学新维度》，北京大学出版社，1990年版，第52页。
② 《文艺理论译丛》（第3辑），中国文联出版公司，1985年版，第94页。

离剧中角色造成戏剧"非现实"的"观众"自我意识——外在于戏剧,强调舞台与观众的区别和对立,以加强观众的评价意识。"演员们不再把他们自己完全投入到他们角色之中去了,而是要同他们所扮演的角色保持一定的距离,甚至要明确地引起观众的批判。不允许观众再由于单纯的同情而毫无批判地沉陷在舞台角色的体验之中了。这一戏剧创作与表演方法与苏联现实主义戏剧大师斯坦尼斯拉夫斯基的导演手法截然相反,但布莱希特认为,自己的创新更能紧密地与革命斗争的任务相结合。演出使题材和舞台上所发生的种种事件面临一种陌生化(de—familiarization)的过程。"[①] 这也就是"将读者纳入阶级斗争而不是将他们排除在外"。他为这种"非现实化"的形式的"非形式主义"申辩时指出,"相反,新内容使用'旧形式'则是形式主义的"。布莱希特的艺术在形式上创新观念永远以人民的需要、革命斗争的需要为转移。他说:"内容是空洞的,形式有某种东西。从内容上看是旧的,在形式上是新的"等于"什么也没有告诉人民"[②],所以他的形式创新无论在实践上还是在理论上都与形式主义毫无共同之处。他对表现主义在形式上的借鉴和理论上的肯定与布洛赫在为表现主义辩护不同,更为重要的是,他的理论经受住实践的检验,即为革命的人民所承认与欢迎。

在关于现实主义与人民性的问题上,布莱希特指出,现实主

[①] 《世界艺术与美学》(第6辑),文化艺术出版社,1985年版,第332—333页。
[②] 《文艺理论译丛》(第6辑),中国文联出版公司,1985年版,第89页。

义不等于"通俗性",当然"生活的忠实形象"对人民和广大的工人群众是有用的,所以"必须完全明白易懂——必然是通俗的"。而"人民性"也不能简单以人们是否能读懂,更不是迁就人民已经习惯的落后形式。他认为,人民要求诗人为他们服务,并不要求诗人"迎合自己",而是为他们的利益服务,为他们"多方面的利益——从最迫切的、最重要的各种切身利益到最崇高的利益——服务"。而那种"为人民"而"通俗化"的要求是一种"居高临下"的态度。[①]一部作品是不是人民的,这不是形式的问题。不能把人民看成是"不善于学习,难于接受新事物"的。他从自己的创作实践的体验认识到,"只要写的是真实情况,作家不必害怕为无产阶级写出大胆的、不寻常的东西"。因为人民是创造历史、改造世界和他们自身的人民,是战斗的人民,所以关于"通俗"的概念也是一个"进取的"概念。[②]

四 表现主义的"必然性"与"合理性"

1938年,卢卡奇在莫斯科"作家之家"反法西斯主义晚会上作了一个题为"现实主义辩"的讲话,对布洛赫的文章进行全面的反击。卢卡奇从唯物主义历史观的总体反映出发,认为文学

[①] 《文艺理论译丛》(第6辑),中国文联出版公司,1985年版,第88—89页。
[②] 《文艺理论译丛》(第3辑),中国文联出版公司,1985年版,第86—88页;《西方马克思主义美学文选》,漓江出版社,1988年版,第56—60页。

艺术创作思潮、流派、方法、形式总是与一定历史时期的社会经济、阶级结构与政治状况相应的，他指出："所有这些文学流派的出现，都可以从帝国主义时代的经济、社会结构和阶级斗争等方面加以解释。"从这一点出发，他把20世纪文学艺术潮流分为三股：（一）公开反现实主义的，或假现实主义的；（二）从自然主义发展到超现实主义的所谓先锋派的；（三）当代现实主义的。从这一原则出发，他同意当时关于"表现主义是一种必然的历史现象"的说法。[①] 但他同时指出，并非如某些人以为的那样，现实主义在20世纪就进入绝境了，他说："要笼统地勾勒出当代现实主义形式的基本面貌，只须提一提高尔基、托马斯·曼、亨利希·曼和罗曼·罗兰的名字就够了。"他认为，争论必须集中于这样一个问题：哪些潮流在当今文学中代表进步的趋势？而"吉凶未卜的是现实主义的命运"。

他指出，马克思主义认为，承认历史的某种必然性并不意味着证实实际存在的事物（即使在其确实存在的时候）的合理性。因为历史带来的一切，包括资本主义所带来的一切，非人性因素，都是一种"历史的必然"。因此"同意表现主义的出现是历史的必然，也决不意味着承认它具有艺术上的合理性，即承认它是未来艺术的一个必然的组成部分"。问题关乎以上列举的20世纪优秀现实主义作家作品中塑造出的一系列"预言家"式的形

---

① 董学文、荣伟编：《现代美学新维度》，北京大学出版社，1990年版，第24、4页。

象,"这是任何重要的名副其实的现实主义的本质",在他们身上集中了人本身、人与人之间关系中以及人们行动的环境中的"持久的特征",必须专注于这些"经久不衰"的因素,这些构成社会乃至整个人类"发展的客观趋势"的人性因素。[1]在这个意义上,卢卡奇认为只有重要的现实主义作家才能够形成"真正的先锋派"。

而超现实主义,卢卡奇指出,是一种根本无法在艺术中预示社会趋势的文学流派。现代主义过去和现在都与"预言家形象"的创造无关,与未来发展的真正预见也无关。由此可见,这里所说的历史"必然性"是就已经存在于现实的现象的出现而言,而"合理性"则包含着与未来的联系的现实存在。从与未来的关系看表现主义现象的出现虽然是历史必然,但并不是合理的。从这一点来看,布洛赫以其唯心主义哲学乌托邦给予表现主义以代表未来的、革命的、进取性的评价显然是不切实际的;而布莱希特从形式与技巧的更新角度出发,张扬旧现实主义向表现主义或所有现代主义的借鉴却与卢卡奇并无根本的冲突。卢卡奇也肯定,尽管他对布洛赫的所有对表现主义的评判都是针锋相对的,但还是发现他在某些方面"不仅正确而且宝贵",他指出"蒙太奇"不仅在现代主义艺术中非常重要……蒙太奇代表着现代主义运动的顶峰,由于这一原因,"应当感谢布洛赫坚决地把它置于现代

---

[1] 董学文、荣伟编:《现代美学新维度》,北京大学出版社,1990年版,第28页。

主义文学和思想的中心"。"蒙太奇"是在这场争论中经常提到的作为现代主义艺术运动形式与技巧的变革和创新的代表手法,它是随着现代科学技术给艺术带来的新媒体——电影——而出现的技巧和手法,即以打破艺术在空间与时间上的连续性,实际上是把客观的时空关系加以主观的切割、重新组合。这一导源于电影的手法,在现代主义绘画、意识流小说和戏剧(如布莱希特的作品)中经常运用。卢卡奇指出,这种来自电影的形式"能够产生非常显著的效果,有时甚至可以充当有力的政治武器。这样的效果,产生于它把从总体背景中撕下来的异质的、互不相关的现实碎片并置在一起的技术。成功的摄影蒙太奇能起到一个绝妙的笑话的作用"[①]。可见卢卡奇并不是一般地反对在形式上对现代主义的借鉴,在这一点上他同布莱希特也是比较接近的,只是他认为这种借鉴只是局部的,不可能也没有必要改变原有的现实主义。

所以,尽管卢卡奇承认以蒙太奇手法为代表的现代主义在形式上的突破和贡献,但他仍然指出了这种手法的局部性、片面性,它不可能反映和表现一个"联系着的……整体的世界",它在总体上指向个人主体的内在世界。卢卡奇甚至并不一般地反对现代主义的"抽象化",他指出"没有抽象就没有艺术",但他认为有两种根本不同的抽象,一种是与现实关系本质联系的抽象,

---

[①] 董学文、荣伟编:《现代美学新维度》,北京大学出版社,1990年版,第22页。

当然就是现实主义的抽象，而表现主义"是脱离现实的抽象"。对表现主义等现代主义艺术"单调（或'单纯'）"的原则，卢卡奇指出，这种"单调"是放弃反映客观现实，放弃表现"既统一又多样的极其复杂的媒介并在一部文学作品中把它们综合为人物的这种艺术努力的必然结果"。他因此批评布洛赫在以此对超现实主义运动的"历史合法（合理）性"进行论证时，就不再去研究一般社会以及当今活动着的人们之间的客观关系了。这种为表现主义和超现实主义辩护的"弊端"仅仅在于，没有把现实当作他的"试验标准"，而是不加鉴别地接受了表现主义和超现实主义"对待现实的态度"，并把这种态度"翻译成了他自己的极富想像力的语言"。[1] 他指出，布洛赫"非常正确"地把如乔伊斯笔下的评价主人公意识中的现实生活的分崩离析、支离破碎和"空空如也"，归之为帝国主义时代的很多人的"典型心境"的生动反映。但他指出，布洛赫的错误仅仅在于，他把这种心境中产生的"高度扭曲的形象"同事物本身"相提并论"，而不是把这种形象同现实"加以比较"，从而"客观地揭示出"这种扭曲形象的本质、起源和各种媒介。[2]

在关于表现主义的人民性问题上，卢卡奇把这个问题同文化遗产联系起来，认为关键在于"与人们的现实生活的活生生的

---

[1] 董学文、荣伟编：《现代美学新维度》，北京大学出版社，1990年版，第21页。
[2] 董学文、荣伟编：《现代美学新维度》，北京大学出版社，1990年版，第10页。

关系",其特点问题表现为一种"进步、有力的运动",在这种运动中,"蕴藏在人民艺术中的传统、人们的苦难和欢乐以及革命的遗产中的活跃的创造力,得到了继承、保存、扬弃与进一步的发展"。他指出,对作家而言,要与文化遗产保持活生生的关系,就意味着要"成为人民的儿子,为人民的发展洪流所推动"。从这个意义上讲,高尔基是俄国人民的儿子,罗曼·罗兰是法国人民的儿子,托马斯·曼便是德国人民的儿子……而"打着艺术的旗号人为地收集并美化原始的东西",并不是真正的人民性。卢卡奇把这场争论中的历史观问题作了以下深刻的归纳:

> 从客观上讲,人民的生活是一种连续体。现代派的理论把革命仅仅视为摧毁过去的一切、割断与伟大而辉煌的过去的一切联系的分裂和灾难……它成了改良主义的无政府主义的另一极,后者把一切都视为连续体,前者则把一切视为破碎、断裂与灾难,然而,历史是连续与不连续、进化与革命的活生生的辩证统一。

通过卢卡奇的分析,我们可以把现实主义与表现主义在对现实的认识论关系上的区别归结为,现实主义直接反映与认识现实,而表现主义或其他现代主义反对的恰恰是这种直接反映现实的创作方法,但我们应把对现实主义的这种抗拒加以解释——从反映论上加以解释——反映了历史何以产生出这种历史的必然性,以及为什么这种现代主义(包括"后现代主义")从历史总体上看并不具有合理性,也就是它并不同人类社会关系及艺术的未来相联系。而仅仅代表着一种"过渡性(布洛赫并不否认这种'过渡性')和暂时性"。由于卢卡奇以一种总体论的历史观来看待现实主义与表现主义及现代主义问题,所以在这场争论中他有一种高屋建瓴的优势,在理论分析上是有理解力、雄辩性和说服力的。但他对现代主义在总体批判与指责中缺少理解与对话的姿态和宽容的精神,在形式问题上缺乏布莱希特在创作实践上得益于现代主义的切实体验,因此就显得开拓精神不足,在某种程度上把自己置于保守地位。特别是在"冷战"时期,卢卡奇把现代主义艺术与相应的哲学非理性主义看成是法西斯主义的思想根源,当然我们不能说现代非理性主义哲学与法西斯主义的思想没有任何关系,但卢卡奇在这个问题上,至少没有看到这一问题的全部复杂性。法西斯主义并不是一种直接的哲学思想根源所导致的,离某种流派的艺术方法与形式的关系就更远,它是一种极端种族主义与个人独裁的专制政体及军国主义霸权扩张野心的混合,在思想上当然不可否认它与作为非理性主义——唯意志论的关系,但这种非理性主义的极端形态又与极端的理性主义两极相逢,如作为以民族"群体意志"和"国家意志"、甚至"人民意志"假象出现的统一为整体"秩序"的东西。正是这种复杂性决定着纳粹分子对现代主义表现出肯定与否定的态度,而现代主义既有人成为反法西斯主义战士,也有人堕落为法西斯分子。在这个问题上任何不加分析执于一端的观点都是片面的。

20世纪70年代末,英国著名马克思主义美学家特·伊格尔顿在《本文·意识形态·现实主义》一文中指出了布莱希特创作实践与理论中在反映论、现实主义与形式主义现代主义之间的矛盾，提出他本人的立场：

> 接受卢卡奇观点中的描述性方面，这就是说，"现实主义"涉及一种特定的文学——历史模式；同时我又赞同布莱希特的观点，将上述描绘中内在的规范性因素清除干净，不接受卢卡奇赋予它的特权地位，另外我还赞同布莱希特，认为卢卡奇论及的那种"现实主义"始终是一种特定的有限的形式。但我又不同意布莱希特想把这一用语的权威性扩展到明显非现实主义的艺术形式上去……[①]

要在卢卡奇与布莱希特之间作一评判并非易事，因为现实主义与现代主义也存在于关于表现主义之争的双方，既有"非此即彼"又有"亦此亦彼"的问题。这个问题，也就是20世纪早中期的这场论争，只有在后"冷战"时期，在马克思主义与"多元化"关系的新格局面前重新提出并可望得到解决，伊格尔顿的"将上述描绘中内在的规范性因素清除干净"就已经表明了这种姿态。这就导致了我们在本书最后一章要论述的马克思主义阐释学的问题。

---

① 王逢振等编：《最新西方文论选》，漓江出版社，1991年版，第436—440页。

第二节　法兰克福学派的两位代表人物

上面提到的布洛赫与布莱希特虽均属德国人，但对20世纪中后期最有影响的"西方马克思主义"理论来自法兰克福学派的成员。而该学派不同成员的思想理论虽有各自的特点，但总的倾向是对经典马克思主义的"离经叛道"。科尔什、葛兰西和早期卢卡奇的思想影响也在他们身上充分显出。因此我们只能从该团体中选择两位代表人物——本杰明与阿多尔诺加以评述，以见其一斑，在这之前应当把法兰克福学的一般理论倾向作一概括。

法兰克福学派得名于1923年在德国法兰克福建立的一个"社会研究所"，该所第一任所长卡尔·格律恩堡（Carl Grunberg，1861—1940）在其就职演说中就明确申明其理论上的立场和方法是"马克思主义"的。1933年希特勒上台后，由于该团体有很多犹太成员及其马克思主义学术主张而不得不迁至欧洲，次年又转移到美国，战后50年代初迁回德国。战争造成的逆境却为他们思想理论的传播制造了有利途径，他们对西方哲学、美学的影响是世纪性的，而其主要理论建树与影响是在20世纪中期。

除了深厚的本土哲学传统的思辨气息外，就该学派的总体政治倾向与理论色彩来看，可以说代表着西方受马克思主义影响的带有自由主义思想色彩与激进的民主主义左派知识分子的意识形态，与20世纪早期卢卡奇等的思想理论有深刻的同源及相互影响关系。其基本倾向和特点可概述评析为以下几个方面：

一、从古典哲学与种种现代主义思潮出发对马克思主义进行修正与改造，使马克思主义带有古典人道主义与弗洛伊德主义、存在主义及早期马克思等混合变体的性质。

二、以对现有西方资本主义的基础与上层建筑，包括政治、哲学、伦理、美学等方面进行毫不妥协地全面批判姿态出现，所以被称为"社会批判"理论潮流。其批判的哲学武器是辩证法否定性的极端张扬，以阿多尔诺的"否定辩证法"为代表。辩证法的否定性被绝对化，对立方面的"同一"与"肯定"因素被彻底排除，黑格尔辩证法中的扬弃原则也被消解。

三、其批判主要指向是：（一）资本主义商品生产以物化（拜物教）方式给人以精神心理压抑形态的异化；（二）资本主义科学技术文明对人在功能方面的片面—异化：与马克思从生产关系的批判不同，是从生产力——科技——对异化的批判，表现出对科学技术的悲观主义色彩以及经济浪漫主义倾向；（三）与资本主义商品生产结合为一体之低劣、庸俗的文化工业；（四）法西斯主义与以斯大林主义为代表的极权主义。

四、在文化批判上其矛头主要指向西方通俗大众文化，对现代主义文学艺术创作反叛、否定与批判性主题持肯定赞扬态度，在这方面与卢卡奇形成对立态势。在美学上表现出受古典人道主义、浪漫主义，特别是德国美学如席勒的美学救世主义的乌托邦影响的特点，主要是马尔库塞通过美学实现"性欲文明"达到人以"新感性"特质，从资本主义压抑下全面解放。

五、通过对"工具理性（科学技术文明）"、资本主义生产

"合理化"理性的批判，以及对现代主义文艺之认同表现出非理性主义色彩。

六、在现实实践运动的关系方面，较少关注现代西方局部性工人运动，热衷于全局性重大世界影响事件，主要表现为60年代同反越战结合着的席卷整个西方世界之左派运动——美国嬉皮士、英国"新左派"、北欧"性解放"等——在思想渊源上纠缠不清的联系。

七、法兰克福学派各成员之间有以上所述共同特点又有重要差异，如哈贝马斯肯定资本主义世界把科学技术推上第一生产力的作用，因而对整个资本主义文明持带有改良色彩的态度与其他成员的激进姿态有别。不同成员对经典马克思主义背离与批判的程度上也各有不同，如其早期成员本杰明比较贴近经典马克思主义，甚至对苏联的文艺理论尚持肯定态度，并且其"艺术生产"的概念与阿多尔诺"文化工业"概念有着截然不同的倾向；直到后期的马尔库塞越走越远，在其晚年的《美学方面》一文中，列举了六大"罪状"，表明关于基础与上层建筑的理论被"变成僵硬的图式"，对美学带来了"毁灭性后果"，并认为"马克思主义美学即使在最卓越的代表身上，也有贬低主观性的倾向"[1]。这表明，他已经把自己排除在"最糟的"和"最卓越的"马克思主义者之外，而与马克思主义了无瓜葛，最终决绝了。

法兰克福学派的成员较多出身于德国犹太人上层，家庭富

---

[1] 《西方马克思主义美学文选》，漓江出版社，1988年版，第256—257页。

裕，教养良好，在法西斯统治期间又饱受虐待、迫害、流离失所之苦，他们的理论系统反映了西方世界在两次大战期间及前后，特别是"冷战"期间，经济政治危机加剧，各种矛盾空前激化，知识分子在摆脱困境、渴望解放的急躁情绪中的思考与摸索。从马克思主义在20世纪发展的总体上来看，可以说它表现出正如这一世纪早期代表人物以及卢卡奇那样，在这一时期社会阶级结构变化下所走的一段不可避免的"歧路"。而整个法兰克福学派由于其理论系统同经典马克思主义的距离，也不能成为本书的对象，然而从马克思主义在20世纪所走过的道路着眼，从思想史前承性关系来看，似乎又不能完全置于不顾。况且其个别成员之间又有作为一个学派千丝万缕的思想联系，然而就他们的相互思想理论差异来看则很难划一，其中某些人物确实有些所谓"片面的深刻性"的理论焦点值得注意，所以我们在这一章采取"窥其一斑"的方式，对其部分成员如本杰明和阿多尔诺的局部理论予以透视。

一　本杰明的艺术生产和现代主义阐释

瓦尔特·本杰明（Walter Benjamin，1892—1940）出生于一个富裕的犹太家庭，1912年到弗赖堡大学攻读哲学，并首次赴巴黎旅行。巴黎之行对他后来从事法国文化的研究工作具有重要意义，后来又转移到伯尔尼研究德国浪漫主义。1919年他与布洛赫结识，并受其影响。这期间完成博士论文《德国悲剧的起源》。1924年在苏联导演拉齐斯的影响下研究了马克思的《剩余价值理论》等著作,这对他的艺术生产理论有着重要影响。1927年他出访苏联,回国后参加了法兰克福研究所的工作,1933年流亡到巴黎。二战爆发巴黎沦陷后,他企图逃往西班牙,未遂而自杀。他的主要代表著作为《发达资本主义时期的抒情诗人》《机械复制时代的艺术作品》(1933)、《作为生产者的作家》(1934)等,在这些著作中,可以看出他以马克思主义的观点与方法来从事现代主义文化研究和阐释的努力。由于他谢世较早,所以在他的理论中,较少法兰克福学派如阿多尔诺、马尔库塞等那种以"否定"的绝对性、美学救世主为代表的弥漫于"冷战"时期的焦虑和激烈气息。可以说,他是法兰克福学派中最接近马克思主义经典传统的美学家,这可以通过他的艺术生产和现代主义批评理论看出。

(一)本杰明艺术生产理论与马克思的比较

在《发达资本主义时代的抒情诗人》中,本杰明已经提出了艺术生产的问题,这是与经济效益——艺术的市场效应相关的,即艺术也受商品生产的价值规律作用。他认为,在作为复制时代的资本主义商品生产中,艺术生产是随着报纸与期刊出版事业兴起的。他指出,他为艺术生产者的"文人"从报纸与出版商那里知道了"专栏的高报酬",他们的行为便像是告诉人们,他"已在马克思那里懂得了商品价值是由生产它所需的社会必要劳动时间决定的"。

一般认为,本杰明的艺术生产理论是从马克思那里来的,马克思首先把精神生产与物质生产作为人类不同的生产劳动。而这两种不同的劳动又可区分为"生产劳动"与"非生产劳动"。可见这是一个非常复杂的经济学问题，在文艺学那里被简单化了。关于这个问题的论述，是从马克思在《剩余价值理论》中对古典经济学亚当·斯密进行引述与评析时引出的，马克思论证了关于"生产（商品）劳动"与"非（商品）生产劳动"及"精神生产"的观念之区分原则在于劳动所得报酬能否转化成资本。其理论视野正如书名，明确集注于"剩余价值学说"的历史。所以马克思指出，根据劳动同资本及剩余价值之间关系的原则，同一种劳动（无论是物质劳动还是精神劳动）可以是"生产劳动"，也可以是"非生产劳动"，例如：

> 密尔顿创作《失乐园》得到五镑，他是非生产劳动者。相反，为书商提供工厂式劳动的作家，则是生产劳动者。密尔顿出于同春蚕吐丝一样的必要而创作《失乐园》。那是他的天性的能动表现。后来，他把作品卖了五镑。但是，在书商指示下编写书籍（例如政治经济学大纲）的莱比锡的一位无产者作家却是生产劳动者。因为他的产品从一开始就从属于资本，只是为了增加资本的价值才完成的。一个自行卖唱的歌女是非生产劳动者。但是，同一个歌女，被剧院老板雇用，老板为了赚钱而让她去唱歌，她就是生产劳动者，因为她生产资本。①

---

① 《马克思恩格斯全集》，第 1 版第 26 卷（Ⅰ），第 432 页。

由此可见，首先，马克思在这里所说"艺术生产"带有经济学上的科学严格性，而本杰明的"艺术生产"理论则把从事艺术创作的精神劳动都归为"生产"，而并不以产品是否再"生产资本"来区分"生产"性的精神劳动与"非生产"性的精神劳动。再者，马克思所说的"艺术生产"并未涉及作家的政治倾向，本杰明则把这一因素加入艺术生产——资本——剩余价值系列来考察艺术生产问题。马克思所说"艺术对象创造出懂得艺术和能够欣赏美的大众"，是从生产和消费的关系正面抽象地谈这个问题，而本杰明以致后来阿多尔诺"文化工业"论所关注的艺术产品的消费，更多具体地对资本主义文明进行了否定与批判。

指出马克思与本杰明的艺术生产理论之分别，并不等于说他们是相抵触的，只是他们的领域与视野不同；并且也不是否认后者在美学文艺学上的意义，只是澄清长期混淆不清的理论渊源关系的一个事实。而且他们的艺术生产理论有一点是一致的，即马克思肯定了施托尔希所指出的，由于"非物质价值"和"财富"之间的区别，支配"非物质生产劳动"与"物质生产"的规律并不相同，即商品价值规律是"生产性劳动（商品生产）"的根本规律，它也对"非生产性劳动（非商品生产劳动）"——艺术生产起作用，但艺术生产还有一套不同于市场原则的美学规律，而后者却对非艺术生产不起作用，或不起主导作用。这一点也体现在本杰明的艺术生产理论之中。

本杰明在《作为生产者的作家》一文中提出了以下几个问题：

（一）作家作为生产者同时受物质生产（相当于"生产劳动"）与非物质生产（"非生产性劳动"）两种不同的规律支配。前者表现为报刊等出版事业一方面是作家的生产手段，"是作家最重要的阵地"；另一方面它们"还属于资本"。后者表现为作家有他们各自的政治倾向，"社会形势在迫使诗人作出选择，到底打算让他们的创作活动为谁服务，无论他承认与否，他都是在替特定的阶级利益服务。他的选择是建立在阶级斗争的基础上的。……一部作品若是展示出正确的倾向，就必然有它的质量……"① 在这个问题上，本杰明显然比法兰克福学派的某些成员，如马尔库塞，离传统马克思主义文艺学距离更近。不仅如此，本杰明还认为文学的政治性倾向可以存在于文学技巧的"进步与落后当中"。正确的政治倾向与先进文学技巧不论在任何情况下都存在于功能的依赖性之中。② 这一说法正是马尔库塞在他的《美学方面》针锋相对地进行批判的。但是，本杰明已经注意到了策略地防止把经济决定论变成一个僵化的公式而遭到攻击，他认为，可以暂且"不要去提诸如此类"老生常谈的问题，"一部作品对时代的生产关系抱什么态度？这部作品是否赞同这种生产关系？它是不是反动的或是否力求改变生产关系的，是不是革命的？"他说："不要去提这些问题，或者无论如何在提之前，我建议各位先提出另

---

① 中国社会科学院外国文学研究所《世界文论》编辑委员会编：《文艺学和新历史主义》，社会科学文献出版社，1993年版，第45—47页。
② 中国社会科学院外国文学研究所《世界文论》编辑委员会编：《文艺学和新历史主义》，社会科学文献出版社，1993年版，第48页。

外一个问题,即在我问一部作品对于时代的生产关系抱何种态度之前,我想问这部作品是如何处于这种生产关系中的?作家总是处在一个时代的生产关系之中。"所说"不要提这些问题"显然不是放弃唯物史观,而是在机械的经济决定论以及唯物史观因此受到攻击的复杂情况下的保护性策略。这种策略也正就是把这个问题的直接提法化为作家作品的"技巧"问题。正是这样,使得"文学产品得以接受直接的、社会的以及唯物主义的分析"[①]。这一策略与后来阿尔都塞的因果规律中的"不出场",杰姆逊的"政治无意识"有关。

(二)作为资本控制在资本家手中的艺术生产的手段,可以为政治倾向进步的作家所利用。本杰明指出:"我们现在面对这样一个事实——在德国,过去的十年给这个事实提供了充足的证明——即资产阶级的生产及出版机器能够吸收甚至宣传数量惊人的革命论题,而不危及自身和占有该机器的阶级的生存。"当然这是因为艺术生产与非艺术生产两种不同原则相互交叉而造成的空隙产生的结果,即出版商为了赚钱对发行量大的革命倾向的作品甚至宣传品也不加禁忌而开放绿灯。在这里,本杰明谈到了作为生产者的知识分子的自身改造问题,即要使自己成为为无产阶级服务的艺术生产者首先有一个"无产阶级化"的问题,也就是法国诗人阿拉贡所说的"背叛"自己出身的那个阶级。本杰明

[①] 中国社会科学院外国文学研究所《世界文论》编辑委员会编:《文艺学和新历史主义》,社会科学文献出版社,1993年版,第47页。

写道,这种"背叛"在于使他从"生产机器的供应者"变成一名"使这部机器适应无产阶级革命目的"的"工程师"。①

(三)在艺术生产理论上,本杰明不仅认为掌握在资本家手中的机器可以为革命作家利用,而且科学技术的进步也是总体上有利于进步倾向艺术生产的积极因素,在后一点上,几乎同阿多尔诺及马尔库塞全然相反。他指出,对于作为生产者的作家来说,"技巧的进步也是作家政治上进步的基础"。在当时,这些技术主要表现为广播、摄影和电影。他以摄影为例,如果说一方面摄影艺术越来越精巧,越来越时髦,这种技术把过去脱离大众的内容——诸如春光、名人、异国风情之类——通过新的加工而呈现给大众,乃是"摄影艺术的经济功用",那么把世界"由内向外按其本来面目"进行更新,则是"摄影术的政治功用",在资产阶级"新客观派"则是把这种政治功用作为粉饰生活的手段,如"不把贫民窟、垃圾堆加以美化,就不可能去拍摄它们"。另一方面,摄影技术也可以用来揭露生活的真实,"……赋予照片以革命性的使用价值"。②

由此可见,本杰明的艺术生产理论是从经济学与美学的边缘以双重规律对艺术创作所作的考察,而不同于马克思把这个问题限于单一的经济学领域。

---

① 中国社会科学院外国文学研究所《世界文论》编辑委员会编:《文艺学和新历史主义》,社会科学文献出版社,1993年版,第61页。
② 中国社会科学院外国文学研究所《世界文论》编辑委员会编:《文艺学和新历史主义》,社会科学文献出版社,1993年版,第54页。

（二）膜拜——韵味；复制——展示

如果说在《作为生产者的作家》一文中，本杰明表现出鲜明的政治立场，研究了作家在资本主义艺术生产中的"生产关系"，即作家的政治倾向与"资本"的关系以及革命的文化与文化生产技术进步的关系的话，那么在《机械复制时代的艺术》一文中则表现出从经济——美学的界面向"纯美学"的倾斜，即艺术生产采取一种机械复制的方式在美学上引起的后果是怎样的。本杰明从正负两面描述了这个问题。即"膜拜——韵味；复制——展示"。他把对艺术的接受的多种态度归结为明显的两种：一是艺术品是为"膜拜"服务的创造物，在这种创造物中，"重要的并不是它被关照着，而是它存在着"，侧重的是艺术品的"膜拜价值"；另一种侧重于其"展示价值"。前者同艺术早期起源时代的巫术的宗教仪式相关联；后者则由艺术进入复制时代起始。这两种接受方式和态度在艺术发展过程中是相辅相成，相长相消的。在艺术品的膜拜方式中，艺术以其原始和原生状态保留着其存在的真实性，即"艺术品的现时现地性，它在问世地点的独一无二性。唯有这种独一无二性构成了艺术品的历史"。这种原生状态的真实性就像古代文物铜器上的绿锈一样，记录和保存着其历史的种种变化，而作为艺术品美学特质的"韵味"[①]，就寓于这种艺

---

① "aura"也译为"气韵"（见冯宪光：《西方马克思主义文艺美学思想》，四川大学出版社，1986年版，第159页）；或作"气息"［见《发达资本主义时代的抒情诗人》（中译本序），生活·读书·新知三联书店，1989年版，第22页］。

术品独一无二的本体论历史中。

对艺术品展示的接受态度与艺术作品的复制相伴。因为艺术作品在原则上是可以复制的，如学生作为练习的模仿等。因此，复制可以说是把艺术作品作为精神产品，为了传播、消费和盈利的目的投入生产。本杰明指出，艺术品的复制也有其历史发展的过程，这就是复制手段不断"创新"的历史——从古代的铸造、制模，到木刻、金属蚀刻、石印，直到照相。"随着对艺术品进行复制的各种方法，便如此巨大地产生了艺术的可展示性，以致在艺术品两极中的量变，像在原始时代一样，会转变成基本性的质变。就像原始时代的艺术品通过其对膜拜价值的绝对推重，首先成了一种巫术工具一样（人们以后才在某种程度上把这种工具视为艺术品）。"复制带来了超越自然的对艺术的观赏效果，如摄影可以通过放大或慢镜头展现出肉眼不能看见的形象，又如音乐唱片可随时随地供人欣赏，并使复制品能为接受者在其自身的环境中加以观赏，因而就赋予了所复制对象以现实的活力。所以复制在艺术品的传播效果上所带来的显然是革命性的变化。但是，本杰明指出，"在艺术作品的机械复制时代凋谢的东西就是艺术品的韵味。……韵味来自现时现地，对韵味无法进行模仿"。由于复制技术把所复制的东西从传统领域中解脱出来，而导致了"传统的大崩溃——作为现代危机对应的人类继往开来的传统大崩溃"。特别是电影，本杰明指出，电影一方面改变了传统的艺术形式，同其他的复制技术都与现代社会的群众运动密切相连，但电影的社会意义即使"在它的积极形式中也都具有着破坏性、宣泄性的一面，即扫荡文化遗产的传统价值"。在今天看来，信息传媒的问题远远超过了电影。这是个技术时代的两难问题。本杰明对技术在艺术传播上的使用和对传统的维护上表现出一定的保守性，但他对机械复制给美学带来的变化所作的分析和评价总体上却是辩证的，因为它是历史本身所带来的，"体现了世界所发生的变化"。由于艺术在机械复制时代"失去了它的膜拜基础"，因而它的"自主的外观"也就消失了。可是本杰明指出："由此出现的艺术功能的演化却没有为19世纪的人所觉察到，甚至经历了电影时代的20世纪的人也很长时间没有觉察到这一点。"[1]这里在创作方式上的变化，如演员在舞台剧和电影中的表演的区别那样，演员表演的现时现地性变为导演和剪辑师的"蒙太奇"性。本杰明指出："电影演员知道，当他站在摄影机前时，他就站在了与观众相联的机制中。观众就构成市场的买主，电影演员不仅用他的劳动力，而且还用他的肌肤和毛发，用他的灵与肉进入这个市场中……"[2]在这时，美学的东西、市场经济、科学技术还有政治的、道德的种种关系相互叠加在一起，如"当代电影……对社会关系，即对财产秩序进行了革命的批判……电影具有促进艺术和科学相互渗透的倾向，……使照相的艺术价值和科学价值合为一体……"

---

[1] 董学文、荣伟编:《现代美学新维度》，北京大学出版社，1990年版，第172—173页。
[2] 董学文、荣伟编:《现代美学新维度》，北京大学出版社，1990年版，第185页。

综而述之，在现代美学意义上，本杰明的"膜拜——韵味；复制——展示"理论中，"展示"一语与德国古典美学所说的"外观显现"既有联系，又有区别，如席勒所说"美"以"外观"脱离"实存"而显现，到康德成为"美"的非功利（不关心实际存在）之"纯粹美"，直到黑格尔，美作为理念的感性显现，都是在美的本质与现象，观念与感性，实体与形式范畴所作的思辨。而本杰明描述的艺术品，从膜拜到展示，在古典美学的原有基础上复加了艺术与巫术、宗教，艺术与传播技术之间的多重复杂关系。附丽于艺术品作为美学原生素质的韵味，在单纯作为巫术——宗教之膜拜对象时，其与接受的关系也就是纯信仰的关系而不是审美关系，正如马克思所说"商人看见矿物的价值而看不见矿物的美"，膜拜者在艺术品（如图腾、岩画、神像以及有关的音乐舞蹈仪式等）那里（在观念中）所看见的是神圣者或神秘力量，而不是艺术美，即他得到的不是审美感受的满足，而是信仰观念的满足。在膜拜中"韵味"作为原生物质而存在，作为"外观"（如作为"后现实主义"，复制已经发展到可以用化学聚合物质塑造出足以乱真的"人的形象"）对于膜拜者并不存在——主体与对象间未建立一种审美关系。而在复制技术达到足以乱真的程度时，如利用现代科学技术对古物或名画的仿造，"韵味"可以作为"外观"存在于欣赏者与复制品的审美关系中，却丧失于复制品的实体。

（三）早期现代主义诗学阐释

由上所述，我们可以看出，本杰明是一个坚定的经济（基础)辩证的决定论者,而不是"多元决定论"者,更不是"非决定论"者。[①]他的《发达资本主义时代的抒情诗人》一书不同于一般的批评,而是提供了一个美学与历史、社会、经济、政治的早期现代主义批评阐释研究的出色范例。

在《发达资本主义时代的抒情诗人》这本集子中,本杰明围绕着波德莱尔这个中心,试图以一种灵活、松散的结构,广征博引的方式,实验式的文体来解决马克思主义经典作家们生前未能解决的美学新问题——现代主义文化的阶级属性与美学特质。这个问题不仅是同一时期的西方马克思主义者们普遍关注与激烈争论的中心问题,而且对于本杰明关于艺术生产理论的建立具有构成性意义。在这本著作中,本杰明已经把艺术生产的基本思想提出来了,艺术家便是这一生产方式中作为生产力的最积极的因素,对波德莱尔的研究与阐释,无疑提供了一个在现代主义文化氛围下对艺术生产者阶级属性与美学特质的透视与解剖的范例,其意义超出了布洛赫等关于表现主义的争论,达到了马克思主义文化阐释学的高度。

本杰明采取了与卢卡奇不同的视角与方法,即不是把现代主义视为与现实主义的对立物而加以批判,却是以马克思关于19世纪中后期法国阶级斗争的一系列历史性描述与分析为依据,把波德莱尔等的开启性现代主义作为这一特定时期的文化现象代表

[①] 本雅明:《发达资本主义时代的抒情诗人》(中译本序),张旭东、魏文生译,生活·读书·新知三联书店,1989年版,第28页。

加以描述与阐释，虽然他们的最终结论并无根本不相容处。本杰明是从德国浪漫主义（悲剧）转入法国现代主义研究的，所以他明确地意识到，作为文化转型的代表人物，波德莱尔的《恶之花》是"最后一部在全欧洲引起反响的抒情作品；以后再也没有哪一部作品能超越多少有限的语言范围而这样深入人心"①。本杰明把视线投向波德莱尔创作活动得以产生的大社会背景下具体特殊的角落，试图以历史复原的考察方式索解其阶级属性，以及这一阶级属性的历史走向。这种阶级分析不是线性或平面的，而是立体的，多角多面的，但又不是"多元决定"或"非决定论"的。

首先在政治上，本杰明指出，波德莱尔的洞察力并没有从根本上超出那些"职业密谋家"。"无论他同情宗教反对还是同情1848年革命，其表达都是生硬的，其基础都是脆弱的"。所谓"职业密谋家"对位于马克思恩格斯《评谢努及德·拉·渥德》②，是指混迹于"波希米亚人"中的无产阶级早期革命活动家与领导者，"波希米亚人（la Boheme）"是欧洲对"流浪汉"的泛指，如普契尼的著名歌剧《波希米亚人》所描写的是一帮穷艺术家。本杰明认为，甚至马克思在密谋者身上遇到过的"恐怖主义的白日梦"，他能在波德莱尔身上找到相应的东西。这种东西就是"布朗基主义"。他认为，马克思所说"他们是革命的炼金术

---

① 本雅明：《发达资本主义时代的抒情诗人》，张旭东、魏文生译，生活·读书·新知三联书店，1989年版，第166页。
② 《马克思恩格斯全集》，第1版第7卷，第320页。

士，完全继承了昔日炼金术士的邪说歪念和狭隘的固定观念"这些话，几乎可以完全原封不动地用在波德莱尔的形象上，其诗中的字里行间"闪现着布朗基的影子"。波德莱尔在密谋者的政治姿态中还夹杂着"拾垃圾者""游手好闲者"的特质，这些"者"是诗人作品中的美学形象。本杰明指出，一个拾垃圾的不会是波希米亚人的一部分。但每个属于波希米亚人的人，从文学家到职业密谋家，都可以在拾垃圾的身上看到自己的影子。他们都或多或少地处在一种反抗社会的低贱地位上，并或多或少地过着一种朝不保夕的生活，在适当的时候，拾垃圾的会同情那些动摇着这个社会根基的人们。① 显然，这些都是流氓无产阶级的属性。

波希米亚人、密谋者、拾垃圾者、游手好闲者都是作为"文人"——知识分子阶层夹杂游离在产业无产阶级与资本家之间的阶级属性来描述的。这些属性在作为发达资本主义时代的抒情诗人波德莱尔的作品中，化为一种早期现代主义的美学特质。而波希米亚人、密谋者、拾垃圾者、游手好闲者，为了个人利益以不同目的在资本主义繁华都市奔忙的混合的"人"中堆集。这种"人群"，本杰明指出，是"生理学"的对象，也如马克思所说，是"思想狭窄的城市动物"，恩格斯在《英国工人阶级现状》中大段描绘过，也可以在爱伦·坡的作品和欧仁·苏的小说《巴黎的秘密》中见到。本杰明写道，波德莱尔喜欢孤独，但他不是

---

① 本雅明：《发达资本主义时代的抒情诗人》，张旭东、魏文生译，生活·读书·新知三联书店，1989年版，第38页。

喜欢面对大自然的孤独，而是"稠人广坐中的孤独"。这种孤独在他的作品中时而化为一种美学的"震惊（shock）"。"震惊"是本杰明用来描绘现代主义的独特美感体验之一种。本杰明以一首题为《给一位交臂而过的妇女》的著名十四行诗为例，剖析了这种美感。诗中写一位偶现而又消失在人群中"身着重孝"的美丽女性的印象："电光一闪……随后是黑夜！／难道除了在来世，就不能再见到你？／去了！远了！太迟了！也许永远不可能！／……""电光一闪……随后是黑夜！"是"震惊"的意象化表达。其实这种意象是诗中经常出现的，如中国宋代诗人辛弃疾词"众里寻他千百度，蓦回首，那人却在灯火阑珊处"，现代诗人戴望舒的《雨巷》所写"油纸雨伞下的身影"，俄国诗人普希金的"在那美妙的瞬间"（《致凯恩》），美国意象派诗人艾·庞德同样著名的《地铁车站》等诗作中所创造的形象都接近于此。但不同之处在于，不是宋词所咏"那人却在"，也不是庞德之"湿漉漉、黑黝黝的树枝上的花瓣"之瞬间印象，本杰明指出，波德莱尔诗中的"永不"标志着高峰，以热情之挫折激起更大的迸发："他仿佛在熊熊的烈火中燃烧，但却没有凤凰从中飞出"，"……在承受这种震惊的时刻，一种急切的欲望便突然间征服了一个孤独的人。"[①] 本杰明深刻地描绘了这种"人群"中的孤独。从路易·菲力普时代以来，资产阶级就力图弥补自己的"大城市生

[①] 本杰明：《发达资本主义时代的抒情诗人》，生活·读书·新知三联书店，1989年版，第64页。

活的没有意义的本质"。……人们在大城市的人群中"不留痕迹地消失了"。……1842年到1858年之间,波德莱尔共有过14个住址。……"人们像受惩罚一样在这个城市里一天天受罪"。人群不仅是这些逍遥法外者的最新避难所,也是那些被遗弃者的最新麻醉药。……"移情"就是游手好闲者跻身人群之中所寻求的"陶醉的本质"。这种陶醉就是麻醉品的药效。"商品在潮水般拥在它们周围并使为它们所陶醉的人群获得了同样的效果"[1]。本杰明对比了恩格斯在《英国工人阶级现状》中所描绘的"像伦敦这样的城市,就是逛上几个钟头也看不到它的尽头……只有到过这个世界的贫民窟,才会开始察觉到,伦敦人为了创造充满他们城市的一切文明奇迹,不得不牺牲他们的人类本性的优良特点……这种街道的拥挤中已经包含着某种丑恶的、违反人性东西。难道这些群集在街头的代表着各种阶级和各个等级的成千上万的人不是都具有同样的特质和能力,同样是渴求幸福的人吗?……可是他们……每个人在追逐私人利益时的这种可怕的冷漠,这种不近人情的孤僻就愈使人难堪、愈是可怕"[2]。当然本杰明在这本书中还描述了现代主义的"自杀"意识与"英雄"意志等问题,如指出,现代主义应整个置于一个标题之下——便是自杀,诗人们在他们的街道上找到了社会渣滓,并从中繁衍出他们的英雄主人公;流氓无赖主义的诗就是在这种飘忽不

---

[1] 本杰明:《发达资本主义时代的抒情诗人》,生活·读书·新知三联书店,1989年版,第72—74页。
[2] 《马克思恩格斯全集》,第1版第7卷,第561页。

定的光亮中出现的,难道社会渣滓能提供大城市的英雄主义吗?抑或英雄便是这种材料制造作品的诗人吗?现代主义理论对这两者都予以肯定。①

然而,归根到底本杰明把包括波德莱尔在内的这帮现代主义的先锋之阶级属性定位在"小资产阶级"上,指出,波德莱尔没有多久就放弃了他的革命宣言,他们没有一个成为社会主义者。"革命"对他们意味着,正如波德莱尔所说,"革命万岁"有如"毁灭万岁、惩罚万岁、死亡万岁"。他们打着"为艺术而艺术"的旗帜,一面抗议这种艺术"向市场的投降",一面走进了市场(自以为去"观察它",但事实上它已经准备抓住这个"买主")。"那些用来庆祝这种艺术的仪式与美化商品的心醉神迷完全异曲同工。"②

尽管本杰明与卢卡奇对现代主义之差异在于:前者重阐释分析,后者多批判挞伐;或前者把其阶级属性与美学特质结合起来分析批判,后者之批判多少囿于"冷战"之意识形态纷争气息。但他们在总体上对现代主义实质的看法可以说是基本一致的。本杰明的"艺术生产""机械复制时代的艺术"和现代主义批评理论是一体化的。

---

① 本雅明:《发达资本主义时代的抒情诗人》,张旭东、魏文生译,生活·读书·新知三联书店,1989年版,第98—99页。
② 本雅明:《发达资本主义时代的抒情诗人》,张旭东、魏文生译,生活·读书·新知三联书店,1989年版,第189—191页。

二 阿多尔诺的"两重性"艺术观

阿多尔诺（T. W. Adorno，1908—1969）出生于法兰克福城一个犹太酒商的家庭，曾专修音乐专业，1932年以关于克尔凯郭尔美学的研究论文获得教授职称。1938年他赴美国，入"法兰克福社会研究所"，著有《启蒙辩证法》（1947）、《新音乐哲学》（1941）、《否定辩证法》（1966）、《美学理论》（1970）等著作。提出"文化工业""否定辩证法""文学艺术两重性"等美学观念，产生了重要影响。

（一）对"启蒙""文化工业"的批判

《启蒙辩证法》是阿多尔诺与霍克海默合作的一部哲学文集，在其中《文化工业。欺骗群众的启蒙精神》一文提出了"文化工业"概念，对资本主义文学艺术进行了全面的批判。所谓"启蒙辩证法"就是阿多尔诺后来在《否定辩证法》中全面申论之辩证法否定原则，对资本主义文明的全面声讨。正如作者在该书开篇《启蒙的概念》一文中第一句话所表明的："从进步思想最广泛的意义来看，历史启蒙的目的都是使人们摆脱恐惧，成为主人。但是完全受到启蒙的世界却充满着巨大的不幸"。[1]对现代资本主义的清算的"彻底"否定性要求，已经导向把批判的锋芒指向"启蒙"作为运动起端之理性。正如整个资本主义发展所显示的，18

---

[1] 霍克海默、阿多尔诺：《启蒙辩证法》，洪佩郁、蔺月峰译，重庆出版社，1990年版，第1页。

世纪的启蒙主义运动是以人性——理性的人和人的理性——反抗宗教神学开始的,这种理性又表现为对自然的认识与改造的成果——科学与技术。这一切随着资本主义的深入发展而变成反面的东西,"为启蒙精神所摧毁的神话,已经是启蒙精神自己的产物","神话变成了启蒙,自然界变成了单纯的客观实在"。[①] 也就是说,科学和工具理性在今天又成了资本主义世界的"神话",成为对自然统治的支配力量,其结果是:一方面使自然和人疏远、隔离——(异化);另一方面,是"精神的物化"。商品具有"偶像崇拜的性质"——物有了灵魂,而灵魂又被物化。

在作者看来,启蒙精神由于被赋予理性、思维以支配的权力,走向"效力于现存制度,而疯狂欺骗群众",沿着这条思路,作者进而批判资本主义的"文化工业"。正如这篇文章的标题所示,"文化工业"正是"欺骗群众的启蒙精神"的体现。在作者看来,"文化工业"是与资本主义商品生产发展同步的精神产物,是与其整个经济政治制度一体化的东西。资本主义在文化上的特征首先显示为"一切文化都是相似的。电影、收音机、书报杂志等是一个系统。……它们称自己为工业,而且它们的总经理所宣布的收入数字,就已经反映出它们的产品不再具有社会必要性"[②]。

[①] 霍克海默、阿多尔诺:《启蒙辩证法》,洪佩郁、蔺月峰译,重庆出版社,1990年版,第6、7页。
[②] 霍克海默、阿多尔诺:《启蒙辩证法》,洪佩郁、蔺月峰译,重庆出版社,1990年版,第112—113页。

显然,"文化工业"的概念同现代文化对科学技术传媒体的功能是分不开的。作者指出,技术上的"合理性"就是统治的合理性。这里的技术表现为文化传媒,统治是指思想政治统治。比如说,随着科学技术产生的电影和广播,是20世纪出现的新的文化媒介物与传播手段,似乎每个人都可以自由地使用这些工具,没有一个人能不看电影(对于60年代以来电视的普及更是如此),"只要他还进行呼吸,他就离不开这些产品"。但是,这里文化工业产品的消费者只能是被动的接受者,而个人不能生产制作与发射传播。所以文化工业高效地以"自由"的民主方式强化了资产阶级的意识形态统治,这些产品"老一套地照搬旧的东西,甚至把没有经过考虑的东西,也硬塞入机械上可以再生产的东西的模式……采用的是规定的语言……""真正的风格这一概念,在文化工业中很清楚地被作为统治者的美学代名词";所以另一方面,对这些产品的接受消费必然地抑制了观众的主观创造力,约束了观众的能动性思维,造成观众"想像力的萎缩"。作者不无深刻地写道:

> 在今天物质生产中,供求的机制被破坏的同时,机制在作为控制手段的上层建筑中,却起着有利于统治者的作用。消费才是工人和职员,农庄主和小资产者。资本主义的生产用灵和肉紧紧地控制住他们,使得他们心满意足享受为他们提供的东西,当然,正如被统治者总是本身更严肃认真地坚持他们从统治者那里学来的道德……他们坚定不移地相信

统治者用来奴役他们的意识形态。①

以上这段话对于资本主义文化"自由"对商品经济的依附，作为上层建筑对经济基础的加强与巩固作用的揭露是一针见血的。它使我们想起列宁揭露与批判资产阶级标榜的文学艺术"创作自由"本质上是对金钱的屈服。作者又指出，艺术今天明确地承认自己完全具有商品的性质，这并不是什么新奇的事，但是艺术"发誓否认"自己的"独立自主性"，反以自己"变为消费品而自豪"，这确是令人惊奇的现象。在这里提出的问题，关涉到艺术本身的创作与欣赏的美学规律与商品生产、流通、消费的价值规律之间的复杂关系。作者以贝多芬为例，这位乐圣在病危时曾把英国历史小说家瓦·司各脱的一本书扔到地上，说："这家伙写作就是为了赚钱。"同时却发挥其非凡的作曲天才和执着的精神，写下了"市场上拒不接受"的最后一部四重奏。阿多尔诺等写道："这就是市场与资产阶级艺术独立自主面对统一的一个极好的例子。……贝多芬的音乐深刻反映了他对臭铜钱的忿怒，把不得不出卖艺术品的做法看作世界对美学的强制，但是贝多芬也必须用艺术作品赚钱去支付每月的生活费用"。② 如果"为艺术而艺术"作为艺术自律论的艺术本身最为内部的形式的规律

---

① 霍克海默、阿多尔诺:《启蒙辩证法》，洪佩郁、蔺月峰译，重庆出版社，1990年版，第126页。
② 霍克海默、阿多尔诺:《启蒙辩证法》，洪佩郁、蔺月峰译，重庆出版社，1990年版，第143页。

的话，它不仅不可能摆脱社会现实生活对艺术家主体性的客观制约——这一"外部规律"，而且它在根本上也摆脱不了"为金钱而艺术"的最不属于艺术的最"外部"的商品价值规律。在这种复杂的关系中，作者尚能肯定，依赖工业生产的这类艺术品可以"出售"，一旦"交易"不再是某个艺术品的"仅有目的"，这件艺术品就成了"闪烁发光的无价之宝"。

艺术品之所以能成为"文化工业"的产品，按作者的观点来看，就在于其"再生产"的性质，"人们为了钱所能做出来的一切，文化工业早已提出来了，并且把这一切都提高成了生产本身的实体。这些成就不仅雄辩地证明了工业文化有能力创造这些，而且工业文化有取得进一步胜利的能力"。这一能力当然与科学技术为艺术提供的新传媒分不开，即所谓"技术上的合理性"，"工艺理性对真实的胜利"。[①] 这一批判与法兰克福学派对"工具理性"的批判相关联，也是他们对启蒙本身的科学——理性精神批判的思路的导引。

作者同样地不无深刻又不无片面地批判这种文化工业用"轻松"的娱乐消遣性达到"缓解机械化的劳动过程"，这一方面使观众在这种不再紧张的享乐中解除了自己的思想；另一方面，其通俗的普遍性又掩盖着以下的实质："……纯粹的资产阶级艺术，从一开始就是排除下层阶级的，而实际上，艺术正是通过摆脱

---

① 霍克海默、阿多尔诺：《启蒙辩证法》，洪佩郁、蔺月峰译，重庆出版社，1990年版，第129页。

为虚假的普遍性服务，才能忠实地反映下层人民的事业，反映真正的普遍性……"人们为了娱乐而对工业文化产品进行消费，他们指出，从商业与娱乐的这种密切关系来表明娱乐活动"为社会进行辩护"的意义。欢乐意味着"满足"，消费者在这种满足中"全身心放松"，忘记了一切痛苦和忧伤，变得"愚昧无知"，实行一种逃避，不是"逃避恶劣的现实，而是逃避对现实的恶劣思想进行反抗娱乐消遣作品所许诺的解放，是摆脱思想的解放，而不是摆脱消极东西的解放"[1]。阿多尔诺等甚至把卓别林和马克·吐温也列为以"荒诞无稽"的特点而受美国文化工业青睐的例子，这显然又否定过了头。沿此思路他的否定的辩证法走向了批判的非理性。这表现在他的音乐哲学与社会学中，对十二音体系作曲的创始者勋伯格竭力推崇、赞许，而对同为现代主义作曲家，但是无调性音乐的创始人斯特拉文斯基大加贬抑。原因就在于后者没有采取更加"现代"的十二音体系作曲方法，并从古典与民间音乐传统汲取了部分素材。其一褒一贬的标准仍在前者符合"否定性"艺术原则，后者表现出一定的"肯定"性。

从法兰克福学派两位代表人物这一代表作对启蒙和文化工业的批判，我们可以看出其否定辩证法的片面的深刻性。辩证法无疑包含着否定的精神，但正如辩证法否认一切绝对性，它并没有把否定绝对化，否定通过对自身的否定上升为更高层次上新的否

---

[1] 霍克海默、阿多尔诺：《启蒙辩证法》，洪佩郁、蔺月峰译，重庆出版社，1990年版，第136页。

定，这种更高层次的否定是通过对旧质否定达到对新质的肯定实现的，也就是说，否定中孕育着肯定，肯定中充满着否定。把否定绝对化的结果必然导致辩证法的反面，也就是绝对的否定必然否定了否定自身，从批判的理性走向批判的非理性，因为，早期的启蒙思想就包含着对早期异化现象的批判，如卢梭的"回到自然"。当时理性的科学精神与无神论的人本精神是统一的。人的自然本性——关于不平等起源，社会契约和欲望、情感——表现为通过对自然规律的真理性认识，这就是科学，是通向无神论的有力思想武器。在这里要区分的是科学本身不可能变成"神话"，正如具有科学理性精神的启蒙不会变为神话，而可能成为神话的是科学的转化形态，如用于战争——暴力军。同样，如果从马克思的精神生产原理来理解"文化工业"，那么这里同样有积极的东西，即艺术作为精神生产，有一个"生产力"——按美的规律创造的能力或力量——的问题。科学技术通过传媒作用提高着这种生产力，也在"产品"的形式上引起变化。单纯着眼传媒的批判之片面性，在于没有看到对科学技术新成就的传媒本身不同的阶级都可以利用，既可以用来掩饰"异化"，美化资本主义，也可以用来揭露、批判、异化，正如对科学技术在一切方面，如战争武器，都存在着使用者为什么目的而用的问题，所以问题的实质不在于，或主要不在于文化是否作为"工业"，而在于某种文化通过其对现实的美学关系所包容的精神内涵。传媒的进步是工业革命的结果，但这一革命性发展变化有没有改变艺术的本质或其美学上的本性呢？从历史来看，造纸业和印刷术的发明对文化传播的革命性作用并不见得比今天电子技术要小,所以传媒始终是艺术本体的外壳。

也正如工业的物质产品有劣质与优质之分,文化工业产品也有文化"垃圾"与精品之分。文化工业产品的消费问题仍然主要不在于"娱乐和消遣性"与严肃性,或通俗性与高雅之分,而在于文化产品中的美学素质。当然,阿多尔诺等也提到这种娱乐活动中的亚里士多德说的"净化"作用,所以问题仍然在于,这种娱乐在美感情趣上对人的精神生活的作用是提升还是降低,"寓教于乐"的"教"与什么样的意识形态相联系。阿多尔诺等指出:"与自由时代不同,工业化的文化可以像民族文化一样,对资本主义制度发泄愤怒,但不能从根本上威胁资本主义制度。这就是工业化文化的全部实质。"[①] 这话本身有其正确的方面,正如过去人们常说的某种对资本主义的批判是"小骂大帮忙"。但从历史的高度来看,特别是从20世纪晚期的一系列世界重大变故来看,怎样理解"从根本上威胁资本主义制度"应该有新的历史高度。只要资本主义没有完全丧失发展生产力与科学技术的能力,也就是还能不断调整其生产关系以适应生产力的解放,就不可能"从根本上"去"威胁"它;而其所以还能不断调整生产关系,莫不与各种各样的"对资本主义制度发泄愤怒"有关,包括与"否定的辩证法"以及法兰克福学派其他理论的"发泄愤怒"的方式有

[①] 霍克海默、阿多尔诺:《启蒙辩证法》,洪佩郁、蔺月峰译,重庆出版社,1990年版,第132页。

关。否定性是法兰克福学派主要成员作为"社会批判"理论的支柱之一，马尔库塞1968年发表了《否定》一书，其中以"肯定的文化"作为资产阶级文化的代词与"否定的文化"作为与之对抗的形态。他写道：

> "肯定"的文化从根本上是唯心主义的，它以普遍的人性来回答孤立的个人的需要，以灵魂的美回答肉体的痛苦，以永恒的自由回答客观的束缚，以道德领域的义务回答野蛮的利己主义。……"肯定"文化的一项重要社会任务是建立在丑恶现实的反复无常之基础上的，建立在为了这种现实可以忍受而急需幸福的矛盾的基础上的。[①]

难道资本主义文化中没有任何对于人类历史前进中可以肯定的东西吗？人们在对资本主义批判否定中，在现有的社会关系的本质规定下，在丑恶与痛苦的挣扎中，在斗争与牺牲中，对"人"的新质的追求是否应加肯定呢？或许认为这种"人的新质"就根本不存在，永远不可能出现，只是一种幻想，因而这种"肯定"只能起到维护现存制度的作用呢？按照这一否定辩证法的逻辑，岂不是要把本身就是从资本主义文化中生长出来的"社会批判"理论本身也否定了吗？"否定的文化"本身是否应加"肯定"

---

① 董学文、荣伟编：《现代美学新维度》，北京大学出版社，1990年版，第213、231页。

呢？马尔库塞关于人的感性—性欲文明的解放是包含在批判的非理性中的美学乌托邦，关于这些内容可参见笔者等《二十世纪西方美学主流》中的有关部分。

诚然，法兰克福学派的主要代表人物所说的"肯定文化"，主要指西方商品文化中一些粉饰现实的大量充斥文化市场的低劣作品，如一夜间从贫民跃为百万富翁的好莱坞电影模式等，这相当于卢卡奇所说的"假现实主义"。而他们作为"否定文化"在艺术上的范例却恰恰与卢卡奇相反，是指作为严肃艺术或"纯艺术"的现代主义流派的作品，如阿多尔诺之于勋伯格的音乐。现代主义文艺中确实可以找到与法兰克福学派契合的那种带有破坏性的批判的否定性。既然迄今人类的全部文明史都是阶级与阶级斗争的历史，那么人类的全部文化就都是建立在统治阶级的意识形态基地之上的，除马克思主义之外，正如本杰明的一句被广泛引用的名言所说："至今没有一部文明史的档案不同时就是一部野蛮史的记录"，然而人类历史就是这样运行的，通过否定开辟前进的肯定之路，马克思主义本身就代表着在否定中的肯定。

（二）艺术的社会性与"自律性"

文学艺术的社会性或"他律"与"自律性"问题，是20世纪早中期争论的重大焦点之一。前者也被概括为文艺的"外部规律"论，后者则为"内部规律"论。马克思主义（包括西方马克思主义）与其他着眼于文学艺术的社会性或与社会历史有关的所谓"文艺社会学"流派被归诸前者，认为文学艺术之所以为文学艺术在于其自身的形式要素而与社会等因素无关的早期形式主义与40—50年代英美"新批评派"属后者。阿多尔诺在一系列文章与晚年的成熟著作《美学理论》一书中对此提出了值得注意的看法。

有人笼统地把马克思主义批评归为一种"社会历史批评"或社会学方法,这种说法抹杀了在历史观与"社会学"上的哲学区别,阿多尔诺在论述文学的社会性问题时,首先敏锐而正确地对建立在实证主义方法之上的"艺术社会学"进行了批判。一般的艺术社会学(非为马克思主义学派)与一般社会学方法同样是以社会调查与统计为基本操作方式与工作手段,马克思主义学派对此绝不一般否定,但决不以止于此为满足。阿多尔诺特别批判了以西尔伯曼为代表的社会学家提出的"将哲学因素从社会学中排除出去"的主张,指出,社会学发源于哲学,它至今还需要"思考与思辨的模式",通过调查得来的统计数字并不是目的本身,而是为了使人领会这些数字的"社会学意义"的一种有效手段。

在文艺方面,特别是与现象学美学、接受美学在60年代的崛起有关,艺术社会学着眼于文艺的"社会效果",阿多尔诺指出,突出社会效果,将它宣布为艺术社会学"唯一值得探讨的对象",这种做法无疑是以一种"方法论的优先权"取代文艺社会学那种对其研究对象的实际兴趣。他指出,这种"优先权"是指经验的社会研究程序方式,即借以对作品的"接受"加以判断,并进行"定量分析"(实际上这种方法,从19世纪末德国费希纳创建的"实验"心理学美学就开始了)。他认为"社会效果"只是艺术与社会关系的一个方面,而不是全部。这种做法会"损害客观认识"，因为艺术品的效果还取决于"传播、社会监督和权威"等社会运动结构的无数机制；还取决于作品接受者的社会决定的"意识水平及无意识水平"。①

在对实证主义社会学的批判中，阿多尔诺展开了他对艺术二重性的辩证观点。他一方面承认"独立的艺术"有其"内在的规律"，表现为"把作品组织得富有意义和匀称和谐的规律"。但是，另一方面艺术品不可能全然孤立于客观因素而独立存在，它与客观因素的关系是"复杂而又多变的"。他指出：

> 艺术品自身所拥有的东西要比一种不想把作品的客观性和内涵考虑在内的研究方法要探究的东西要多得多。正是这种"不考虑在内"的东西有着社会的联系。②

他批驳了那种否认艺术品"客观内涵"的看法，即使作品的"内在因素"中也包含着"社会内容"，他说："作品内在的社会内容也属于可以确定的东西之列，比如贝多芬与资产阶级独立性，与自由、主观性的关系直至他作曲的方法等，都是可以确定的。这种社会内涵，不管作者是否自觉，都是效果的触发剂。假若艺术社会学对此不加注意，那就放过了艺术与社会的最为深刻的关系，即这种高度浓缩地体现在艺术作品中的关系"。他特别

---

① 《西方马克思主义美学文选》，漓江出版社，1988年版，第374—375页。
② 《西方马克思主义美学文选》，漓江出版社，1988年版，第378页。

指出某些极其高雅的艺术品，单单从"效果（拥有接受者多少的数量）标准"来看，并没有多大社会意义，因此实证主义的艺术社会学便将之拒绝于考察的视野之外，这样便使得艺术社会学显得"单薄而又可怜"，他指出，艺术品的社会内涵有时正是在"对社会接受的抗议之中"。因此阿多尔诺对艺术社会学的最后界定认为，不限于艺术在社会中的地位如何，及其如何在社会中发生作用，它所要认识的是"社会在艺术作品中如何得以体现的问题"。[①] 由上所述我们可以看出，阿多尔诺在艺术社会学的见地中对于辩证法的运用比专门论及"否定的辩证法"更正确得多，因为其中，也可能他并不自觉，包含着肯定，如对实证方法，甚至对艺术"内部规律"既有批判，又有分析与肯定。

在《美学理论》中他进一步发挥了以上思想，并继续将其否定的辩证法贯彻其中，而在关于艺术的本质的论述中冲淡了其绝对"否定"的片面性，而把辩证法的要义发挥得较为精当。他指出，艺术具有"二重本质"。这二重性表现为它的所谓自律的"独立性"和它"作为社会事实"的特征，二者之间有着明显的相互依存又相互冲突的关系，他指出，要认识艺术的"社会本质"就引起其作为"自为存在"对社会的"双重反射"。[②] 他把艺术本质规定中的社会因素主要归之为"经济"，指出"社会经济的因素经常直接干预着艺术的生产"。这经常的干预当然与"文

---

① 《西方马克思主义美学文选》，漓江出版社，1988年版，第382页。
② 阿多尔诺：《美学的理论》，卢特莱茨与克甘·保尔出版社，1982年版，第322页。

化工业"——艺术的商品化相关,如画家与艺术品经销商的"长期合同"。[①] 他说,艺术的"抽象的为他性"在文化商品意义上被消费,所谓"抽象的为他性"就是与艺术独立的"自律"性相关的纯美学和形式特质。阿多尔诺继续写道:"现代社会把艺术仅仅作为实事对待,商品化的意向甚至连艺术同本质的东西相反的模仿性也廉价出售了"[②]。这就是说艺术的自律性注定要被商品性强奸:"自律的艺术并没有完全摆脱文化工业所强加的屈辱。"当然,这种艺术与经济更为根本的关系是艺术家作为社会存在的物质生活的生存方式,对他的精神世界的制约,阿多尔诺认为,艺术作用的生产力同"使用劳动"的生产力的情形是一样的,即美学生产关系所指的东西,是限于为艺术生产提供出口的,或将之掩埋其中的所有东西——就是社会生产关系所承担的美学生产力印记的沉积物。[③]

辩证的思维方式使阿多尔诺没有简单地断然否定与"为艺术而艺术"相联的艺术"自律"性,但是,他看到"艺术和艺术品毕竟是脆弱的,因为它们不仅由于'他律'而处于从属地位,而且一直表现到它们的自律的构成中(这种自律性认可了基于分工被分裂出来的精神的社会安置),它们不仅是艺术,而且是一种

---

① 阿多尔诺:《美学的理论》,卢特莱茨与克甘·保尔出版社,1982 年版,第 326 页。
② 阿多尔诺:《美学的理论》,卢特莱茨与克甘·保尔出版社,1982 年版,第 25 页。
③ 阿多尔诺:《美学的理论》,卢特莱茨与克甘·保尔出版社,1982 年版,第 7—8 页。

与艺术相异的、截然不同的'艺术'"。这就是说,艺术又是商品,一方面,艺术就像《失乐园》之于弥尔顿,是从蚕吐出的丝,一方面是用来换饭吃的东西;当然,它还可以是当时作用很大,过后即失去作用的政治传单,百无聊赖打发时光的东西等。从现代主义的艺术观念出发,特别是从现代主义的"内向性"与心理主义出发,他指出,"艺术是对于社会的社会性对立面,不是直接从社会演绎出来的"。它的领域构成与人们作为其想像空间的一个内部领域的构成相一致:这种构成预先就参与了升华。所以,从一种精神生活学说编造出艺术之为艺术的使命,未尝不值得认可,据此他对心理分析学派进行了分析,一方面他认为心理分析的艺术理论胜过唯心主义"绝对精神"说之艺术理论,揭示了艺术与情欲作为"没有艺术味道的东西"密切相连的关系。另一方面,心理分析说也散布甚至与唯心主义"同源"的"绝对主观的信号系统对于主观的情欲冲动的魔力"。他指出,在艺术生产过程中无意识驱动只不过是许多"驱动之中的一种。以无意识的一种纯主观的语言为根据的心理学观点,相比之下不会走向辩证的美学观"[①]。

艺术的自律论在当代以英美"新批评"为最著,当然还有20世纪初之俄国形式主义根源,然而从历史上看,阿多尔诺指出,它是与人性论或人道主义的信念相关的,即摆脱与科学同样

---

① 阿多尔诺:《美学的理论》,卢特莱茨与克甘·保尔出版社,1982年版,第13—14页。

在中世纪作为"宗教的婢女"地位之后艺术的"自主性",靠人道的观念维持生命。社会变得越不人道,这种自主性就越受到戕害。艺术从人道的理想所滋生的种种要素,尽管对艺术"自律性"作了许多批判,但他指出,艺术的自律性仍旧"不可废除",艺术企图通过其社会职能"归还它所怀疑的和它所声称要怀疑的一切,所有这些尝试都失败了"。在这种情况下,艺术的自律性开始炫耀一个盲目性(对事物不作判断)的契机。这实际上是现代主义艺术潮流出现的契机,于是从"艺术曾经是什么"引向"艺术不是什么",从确定性引向不确定性,从肯定性引向否定性。在这里,阿多尔诺就美国当代美学家 H. 库恩在一篇论文中颂扬每一件艺术品都是"赞美"的论说提出,如果这种说法是"批评性的",便是正确的,他指出:"鉴于现实状况,艺术的肯定本质已经变得(对它来说是不可避免的)不可忍受了"。由此他最终还是把艺术的社会性质归之于他的否定性。这种否定性从历史上表现为对其根源——它曾经是什么——的否定,对从前艺术之所以为艺术的否定。"由于历史的世界变成了反艺术的了,艺术的反抗本身就从根本上成为对这种情况认同的新姿态。因此,艺术是否会比历史的这种发展情况活得更长,谁能说得清呢?"[①] 当然他的这番话是就黑格尔关于艺术死亡的话题而言的。如果撇开其否定的辩证法,阿多尔诺关于艺术"二重性"的见解

---

① 阿多尔诺:《美学的理论》,卢特莱茨与克甘·保尔出版社,1982年版,第5页。

则是完全正确的。杰姆逊在批判后结构主义的"解构"之否定性时提到阿多尔诺,他指出,"除非把'否定的辩证法'把握为一种本质的审美理想……而不是在哲学著作中,才能最好地探索阿多尔诺在其《当代音乐哲学》(1973年纽约版)中的最具权威性的辩证法实践"[①]。

(三)艺术真实与阐释期待

以海德格尔、伽达默尔为代表的新阐释学,在20世纪随着现代主义的风靡而在美学中被推向一个特殊突出的地位,关于这一点我们将在后面一章专门论述。阿多尔诺在其《美学理论》一书中把现代艺术在意义上的"晦涩性",在阐释学上同其艺术的否定性本质联系起来了,这个问题又与艺术真实的问题不可分割,在阿多尔诺看来,"真实内容"在艺术作品中只是一种"否定性的东西"。在这里他以相对主义的诡辩色彩的辩证法对现实主义的传统"真实"观加以现代主义颠覆。他认为,凡是杰出的艺术作品"就不能作假","艺术作品不能成为谎言",当作品的"外观"与其内容一致时,这种外观就有了一种真实,只有失败的作品才是不真实的,但由于艺术创作是一种"制作",而"真实"又是"非制作"的东西,这里面又冒出了其否定的辩证法。制作是对真实之否定,而正是通过这种否定艺术又达到了"非制作"之真实,"艺术作品就是在极端的冲突中达到了它的真实"。

[①] 弗·杰姆逊:《政治无意识》,康奈尔大学出版社,1981年版,第52页脚注。

在他看来，作品中属历史的东西不是被制作出来的，正是这历史作品从"单纯的设计或制作中解放了出来"，这就是说，真实内容不是"外在于历史"的，而是历史在作品中的"沉淀"。不同流派、不同创作方法对"真实"有截然不同的理解操作方式。现实主义是卢卡奇大量论述过的那种"真实"。

在阿多尔诺看来，现代艺术是通过自身的"物化"达到对现实（真实）物化的否定，"通过其物化法则从事否定性工作"，他写道："物化是死亡的法则，现代艺术通过一种一般的模仿来屏弃物化，这就是我们所关注的现代艺术的特殊的真实。"[①]

"死亡"就否定物化，"摆脱物化"，这种"死亡"包含艺术自身"死亡"的意义，艺术通过物化否定自身（因艺术的本性是非物化的，即卢卡奇所说"拟人化"或"反拜物化"的），达到对物化的否定，"艺术只通过与其所反对的东西相等同而实现"对文明所带来的压抑的抗议。这种艺术的自身死亡，和"与反对的东西相等同"，包括艺术采取"非艺术的对象"——艺术与非艺术界限的消失（在最早的现代派艺术家那里是采取形式主义的方式）。然而，阿多尔诺指出，这一切死亡或否定物化的努力，都只能限制在幻想的层面上，"这种抗议给人带来慰藉，但又是无实际效益的"。重要的是，现代艺术的这种基本特征在根本上是"社会现实迫使艺术达到了这一步"。阿多尔诺从思辨的否定

[①] 阿多尔诺：《美学的理论》，卢特莱茨与克甘·保尔出版社，1982年版，第193页。

性回到艺术社会学。

他指出,艺术作品的真实内容就是对每一事物之"谜"的真正揭示。正因为某事物需要这种揭示,也就指向了真实的内容。但作品的真实内容并不是全然敞开的,因为它是"谜",作品中"非人为设置的东西是不可言传的"。但由于这种"谜"的诱惑性,所以它"期待对它的解释","求助于阐释的理性",即通过"哲学反思"获得它的真实的意义。因为阿多尔诺指出,艺术作品中的真实并不是一种与哲学概念的真实不同的真实。但这种真实的意义又不是可以用古典唯心主义的"理念"解释的东西,而是对"不可解释事物的推断",是指向作品的"幻觉要素",表现为"否定性"的艺术真实。因而,如此理解的作品真实内容又不在于作品"是什么意思",而在于作品"如何去断言:自身是真实还是虚假的批评标准"。这就是与哲学的解释、哲学一致的真实。[①] 这种哲理性特别地表明了以抽象、变形、超越、反审美,"逃避'审美外观'的咒语,把美学外观的质转换到真实性上[②]为特点的现代主义艺术同非理性主义现代主义哲学之间不可或缺的关系。这里的辩证法在于,一方面创作不可依赖于阐释,"伟大的艺术家要是伴随着阐释就什么也创造不了",在作品与作者之间,问题存在着差异和距离,所以作品问题期待着解释。甚

---

① 阿多尔诺:《美学的理论》,卢特莱茨与克甘·保尔出版社,1982年版,第190页。
② 阿多尔诺:《美学的理论》,卢特莱茨与克甘·保尔出版社,1982年版,第193页。

至,阿多尔诺写道:

> ……连地毯、装饰物之类的东西都渴望着解释。艺术批评要求把握真实内容,除了真实与非真实,没有什么可把握的东西,这就是批评的任务。①

他指出,随着艺术批评的历史展开,作品的真实内容便得到"哲学展开",这两者是相长相消的。这正是现象学美学—接受美学—新阐释学所共同关注的焦点。由于特别是现代主义艺术作品对于阐释成了"密码",艺术中作品的真实内容是"多么少地与主体观念、与艺术家的意愿相吻合"。他特别指出,"属荒谬范畴的事物,即最讨厌地敌视解释的东西,就存在于必须得到解释的精神中"。这一观点在杰姆逊那里成为他在《元诠释》一文中所说的"对于不可解释的东西越是需要解释",在《政治无意识》中成为对现代主义在"意义"上以深层"神秘化"模式"去神秘化"的马克思主义阐释学的使命和原则。

综上所述,阿多尔诺所说的艺术作品的真实内容,与卢卡奇基于"审美反映"的社会关系的本质之真实是全然不同的。后者对应于现实主义,前者对应于现代主义。然而阿多尔诺虽不无诡辩却又不无深刻地指出,那些通过晦涩性"被指为形式主义'精

---

① 阿多尔诺:《美学的理论》,卢特莱茨与克甘·保尔出版社,1982年版,第186页。

心炮制'的作品",在"艺术真实的否定性表现"上,"就是现实主义的作品"。这也正如我们后面将要论述的,杰姆逊对"后现代主义"文化阐释的策略——从其"荒谬瞬间"看出"真实瞬间",对现代主义也是如此。

从布洛赫、布莱希特与卢卡奇关于表现主义之争,本杰明关于波德莱尔的诗学阐释,以致阿多尔诺对艺术真实与阐释期待的论述以及对勋伯格等的阐释操作,可以看出现代主义在20世纪早中期是马克思主义美学所面临的一个不容回避的课题。

第三节 法国的结构主义马克思主义美学

第二次世界大战后的法国思想极为活跃,形成了以萨特、卡缪为代表的存在主义中心,接着是以列维-斯特劳斯等的结构主义中心和紧跟而来的德里达、罗兰·巴特、福柯等的解构运动中心,后现代主义者利奥塔的理论也具有世界影响,这些思潮对法国20世纪中后期的马克思主义思想运动起着相互影响的作用。

法国结构主义运动是60年代初在巴黎兴起的,但其思想渊源则远比巴黎的运动本身要早。从美学上看,其源头之一是世纪初之俄国形式主义诗学和叙事学,另一源头便是大致同一时期瑞士结构主义语言学家索绪尔提供的语言哲学方法论,它们汇合后经过布拉格(雅各布逊)向巴黎中心转移。然而这一思潮之所以在60年代以巴黎为中心再次掀起一场声势浩大的结构主义运动,仍有其哲学、政治与意识形态上的背景。

一 阿尔都塞的哲学与美学思想

19世纪后期到20世纪的存在主义，从作为一股强有力的现代主义思想潮流，始于德国，第二次世界大战后其重心向法国倾斜，并且理论色彩从纯哲学向政治靠拢，并顺着这一趋势向马克思主义寻求"合并"之途径。这一方面表明马克思主义在反法西斯战线所起作用造成的影响，另一方面显示出存在主义自身在战后的发展危机（与海德格尔参加纳粹党有关）。当然在现代主义思潮冲击下，危机同样存在于马克思主义内部，30年代以来，由于《1844年经济学哲学手稿》的首次发表，引起对马克思主义唯心主义人本主义化的倾向，加之卢卡奇等20世纪早期唯心主义影响，法兰克福学派兴起，对"异化"范畴之唯心主义解释便在西方马克思主义思想战线占据中心地位。同时，苏共二十大对斯大林个人迷信的批判也动摇了"左"的教条主义僵化的"马克思主义"。在这一复杂的背景下，经典马克思主义在"婴儿—脏水"效应下，遭受来自人本主义方面更大的冲击；结合着存在主义本身的发展危机，60年代的结构主义运动乃应运而生。

从结构主义运动本身来看，一方面其所谓"语言学转向"带有"先天"的脱离历史主义，脱离现实社会的形式主义倾向，表现出理论对政治的逃避趋势，与英美"新批评"相呼应；另一方面又是对存在主义为主干的现代人本主义倾向的反扑。存在主义的崛起，基于以理性为核心的古典人本主义在资本主义发展之全盛时期的矛盾激化引起的理论危机。二次世界大战与后来的"冷战",使得"人本身"的信念问题在新的历史条件下更突出了,以"虚无"的提问方式,逃向"存在"的"基本本体论"的方式,与死亡连接的向着"未来"的方式,直到海德格尔晚期在高科技面前的忧虑和不安,都解决不了一方面是经济形态的"物化",另一方面是政治形态的"冷战"(包括新的世界战争阴影、资产阶级专政下对左派与进步人士的迫害,如美国胡佛—麦卡锡时期,以及在"无产阶级专政"名义下的个人迷信与独裁通过阶级斗争、肃反扩大化)给人的生存之意义与价值带来的空前的困惑和焦虑。因此,萨特晚年一方面向马克思主义寻求出路,另一方面甚至向"左"的恐怖主义认可。但是这并不能解决以上问题。在存在主义向"左"转的同时,作为一种反弹,出现了结构主义对政治的逃避。

马克思主义与结构主义的关系,一方面摆脱斯大林主义的模式,以"二元对立"分析反对斯大林的一元化板结模式;另一方面在与现代非理性主义人本主义脱离关系的背景下,形成了一种独特的理论形态——结构主义马克思主义。从"经典"的传统观念来看,结构主义马克思主义当然也是一种"异端",我们在这里之所以将之作为一章的内容,一方面是在一极"异端"与另一个"异端"的对垒中,可以发现"片面的深刻性";另一方面,正如法兰克福学派的不同成员之间的差异,特别在美学方面如马歇雷,表现出更多结构主义马克思主义的一定合理性。

人们用"结构主义马克思主义"这一称谓指以阿尔都塞和他的学生们,马歇雷、戈尔德曼等代表的理论体系,但这一称谓遭到阿尔都塞本人的拒绝。不仅阿尔都塞本人在《阅读〈资本论〉》一书的意大利文版前言中说，他曾采取了"预防措施"以把自己与结构主义区分开来，他的学生马歇雷也著文《文学分析——结构主义的坟墓》（1965）批判结构主义的语言本体论。所以我们不能因其"结构主义"称号置之于不顾。

二　阿尔都塞的哲学与艺术思想

路易·阿尔都塞（Louis Althusser，1918—1990）1948年在巴黎高等师范学校获哲学博士学位并继续任教于该校，于1948年参加法国共产党，立志要成为一个共产主义者，60年代著有《保卫马克思》《阅读〈资本论〉》《列宁和哲学》等。他在理论上涉及美学不多，但影响很大，主要影响表现为三方面：（一）艺术、意识形态与科学三者的关系；（二）症候阅读；（三）因果律与多元决定论。第一与第二个问题牵涉历史唯物主义的基本原理，是马克思主义美学文艺学的哲学基础。第二个问题有关阐释学。由于其因果律与多元决定论影响较大，所以我们在这方面多花些篇幅。

（一）因果律与决定论问题

20世纪马克思主义在哲学与美学上遭到的挑战，首先是在因果律、决定论问题上引起的，因为这个问题关系到物质与精神、社会存在与社会意识、经济基础与上层建筑这一系列范畴在因果性与决定论上的关系，而这些范畴正是辩证唯物主义与历史唯物主义的最基本的立脚点。在本章第一节《关于表现主义之争》中，布莱希特在《与乔治·卢卡奇论战》一文就写道：

即使是那些意识到资本主义使人类贫困化、非人化和机械化并与之斗争的作家，也似乎是这种使人贫困化的一部分，因为他们在自己的作品里也较少关心提高人的品质。他们让人匆匆忙忙地经历事件，而把他的内心生活当作可以"忽略不计的量"来处理。他们也使自己的思想观念合乎理性（姑且这么说）。他们和物理学的"进步"保持一致。他们用屏弃作为因果关系联系的个人，只就大的群体发表见解的方式，屏弃了严格的因果性，而转向统计因果性。他们甚至用自己的方式采纳了薛定谔（应为海森堡。——引者注）的测不准原理……

这段话主要是在同卢卡奇的争论中指责卢卡奇对现实主义反映现实的社会关系之客观性上忽略了主体性，所谓"忽略不计的量（quantite negligeable）"是量子物理学发现的古典物理学（牛顿的古典力学）对宏观——机械运动和宏观——天体运动所作的描述，这种描述把观察到的主体所产生的误差作为可允许的"忽略不计的量"，而对于微观——粒子运动世界，这个问题就相对突出了。在哲学上主体论者提出，不以主体为转移的客观对象的精确描述是不可能的。[①]

无独有偶，1938年正是我们前面提到的在同样一场论争中，布洛赫和艾斯勒的《艺术的继承》一文中也引用了这一物理学的

[①] 毛崇杰、张德兴、马驰：《二十世纪西方美学主流》，吉林教育出版社，1993年版，第32—55页。

挑战：

> 只有持庸俗唯心主义观点的人会视而不见新物理学的丰功伟绩，贬低如普郎克、爱因斯坦、拉瑟福德这样的巨人和薛定谔、海森堡、波尔这样重要的创新者。……把技术和意识形态割裂开来也纯粹是机械主义，忽视了技术进步与生活方式、意识形态的改变二者之间的关系……[①]

把物理学问题全面提到哲学因果律与决定论上，并将之运用到马克思主义关于经济基础与上层建筑关系原理上加以考虑的是阿尔都塞的《阅读〈资本论〉》。80年代，杰姆逊在其《政治无意识》及在北京大学讲授稿等著作中，又专门地论述了阿尔都塞的因果律与决定论问题。"历史"就是通过同时（共时）相互关联的事件按时间顺序所形成的运动，因果律即把历史中许许多多大大小小事件联系起来的无形的链索之哲学抽象。

阿尔都塞的主要代表作《阅读〈资本论〉》可视为建立一种反斯大林教条主义一元论的阐释体系的努力。为了建构其"共时性"的阐释体系，首先从因果律入手，因为因果律既有纵向上——线性——的历时性的问题，又有横向上——网络——的共时性的问题。而这里又有一个因果律与"决定论"的关系问题，也就是说，原因对于结果是决定性的，如经济基础对于上层

---

① 《西方马克思主义美学文选》，漓江出版社，1988年版，第233—234页。

建筑的决定性从因果律来看,前者表现为原因,后者表现为结果。而因果律在哲学分类上又属于逻辑学的一个范畴,所以阿尔都塞认为,马克思对政治经济学的根本修改所提出的认识论的问题是一种新型的决定论,即结构的决定论,结构的决定论也就是结构的因果律。所以阿尔都塞结构主义对应于历史主义的"共时态",在决定论上就是"多元"决定论。[①]阿尔都塞在《阅读〈资本论〉》中区分出三种因果律:"机械的""表现的"和他自身提倡的"结构的"因果律。

(1)机械的因果律

阿尔都塞通过对前两种因果律的批判建立其结构的因果律。这两种因果律就是"机械的"与"表现的(expression)"因果律。前者也称为线性的,其根源在笛卡儿的机械观,表现为单一的事物间的作用关系,而不是从许多相互作用因素的整体上来考虑因果关系。机械的因果律与牛顿的经典力学有关,现代物理学的"非决定论"宣布它为"过时的",在当代因为同个体主体的扩张不协调而成为"众矢之的"。[②]

牛顿的机械因果律因其"线性"为阿尔都塞所不容,然而,

---

① 在这里应把"多元决定论(overdetermination,法文 surdetermination)"与"后冷战"时期的意识形态与思想理论体系的"多元化"或"多元主义(pluralism)",以及文化民族性之"多元民族文化(multiculturalism)"区别开来。前者是就一理论系统本身的哲学基点而言,后者系就各种不同阶级与民族的理论系统之间的共存际间关系而言。

② 毛崇杰、张德兴、马驰:《二十世纪西方美学主流》,吉林教育出版社,1993年版,第32—55页。

其非辩证的时间（历史）观又与结构主义的非历时性暗合。杰姆逊在其《政治无意识》一书中对阿尔都塞的因果律论进行了全面深入的研究，指出机械的因果律"即使在今天也决不是在任何地方都不可相信"，在社会现象如文化的分析中，机械的决定论仍然保持着"局部的有效性"，对于马克思主义传统包括通常被指责为机械论的一些原理，特别是基础对上层建筑的关系原理，杰姆逊认为实在同这种因果律毫无瓜葛。[1]但他最终认为，马克思主义"无论如何也不是机械主义的而是历史的唯物主义。"普利高津在其《从混沌到有序》一书中从耗散结构理论出发，从混沌（无序）与有序的关系丰富了辩证的发展观，正如作者写道："自然史的思想作为唯物主义的一个完整部分，是马克思所断言，并由恩格斯所详细论述过的。……当代物理学的发展，不可逆作用所起的建设性作用的发现，在自然科学中提出了一个早已由唯物主义者提出的问题。而且在恩格斯写作《自然辩证法》一书的那个时代，物理学科还看来已经屏弃了机械论的世界观……恩格斯得出结论：机械论的世界观已经死亡。"[2]但是，机械论世界观的统治地位已经死亡，并不等于机械论完全失去作用了，相反，在宏观世界和宇观世界，如航天事业和工业机械，仍然必须服从牛顿经典力学的定理。因为在这些领域中，量子运动的效应，如海森堡的"测不准原理"和波尔的"互补原理"，可以忽略不计。

---

[1] 弗·杰姆逊：《政治无意识》，康奈尔大学出版社，1981年版，第26页。
[2] 伊·普里戈金、伊·斯唐热：《从混沌到有序》，曾庆宏、沈小峰译，上海译文出版社，1987年版，第305页。

所以普氏指出，至今"辩证法的普遍规律与同样普遍的机械运动的定律之间的关系是什么？"仍然是"辩证唯物主义面临的基本难题"。[①]

马克思主义主要从辩证法与实践论的认识论之立场对机械论进行批判，首先在时空观上，辩证唯物主义认为不能把物质运动与它们的时间和空间形式分割开来。另外，事物的表现为因果关系的相互作用，不是简单的数量增减和相对时空位置的移动，而是内部矛盾运动的复杂变化。由因果律推动的物质运动，不是线性可逆或圆形循环的过程，而是由低级向高级、从简单到复杂螺旋上升的过程。从人的主体与自然和社会对象世界或客体世界的关系上看，唯心的主体论只承认主体的决定于生物本能、心理、意志、理性等主观方面东西的自律和自由，否认外部对象世界对主体内在世界的作为"他律"之本质规定性；而机械唯物主义没有看到客体对主体的第一性的本质规定是通过主体自身的精神、心理东西起作用并得到形式表现的，而这种作用与表现最后通过主体能动的实践又对于对象世界成为相对带有第二位性质之互决定与互因果作用。这正如牛顿力学在宏观或宇观世界上因为无需考虑微观粒子的弱相互作用而带有近似正确的性质；而从量子力学来看，主体的人借助于精密仪器，或理论上论证的理想实验，对粒子运动诸要素的观测结果，则把主体实践结果的仪器等手段

[①] 伊·普里戈金、伊·斯唐热：《从混沌到有序》，曾庆宏、沈小峰译，上海译文出版社，1987年版，第305页。

与对象间的粒子相互作用反映出来,所以就有"测不准"的问题和波尔的"互补原理"。但是,量子力学的原理也是不以人的主体认识为转移的客观世界规律的一部分,因为作为人的主体实践结果的仪器或观测手段,其设计制作过程仍然不是主观盲目的,而是以服从物质运动规律为前提的,并一经制作成功便"对象化"为客体性的东西,而不是纯然的绝对主体的东西,可称之为主客体之"中介",所以仪器等观测手段对粒子运动参数的记录,虽然包含其本身对观测对象的"搅动",但这并不归结为对主体认识之外对象世界存在的客观性以及主体认识的可能性之否定。

从辩证法看主客体、人与其对象世界乃至精神与物质之间的界限是不可抹去和混淆的,但又认为这之间的界限是相对的,不是绝对和一成不变的。所以,马克思在《关于费尔巴哈的提纲》中批判旧唯物主义和费尔巴哈自然主义人本主义对事物、现实、感性方面,只是从客体的或直观的形式去理解,不是从主观方面去理解;只看见环境对人的决定作用,而没有看到人对环境的改造,这样就忽视了人作为实践主体之能动的方面,而这一方面却让唯心主义去加以片面、抽象的发展了。

(2)表现的因果律

阿尔都塞批判的第二种因果律,表现的因果律,是阿尔都塞争论的要害所在,因为其与黑格尔的关系,也是现今文化批评中更为活跃的观念。

表现的因果律来自莱布尼茨到黑格尔,虽然因果表现在整体(或总体)对局部一个别的关系上,而整体作为原因可归结为"内在本质",而整体所生发出的局部,如莱布尼茨的"宇宙"对"单子",在黑格尔表现为绝对精神和历史——自然史与人类史——在"内在本质"上是完全对等的,即每一单子都体现出宇宙整体,或每一历史分期都表现绝对精神。"总体化(totalization)"概念在阿尔都塞那里比在黑格尔那里更为宽泛,虽然它是黑格尔的一个中心概念,但在"非"或"反"黑格尔的思想家那里也可见到其应用。对于坚持"共时性"的阿尔都塞,这显然是被作为"历史主义"而成攻击目标。阿尔都塞的"马克思主义是反历史主义"的命题也由此而来。

历史主义关于历史分期的观念被攻击为"表现的因果律"在于,"分期"即从历史总体所分出的每一部分都"表现"总体的"内在的真理",这是阿尔都塞所不能接受的。在这里面争议最大的是,总体与各部分或历史阶段在"历时"顺序与"共时"结构上的相互联系,亦即纵向与横向间的联系和关系问题。而这个问题又与阐释中的部分与总体之关系,即所谓"循环论证",纠缠在一起。总体的"内在本质"似乎暗示包含着后结构主义和实用主义所反对的"本质主义",并归之为消解本文"意义",反对阐释。当然结构主义者阿尔都塞并不是这样,他决不反对阐释,只是反对表现因果律的阐释。

实际上阿尔都塞是把"表现的因果律"作为同"机械的因果律"之另一极端,即"本原论(genetic)""目的论"的历史观加以反对和批判的。因为历史作为总体对于分期的规定总是带有虽非机械的,但也表现为一定线性的,即向一定目的导引的意义,而作为"内在本质"的总体对于局部则表现为历史按时间顺序的主导叙事。

（3）结构的因果律与多元决定论

阿尔都塞针对以上两种因果律提出，他所认为的"马克思主义"的因果律应该是"结构因果律"[①]。他把黑格尔式表现因果律中的"总体"概念作了马克思主义的改造，否定了总体中各层次是由一种精神，一种"本质"取得联系的，而是通过"社会总体结构"相互联系的。在各层次之间没有最终的决定的本质。或者说，整个的结构就是决定的因素，但这样便是"无所不在，因而无处存在的东西了"。没有一个地方能找到一个本质性的东西，只有半自律的、各个不同的亚系统，这样便使每一层次都有自己的辩证的规律。区别于以上两种因果律，结构作为原因本身就在结果内部出现，这就与机械的线性的一对一的因果关系划清了界限；结构并不是在经济现象之外部的一种本质，而在社会结构中经济现象作为根本的决定论的原因，一方面决定其现象是"到来"的原因，另一方面，经济现象作为一个"缺失（不在场）的原因"又是在结果之内的，这又区别于"表现的因果律"之总体与局部关系，或黑格尔式的历史性的总体与分期的关系。

阿尔都塞的多元决定论是针对黑格尔的一元决定论和现代主义多元论而发的，具体的批判目标又是指向"斯大林主义"和教条主义的。因为如上所述，在他看来，生产方式是一个社会结构

[①] 阿尔都塞：《阅读〈资本论〉》，1977年英文版，第88—89页。

之整体，似乎它"一元"地决定着一切实际上生产方式已渗透或化解到整个经济基础与上层建筑的每一要素中形成"多元决定"的格局。其与黑格尔的决定论之根本区别仍在纵向"历时"的与横向"共时"的；其与马克思主义的区别在于他把经济作为上层建筑诸元共同基础之外部决定的东西，一体化为诸元本身内部的"缺失的原因"，恰恰又产生一种直观式的"一元决定"论的错觉。

由此可见，在因果律与决定论上："一元"——经济的最终决定论；"二元"——经济基础与上层建筑共同决定论；"多元"——经济本身的多种因子（生产力、生产资料、占有与分配）与上层建筑（政治、哲学、法律）的多种因子同等决定论。阿尔都塞的结构的因果律就表现在对"一元"与"二元"中各基本"元"的拆解与析离。按照恩格斯关于平行四边形——合力原理，两个不同方向的力共同决定一个最终的方向；同样，单一的确定方向的力也可分解为两个不同方向的分力。在因果关系上，在变化发展了的条件下也有互为因果，甚至倒因为果的情况。重要的是辩证唯物地分析历史中以上种种要素的生动复杂关系。

（4）艺术、意识形态和科学

阿尔都塞把艺术、意识形态和科学，作为三个层次区别开来。科学是对客观世界本质的正确认识，其中应完全排除主观的因素。而意识形态并不是"意识的一种形式"，而是人类世界的一个"客体"，是充满着人的主体的"人类世界本身"，但它又是人们对世界"体验性"的一种依附关系的实现，"浸透一切人类活动，它和人类存在的'体验'本身是一致的"，是人类对其"真实生存条件的真实关系和想像关系的多元决定的统一"。在意识形态中，人们生存条件的真实关系"不可避免地被包括到想像关系中去"，所以在意识形态中表现出并不就是人们生存条件的真实关系，是以信仰、道德或理论虚幻形式——如人道主义认为，人可以脱离社会关系的自我中心的主体性，自由选择等——出现的。其真实关系是非理论性的实际利益，这就是意识形态的客体性。客观利益对主体的支配性使主体产生对真实关系的想像关系，表现为"一种希望、或一种留恋，而不是对现实的描绘。"意识形态用这样一些方式指向客观现实，但不说明这些客观现实的本质，所以它区别于对客观现实本质的认识——科学。科学是处于意识形态之外，自觉到意识形态的虚幻性——意识到自己在意识形态之中，却以为是在意识形态之外——才能达到对现实真正关系的本质认识。因此，他把马克思主义分为"哲学——辩证唯物主义"，和"科学——历史唯物主义"两部分，并与资产阶级和小资产阶级的意识形态区别开来，这些意识形态表现为"经济主义（现在的专家政治）"与"伦理唯心主义（现在的人道主义）"两个大部分。甚至如"异化""工业社会""新资本主义""新工人阶级""富裕社会"这些概念都是"反马克思主义、反科学的资产阶级意识形态"。

艺术，在他看来既并不完全属于意识形态，当然也决不能脱离意识形态，而同意识形态之间有着一种特殊的复杂关系。艺术以对现实的"暗指"的方式，即"看到""觉察到"和"感觉到"

现实的方式既与科学区分开来又与意识形态保持距离。由于意识形态与人类存在的体验一致,所以在艺术中我们"看到"的意识形态的形式是以个人的"体验"为它的内容。这个体验"不是一个给定的值,不是由某个纯粹的'现实'所给定的,而是意识形态在其与现实事物的特有关系中"'自发产生'的体验"。这三者的关系,他描述为:

> 意识形态也是科学的对象,"体验"也是科学的对象,个人也是科学的对象。艺术和科学的真正不同在于特有的形式,同样一个对象,它们给我们提供的方式完全不同:艺术以"看到"和"觉察"或"感觉到"的形式,科学则以认识的形式(在严格的意义上,通过概念)。[1]

因此他把艺术批评作为科学——对艺术作品的本质性认识,"像任何认识一样,对艺术的认识也必须先同意识形态自发性的语言决裂并且建立一套科学概念来代替它"。[2] 而艺术作品则是由一种"既是美学的又是意识形态的意图产生出来的"。正是美学上的、与意识形态的悖论式的关系构成两者距离既更疏远,又更亲密的效果上的悖论式关系。他认为,一方面艺术不是完全直

---

[1] 阿尔都塞:《就艺术问题给安德烈·达斯普雷的回信》,引自《西方马克思主义美学文选》,漓江出版社,1988年版,第521—522页。
[2] 阿尔都塞:《就艺术问题给安德烈·达斯普雷的回信》,引自《西方马克思主义美学文选》,漓江出版社,1988年版,第525页。

接的意识形态，而同意识形态拉开距离，但另一方面他又肯定艺术作品能够成为"意识形态的一个成分"。这就是说，艺术作品存在于人们的"生存条件"的结构关系和以想像的关系反映人们同其所保持的关系（意识形态）的"关系体系"之中。他说：

> 也许人们甚至可以提出下述这样一个命题，由于艺术作品的特殊职能是通过它同现存意识形态（不论以任何形式出现）的实在所保持的距离，使人看到这种实在，艺术作品肯定会产生直接的意识形态效果，因此，艺术作品与意识形态保持的关系比任何其他东西都远为密切，不考虑到它和意识形态之间的特殊关系，即它的直接和不可避免的意识形态效果，就不可能按它的特殊美学存在来思考艺术作品。[①]

与意识形态拉开距离和站在意识形态之外的不同方式，构成了艺术与科学的区别，这也是艺术与科学作为对现实关系与意识形态虚幻性批判与认识方式的区别。而且，科学可以超越并批判意识形态，艺术则不能，艺术对意识形态虚幻性的批判与对真实的认识本身，仍是一种"意识形态效果"。因此简单把艺术划为意识形态，或"非意识形态"都不能表明艺术与意识形态的这种关系，这实际上是艺术作为特殊的意识形态与一般意识形态和现

---

① 阿尔都塞：《抽象画家克勒莫尼尼》，引自《西方马克思主义美学文选》，漓江出版社，1988年版，第537页。

实生存条件之间三元的复杂关系,加上科学便形成四元的关系。

这种艺术与意识形态之间的关系,阿尔都塞通过对意大利《抽象画家克勒莫尼尼》的"症候式阅读",以及他的学生马歇雷对列宁论托尔斯泰诸论文的阅读作出了具体的范例。

在《抽象画家克勒莫尼尼》这篇文章中,阿尔都塞通过克勒莫尼尼的绘画作品,特别是其晚期作品中对于"人"的绘画主题的突出,在人道主义问题上进行了艺术与意识形态的复杂关系的"症候式阅读"。严格古典美学意义上的人物或肖像画,在印象派以后的现代派绘画中可以说是消失了的题材,阿尔都塞指出,在克勒莫尼尼的作品中的"人"表现出一种现实的、在社会关系中的人与人关系的"不出场",即抽象化,"人的面孔"是"被歪曲了的,有时虽不是变了形的,也是明显荒诞的"。从传统的"人道主义和宗教的意识形态"出发,便提出"审丑的美学"。阿尔都塞指出,"变形"与"丑陋"并不是一回事,"变形只是形态的一种确定的不在场,一种对它们的无个性特征的'表现'"。如果说"丑陋"的说法表明仍然在人道主义意识形态中说话,那么"变形"则"构成对人道主义意识形态的废弃",也就是说,克勒莫尼尼是在现代主义的立场上批判了传统的人道主义。所谓"不在场",阿尔都塞指出,有两种:一种是前面所说的作为被批判的人道主义的不在场,但作者通过变形的批判,到底要拿出一种什么样的东西来呢,这也是个"不在场";"还有一种肯定的、确定的不在场,决定它们、使它们成为现在这种无个性特征的存在物、成为支配它们的现实关系的结构效应的这个世界的结构的不在场"。正因为以上两种"不在场",克勒莫尼尼的绘画是"深刻反人道主义的和唯物主义的。正因为如此,他的绘画不准参与领圣体仪式的观众分到一块人道主义的面包"①。但是,尽管这两种"不在场",克勒莫尼尼的画仍然有其自己"所画的关系所决定的方式,以它们不在场的方式,特别是以他自己不在场的方式,存在于他的画中"。正是我们不能在他的画中(人道主义地)认出自己,我们才能够在其中通过艺术所提供的特殊形式认识自己。阿尔都塞给克勒莫尼尼以极高的评价,说他走的道路是"伟大的革命家、理论家和政治家,伟大的唯物主义思想家为人们开拓的道路",这就是懂得"人们的自由并不以在意识形态中认出自由为满足,而是要'认识'人受奴役的规律,为使人的具体个性得到'实现'必须先分析和掌握支配人的抽象关系。克勒莫尼尼按他自己的方式,以他自己的水平,用他自己的手段,不是在哲学或科学领域,而是在绘画领域中,走了同一条道路"②。这种评价与布洛赫、布莱希特以及阿多尔诺、马尔库塞对现代派艺术的评价颇为一致。但是,阿尔都塞没有看到,克勒莫尼尼的"不在场"东西——反人道主义(尽管他不会否认这也是一种意识形态),仍然没有脱离人道主义的大范畴。这正如海德格尔在《关于人道主义的信》中所说的,他本人,其实也包括广泛的现代主义,他的诗学上的"反人道主义",并不是真正地"走到

---

① 《西方马克思主义美学文选》,漓江出版社,1988年版,第534—535页。
② 《西方马克思主义美学文选》,漓江出版社,1988年版,第536—537页。

人道主义的反面去了，走到法西斯主义的一边去了"，实质上是包含着一种"更高"的人道主义。由此看来，阿尔都塞所评价克勒莫尼尼走的如此"伟大的道路"，在理论上并不就是马克思主义的"同一条道路"，当然我们并不认为这两条道路是完全相反，水火不容的，这是另一个问题。当然，如果我们把阿尔都塞的这种评价的语言看到他自己所坚持反对的"意识形态"的语言，那么，作为艺术批评——对艺术认识的"科学"的语言，则正如他所说：

> 如果我们必须转到"马克思主义的基本原则"上去（这要求细致而艰苦的工作），以便能够站到正确的立场上，使用正确的概念（不是审美自发性的意识形态概念，而是与自己的对象符合的科学概念，从而必然是新的概念），那么，这不是为了悄悄地把艺术撇在一边，或者把它牺牲给科学：完全只是为了认识它，给它以应有的评价。[①]

阿尔都塞对克勒莫尼尼的解读，作为对艺术作品的批评，也就是作为他所谓的科学认识，与他对马克思的《资本论》的阅读在原则与方法上是一致的，即提倡一种对马克思主义既不同于"教条主义"，又区别于人本主义的重新阅读与阐释，他从弗洛伊德那里借用"症候式阅读"来说明这种阅读阐释方式。所谓"症

---

① 《西方马克思主义美学文选》，漓江出版社，1988年版，第525页。

候式阅读",也就是阿尔都塞独特的结构主义马克思主义的阐释系统。这种阐释系统也立足于从本文之显义追索其隐义,这种本文——来自本文的沉默、裂隙、空白。"症候式阅读"阐释可以是理论的,如《资本论》,也可以是艺术本文,如巴尔扎克的小说,贝尔多拉西、布莱希特的戏剧,克勒莫尼尼的绘画……他指出,马克思在写作《资本论》时,对亚当·斯密、李嘉图就是进行"症候式阅读"。而作为"辩证唯物主义"的马克思主义哲学,其结构主义阐释的特点在于,认为隐义包含在本文自身的二重结构之中,如情节叙事的矛盾,或作者留下的沉默,但本文空白、裂隙,并不在其"症候式阅读"之内。根本的本文二重结构在于"在场"与"不在场"的结构的因果律关系。而阿尔都塞的马克思主义特点在于,他坚持:就本文的"意义"而言,经济仍然是"最终起决定作用"的因素,亦即"不在场的决定性"。他的结构主义之"内部二分"法使他区别于传统经典马克思主义;而其对经济决定论的首肯又使其区别于一般的结构主义:这使他既作为结构主义者又作为马克思主义者,两方面都不是彻底的。这种理论特色使他的理论带有许多复杂的矛盾性,并引起种种争议与批评。

有人认为,阿尔都塞的结构主义马克思主义对当代马克思主义的发展起到至关重要的开启作用,提供了一种"新的认识论的出发点"。当然也有相反的意见,认为他所写的东西里面,与马克思主义很少有共同之处……"是一种打着反教条主义旗号的非常特别的教条主义。之所以有这样相左的看法,一方面当然与认为马克思主义学说本身在当代就是"多元主义"的这种看法有关,另一方面也反映了阿尔都塞本人的理论特点。他的理论体系中由于对"结构"与"多元"的强调有时到了不恰当的程度,以致模糊了某些基本的范畴概念,使许多人感到是在概念之间滑来滑去难以捉摸,如杰姆逊在《政治无意识》中就说过,要完全读通阿尔都塞是很不容易的。这并不是说其著作在行文上如何晦涩,而是在概念范畴之间的难以准确把握的滑动。具体说来,在多元的结构中,在许多不同方向的"分力"中,存在着相互纠缠不清的关系,就拿"意识形态"这一马克思主义重要的基本范畴来说,他将之与"物质"的决定性相混,说成"物质性"的、"客体性"的意识形态,把精神的活动(实践)与物质的实践等同起来,把"经济实践、政治实践、意识形态实践、科学实践"并列起来作为同一的"社会实践",因此,把本来是第二位的被决定的东西说成是"自主"的似乎是可以独立于经济基础的物质性的东西。这个问题同样在美学中形成艺术与意识形态之间纠缠不清的关系。来自斯宾诺莎的"在场性"与"不在场性"是贯穿于他的因果律——决定论、意识形态论的一个关键性观念。这个问题可以成为辩证的方法说明对立各范畴之间通过中介作用的隐蔽与模糊,但弄得不好,则成为上述弊端的发挥场所。如对于精神现象而言,可把物质的决定作用视为"不在场"的原因,但这里往往出现两种情况:一是把"不在场"当作"不存在"或第二性——结果的东西,那就是过分地强调了意识形态的自律性,或精神东西的反作用;一是把"不在场"真正当作"不在'场'",

那就是把精神现象作为与物质"同一'场'"的东西看待，如说"物质性"的意识形态。此外，他对人本主义的批判也有过头的地方，如把"异化"说全然断然地归之为小资产阶级、资产阶级意识形态对马克思主义的修正，既不符合于马克思本人特别是在后期政治经济学批判著作仍然对这一术语的保留，也不利于马克思主义在意识形态"多元化"中的对话策略，不利于对资本主义生产方式"非人"之物化的批判，在这一点上，他与卢卡奇可以说都多少有些各走极端。但是，对克勒莫尼尼的解读，又表现出他的自身矛盾，也就是说，在这个问题上他并没有从根本上拉开对人道主义意识形态的距离，不自觉地对现代人道主义采取宽容甚至认同的姿态。在马克思主义与人道主义的关系上，虽然说马克思主义不算是一种人道主义，但决不是"反人道主义"的。只有当"人道主义"在某个特定的历史时期被用来充当直接反对马克思主义的旗帜时，马克思主义才出来与之交锋，而在某些情况下则可以与之并肩作战，这完全决定于当时当地阶级斗争的策略上的需要。阿尔都塞在这个问题上显然失之简单化和绝对化。再之他对意识形态与科学之间的区别划分也有独断论的痕迹。马克思主义既是科学，但也是无产阶级的意识形态。作为科学，它一方面描绘出现实的最为本质的方面，另一方面它对未来也充满着想像；作为意识形态，它以无产阶级的特有胸怀，能够超越一个阶级的狭隘的局限，从人类的总体高度来看问题。它是特定历史时代的产物，对于新的历史时代它仍然不可避免认识上的局限性，或真理的相对性。同样，以人文科学与社会科学理论体系面貌出现的旧的资产阶级意识形态也有其真理性——正确反映历史关系，尽管时常掩盖在虚幻的形式之下，否则，我们便不可能理解马克思主义是怎样从资产阶级意识形态那里发展而来。就拿马克思的重要创见——剩余价值学说而言，也是建立在古典经济学的"劳动价值"，以及在《剩余价值理论》中评述的古典经济学关于资本的增值等萌芽状态的剩余价值理论片断基础之上的。再者，马克思对亚当·斯密、李嘉图的解读，与阿尔都塞对马克思的"症候式阅读"之区别在哪里呢？结构主义马克思主义本身究竟是意识形态之一种，还是科学，抑或是两者兼而有之呢？从把科学（人文）看成与意识形态方面根本不相容的这点来看，把阿尔都塞说成"新教条主义"也不能算太过火的批评。但是，尽管有这样多或者更多的问题，总起来说，可以认为阿尔都塞的结构主义马克思主义在抑制教条主义和人本主义两个方面，在一定程度上起到"保卫马克思"的作用，这对 20 世纪后期的新一代马克思主义，如伊格尔顿、杰姆逊的思想和理论起着积极的影响。美国新历史主义和女性主义批评家凯瑟琳·伽勒尔在《马克思主义与新历史主义》一文中论及美国新历史主义批评潮流时指出，美国 70 年代左派团体接受法国后结构主义"往往是经过一种不断增强的阿尔都塞理论影响的过滤……对一些人来说，阿尔都塞的理论成为他们走向'再马克思化（re-Marxification）'的关键一步"[①]。可见，阿尔都塞对于 20 世纪后期的西方马克思主义发展起

---

① A. Veeser:《新历史主义》，卢特里奇公司，1989 版，第 41 页。

着一个承前启后的作用,所以在我们这本书里应给他一个位置。

三 马歇雷对"列宁论托尔斯泰"的阅读

如果说阿尔都塞论克勒莫尼尼是对现代主义艺术本文提供了一个"症候式"解读之范例的话,那么,马歇雷在他的代表作《文学生产的理论》一书中关于列宁论托尔斯泰的阐发则是建立在古典文学本文的"症候式阅读"上的。阿尔都塞在《关于艺术的信》中特别提到了马歇雷"以托尔斯泰为例,通过引申阐发列宁的分析",清楚地说明了艺术通过其特有的对现实认识形式,既离开又"暗示"着意识形态的关系。后来伊格尔顿在专论马歇雷的文章中也认为其这一部分"所作的分析是很精辟的"。

皮埃尔·马歇雷(Pierre Macherey)是阿尔都塞的学生,法国共产党党员。他虽被公认为是结构主义马克思主义文学批评家,但他在结构主义鼎盛时期就撰文批评结构主义。在《文学分析——结构主义的坟墓》(1965)一文中,他批评结构主义把语言学与文学当作完全一回事,以语言结构作为文学深层意义存在的普遍模式,"自相矛盾地使作品甚至在写出之前就已经被阅读过了"。结构主义批评的主旨在于回到作品的本来面目——回到隐藏的结构——语言—形式的始原,这也就是结构主义对本文深层意义的阐释—理解。马歇雷指出,虽然"剥离作品虚假的内涵实质、其秘密动因,揭示那不可或缺的基本缝隙,同语言学和心理学取得一致具有十分重要的意义",但是,这种"恢复以前隐藏的意义的分析,恰恰与科学的分析相悖"。①

他指出,科学分析的关键问题是:"作品是在什么样的关系(和它自己无关的关系)下产生的? ……作品是由什么样的必要性决定的?究竟是用什么写出来的?关键是要关心作品所利用的素材和运用的工具。"对这个问题,他认为马克思主义的回答是,作品是按它从之出现的"那个现实"来表达的——不是"自然的"经验主义的现实,而是"人(包括作者和读者)都生活在其中"的那个复杂的现实,人们"思想意识到的现实"。作品就是在这个思想意识的基础上,在"那无声的、富有创造力的语言"的基础上创造出来的。不是去"说出、揭示、翻译"这种语言,或使其显明易懂,而是要使那些"没有出现在字里行间的文字成为可能",假如没有这些"不曾写出的文字",也就没有什么"可说的"了。作品中存在的缝隙和缺失,又说出了一个"新的真理",它为那些寻求这一真理的人们同现实建立了"新的创造性的关系",建立了展示一门知识的形式。② 这也就是"症候式阅读"的要义。所谓作品中的缝隙与空缺,没有诉诸文字的东西,就是阿尔都塞解读克勒莫尼尼说的两种"不在场"性,也就是一种在作品中否定的意识形态之"不在场"和作者用以批判否定这种意识形态之主体的肯定的意识形态之"不在场",而文学

---

① 皮·马歇雷:《文学生产的理论》,引自《西方马克思主义美学文选》漓江出版社,1988年版,第622页。
② 皮·马歇雷:《文学生产的理论》,引自《西方马克思主义美学文选》漓江出版社,1988年版,第638—639页。

分析作为科学（实质也是一种意识形态）则是要把这两种"不在场"揭示出来，这种揭示也就是把作品置于其与现实关系的层面上加以意识形态的分析。在这样的分析面前，列维-斯特劳斯对《俄狄浦斯》从人物姓名语言出发的著名的"二项对立"——亲族关系的"过"与"不足"，对土地依赖的"过"与"不足"等——便被"葬送"了。如果说在《文学分析》一文中，马歇雷在对结构主义批判的基础上提出了一个与阿尔都塞一致的"症候式阅读"的抽象模式的话，那么对列宁论托尔斯泰的阅读便是其具体操作。

马歇雷通过列宁在1908—1911年写的六篇关于托尔斯泰的论文，分析了历史时代的矛盾与托尔斯泰作品的矛盾，以及列宁关于托尔斯泰是"俄国革命的镜子"这一中心论断，进行"症候式阅读"得出的最后结论是，托尔斯泰对于俄国革命的历史现实既是一面镜子，又不是一面镜子；对于当时俄国的社会历史矛盾，托翁的作品"同时是一种反映，又不是一种反映：这就是作品为什么本身是矛盾的。因此说作品的矛盾是历史矛盾的反映，是不正确的，还不如说，作品的矛盾是缺乏这种反映的后果。我们再一次看到，在客观对象和它的'图像'之间，不可能有机械的吻合"。[①]

他把镜子中的反映分解为两项结构式：

作品中的时代的矛盾——时代的缺陷。时代的缺陷，也就是列宁所指出的在1861—1905年俄国农奴制废除后，一方面农民的解放仍远未完成，存在着农民与地主贵族阶级，农民与资产

[①] 《西方马克思主义美学文选》，漓江出版社，1988年版，第607—608页。

阶级的双重矛盾；另一方面1905年的革命性质不是无产阶级的，是农民阶级的，无产阶级没有领导这场革命，而存在着农民革命的普遍缺陷，因此它以失败告终。

作品中的矛盾表现为列宁所指出的：

1. 伟大的艺术家狂热地笃信基督的抗议——狂热地笃信基督的地主无为主义；

2. 批判现实主义——不用暴力鼓吹宗教。

在马歇雷看来，托尔斯泰之可以成为镜子，作品的内容"多少与现实的矛盾有些关系"；但说他又不是镜子，在于要把现实矛盾关系本质地揭示出来，必须如列宁所说"只有从社会民主主义无产阶级的观点出发，才能对托尔斯泰作出正确的评价"。[①]在这里"把现实矛盾关系本质地揭示出来"与"对托尔斯泰作出正确的评价"是等义，等值的，即互为因果的，只有具备无产阶级观点才能做到的。因为不具备无产阶级观点，他对自身的矛盾没有自觉的自我意识，同他不可能"把现实矛盾关系本质地揭示出来"是一致的。但是，如果托翁具有无产阶级观点而能够"把现实矛盾关系本质地揭示出来"，那他就写不出他的伟大的文学作品。因为这种"要把现实矛盾关系本质地揭示出来"的认识是科学，而不是意识形态，也不是艺术。马歇雷指出：

> 托尔斯泰博得革命的镜子这一称号，并非由于他反映了

---

① 《西方马克思主义美学文选》，漓江出版社，1988年版，第604页；《列宁论文学与艺术》，人民文学出版社，1983年版，第213页。

革命。如果说作品是镜子,肯定不是依据它和被"反映"的时代的时期的明明白白的关系。他"显然不了解"他的时代,他"显然避开"它。我们在作品这面镜子中所看到的,并不完全是托尔斯泰所看到的,不论就他本人的观点来说,还是作为一位思想的发言人来说。①

在这里,"现实矛盾关系的本质"作为历史的进程——作品所要反映的东西,与作品作为"作家体现、表达、翻译、反映、表现"不是直接相遇的,而是隔着"意识形态"的"中介"。这种"意识形态"被称之为"托尔斯泰主义"。托尔斯泰的个人观点是由他的社会出身决定的:他自发地代表了地主贵族。但列宁指出:"在这位伯爵之前文学里就没有一个真正的农民"。他关于改革后俄国社会——宗法制理想的农村公社——的看法,并不是地主贵族的看法而是"农民东方主义"(列宁语)②。因此马歇雷指出,我们面对的是一个双重的辩证序列:

1. 历史进程 ⎫
2. 意识形态③ ⎭ (1)

3. 意识形态 ⎫
4. ? ⎭ (2)

---

① 《西方马克思主义美学文选》,漓江出版社,1988年版,第599页。
② 《西方马克思主义美学文选》,漓江出版社,1988年版,第591—592页。
③ "意识形态"也可译为"思想体系"。

其中第4项可以设为"作家体现、表达、翻译、反映、表现"。马歇雷指出，作品或许正因为记录了自己反映中的偏见，记录了一些简单成分的不完全的真实，它才是"一面镜子"。它的特权就在于"为了展示整体，不必详尽叙述整体"；它可以仅仅"揭示整体的必然性"，这是一种"可以从作品中辨认出来的必然性"。完成这一辨认正是"科学的文学批评的任务"。镜子可以通过这种方式来揭示，因为它不是图像的机械复制者（盲目的图像只应受到谴责），也不是"认识的工具"。它是一种必不可少的揭示，是一个揭示者，正是文学批评帮助我们辨认镜子中的这些图像。①

现在余下的问题是马歇雷与列宁对托尔斯泰在阅读上的区别，也就是马歇雷对列宁"症候式阅读"的表现在哪里。这个差异并不大，并不是实质性的，因为在马歇雷看来，托尔斯泰通过他的思想体系面对历史进程，他的思想体系既然不是无产阶级的，那么他必然不可能像列宁那样去认识时代的缺陷与他自身的矛盾。问题在于，列宁说托尔斯泰是反映"俄国革命的镜子"并没有专门像马歇雷那样指出这一点，但列宁决不会因此认为托尔斯泰是一面"无产阶级的"镜子，科学地认识了他的时代与自身矛盾。这个区别恰恰在于，列宁作为革命领袖对于文学艺术作品本文与时代关系从革命的性质与使命要求出发的总体分析，与马歇雷作为一个马克思主义文艺术理论与批评家要找出文学本文对

---

① 《西方马克思主义美学文选》，漓江出版社，1988年版，第600—601页。

于现实关系以意识形态——思想体系为中介"拉开距离"。而马歇雷对托尔斯泰的阅读中恰恰没有如阿尔都塞之于克勒莫尼尼那样说本文作者走的道路是"伟大的革命家、理论家和政治家,伟大的唯物主义思想家为人们开拓的道路"。这正是作为学生"出于蓝,胜于蓝"之所在。

四 戈尔德曼的"同源论"

戈尔德曼(Lucien Goldmman,1913—1970)法国结构主义马克思主义社会学批评家,曾受卢卡奇社会学批评方法与瑞士心理学家皮亚杰的认识发生论影响,著有《隐蔽的上帝》(1956)、《小说社会学》(1964)等,拟建立"发生学结构主义"的批评方法。然而,他所说的"结构主义"与他批评的俄国——法国的形式主义结构主义并无很多共同之处;也不完全同于阿尔都塞的多元决定的"结构的因果律"。他所说的"结构"主要着重于强调个人——作家与作品,在"社会意识"作为群体意识,即"世界观"中的关系,以及同决定它们的社会经济结构的关系。这在根本上就是认识发生中部分与整体或总体的关系。所说的"结构"主要是就这种"精神结构"而言。在他看来,文学作品,如拉辛的悲剧,这些以"个人经验"为基础,似乎是"完全自由"创造的作品,与思想家的论著,如帕斯卡(1623—1662)的《思想录》等,看来是内容很不相同的本文,然而它们与同时代的新教道德观念——詹森主义(jansennism)具有"同源(Homology,或'同构异形')"的性质。这里所说的"同构"就是"同源",

同构，不同形，不同步；即历史上经济形态和精神形态在结构上一致的东西，并不同时出现，而在精神形态中存在着共同思想结构的东西，在内容与形式上也不相同。

戈尔德曼在《隐蔽的上帝》一书中，首先着眼于研究工作的方法的确立。他指出，对于文学史或哲学史遗留下的历史本文有三种方法：一是实证主义的；二是心理学的；三是辩证法的。他对前二者都进行了批判，指出，实证主义脱离历史孤立研究文献本文，往往不可避免地要陷入难以克服的困难，即分不清哪些材料是"偶然"的，哪些材料又代表了"本质"。而心理学的方法主张通过考察作者的复杂的生理和心理结构，通过他的传记材料了解其历史生平与本文的关系。他指出，对于一个活生生的当代人，通过心理学实验室的操作及心理查询，也只能得到表面和零星的认识，更何况对于一个死去几个世纪的人。他指出，大部分心理学著作的最大缺陷，就是往往把个人当作绝对主体看待……然而人的任何行动都不是以孤立的个人为主体的。"即使现时的社会结构趋于通过物化现象掩盖'我们'，把'我们'变成几个彼此不同并且互相隔绝的个体之和，但是行动的主体仍是一个群体，是'我们'"。"有些对于精神和艺术生活与创作最重要的群体：即与经济基础相联系的各个社会阶级……"[①] 但是，戈尔德曼并不是要彻底否定前面两种方法，而是否定前两者与辩证法的

---

① 戈尔德曼：《隐蔽的上帝》，引自《西方马克思主义美学文选》，漓江出版社，1988年版，第558页。

脱离,他主张以辩证法统驭前两种方法,即"把作品插进作者传记"不会使我们重新恢复文献学的方法,相反会推动前进,"不仅仅是从本文到个人,而且从个人到他所属的社会群体","……在人文科学里区分主要部分和次要部分只有通过把各组成部分纳入整体,把各部分纳入全体才能实现"[①]。

戈尔德曼把这一辩证的方法运用到18世纪法国文化史的研究之中,指出,帕斯卡的思想代表了西方思想史从理性主义和经验主义向辩证思想的伟大转折关头。他抓住帕斯卡《思想录》中关于研究工作认识真理的"部分和整体"的关系的辩证法,这既是他"同源"论依据的基本材料,也是他整个学说的思想方法与理论基点。这种部分与整体的关系可以从两方面来看:一是个别作品或作者与社会群体的关系,戈尔德曼指出,一部作品,一种思想只有被纳入"生命和行为的整体"中才能得到其"真正的意义"。具体说来,有助于理解作品的往往并不是作者的行为,而是某一社会群体的行为(尽管作者可能并不属于这一群体),尤其是涉及重要的著作时,那便是"社会阶级的行为"。二是作家的主观意图与作品的客观意义的关系,他指出,一个作家的意图和他认为他的作品所具有的主观意义,并不总是和作品的客观意义相一致的。这就是个别与"历史总体"的关系。他指出,研究者只有把一部作品重新置于"历史演变的整体"中,把作品与整

---

① 戈尔德曼:《隐蔽的上帝》,引自《西方马克思主义美学文选》,漓江出版社,1988年版,第553页。

个社会生活联系起来,才能得出"客观意义"。[①]如拉辛的悲剧很少从拉辛的生平得到阐明,而至少部分地从这些悲剧本文与詹逊派思想以及与路易十四统治下"穿袍贵族的社会、经济地位的联系中得到解释"。戈尔德曼自称这是得益于卢卡奇的"总体"论的唯物主义辩证法观点。总体与整体,在戈尔德曼看来是相对的,分级次的,从经验材料出发可以得到局部的"整体"——"充分相对独立的整体"。他指出,只有通过对这些部分的整体,经过"协调"处理,得到作品的"完全协调的意义就是有价值的意义"。最后他把这种方法归结为卢卡奇的"世界观"的概念。对于世界观,他作了以下界定:

> 世界观并不是直接的经验材料,相反它是理解人的思想的直接表现中必不可少的概念的工作方法。……尽管这些作家作为活生生的经验的个人彼此各有不同,那么我们就必须得出一个结论,即存在一种不再是纯个人的、并且通过他们的作品表现出来的现实。这就是世界观……
>
> 世界观正是使一个群体(往往是一个社会阶级)的成员聚合起来并使他们与其他诸群体对抗的全部愿望、感情和思想。[②]

---

① 《西方马克思主义美学文选》,漓江出版社,1988年版,第546—548页。
② 《西方马克思主义美学文选》,漓江出版社,1988年版,第556—559页。

因此他断言，凡是伟大的文学艺术作品都是世界观的表现。世界观是集体意识现象，而集体意识在思想家或诗人的意识中达到概念或感觉上最清晰的高度。思想家和诗人通过作品表现世界观，而史学家则使用世界观的概念方法去研究他们的作品，把世界观运用于本文可以得出：

（1）所研究的一切著作中主要的东西。

（2）整部作品中各组成部分的意义。

当然，戈尔德曼在强调整体性世界观的同时，也提到个体的不一致和差异，以及注意对"偶然性"的研究。但对此他只是一般掠过，而毫无展开。因为在他看来，这不是孤立的问题，而是需要在部分与整体的关系之中加以研究的问题。

在这种从部分到整体的世界观的分析的具体操作中，他把理性主义与经验主义在笛卡儿以后，黑格尔、马克思以前，以帕斯卡为主要代表，也包括康德。这一时期的欧洲意识形态称为"悲剧的幻象"，亦即"上帝隐蔽"的时期。这一时期，上帝对人类，既常在又不常在，不仅未能给人以外部的帮助，也未能够给人类提供他自身的有效力量。所以只是一隐蔽者，悄悄地注视着人们的行为、罪恶与善良，既不惩罚也不宽恕。所以隐蔽的上帝只是一个悲剧的幻象。[①] 詹逊（1585—1638）是荷兰天主教改革家，观点主要见于《奥古斯丁》。詹逊主义主要认为，人不可能通过

[①] 董学文、荣伟编：《现代美学新维度》，北京大学出版社，1990年版，第308—324页。

现世的善行赎罪，而必须求助于天主的赦免，其对代表人自身力量的自由意志的存在与现世拯救和赎罪之普遍性的否定与帕斯卡的观念有共同之处。通过对帕斯卡的著作和拉辛的《安德罗玛克》《布里塔尼居斯》《贝蕾妮丝》和《费德尔》四部悲剧的研究，戈尔德曼认为，从思想意识和文学方面来看，只有"帕斯卡的拉辛"才是彻底的詹逊派教徒，而且应当"根据他们的作品"来衡量其他神学家的詹逊派教义，[①]也就是说，帕斯卡的《思想录》和拉辛的悲剧比直接的宗教还宗教（意识形态）化。

这种以詹逊主义的教义，帕斯卡、拉辛"同构"的悲剧观，在戈尔德曼那里被表达为一种三角形关系。三个角各被悲剧的"人"——现世——与隐蔽的上帝所占据。在这里隐蔽的上帝只表现为一种不起作用的"道德意识"，而"现世"的"非道德意识"引诱着"人"走上歧途，犯下罪恶，造成种种悲剧。戈尔德曼在拉辛的上述四个剧本中发现了这种普遍的三角形结构。如在《费德尔》一剧中，主人公费德尔是一个犯下乱伦罪行的悲剧人物。他夹在上帝和现世之间的道德与反道德的冲突中，在代表现世的希波吕特和忒修斯这些毫无传统道德价值观念一味追求世俗欢乐的人物作用下，他向女儿的爱人表白了爱情，犯下了乱伦错误。但又正是这些现世人物为费德尔提供认清错误的机会并使之回到正道上。而上帝在该剧中则由异教神维纳斯的太阳神来

---

① 董学文、荣伟编：《现代美学新维度》，北京大学出版社，1990年版，第561页。

代表。

在"同源论"的基础上,戈尔德曼建立了他的"发生学结构主义"。这是在他的《小说社会学》(1961)一书的导论和最后一章论述的。在该书中他研究了卢卡奇的《小说理论》等材料,发现古典小说的结构一方面同"自由经济中的交换结构"之间存在着"同构关系";另一方面,在二者后来的发展演变过程中存在着某种"平行关系"。[①]所谓"发生学结构主义",就是说,"文学作品所表现的世界的结构与某些社会集团的精神结构是同源的,或者有着可以理解的关系,而在内容方面,也就是在创造受这些结构所支配的形象世界方面,作家有着完全的自由"。这就是说,从发生学来看,"同构"决定于"同源",但并不在时间上同步,在内容上并不"同质"。关于此点他指出,"物化"现象在现实历史上的出现,和对此现象的理论上的分析,比小说中对物化表现——卡夫卡、卡缪、罗伯·格里叶——早了一个多世纪。"结构"的概念,也可以从他对"结构社会学"与"内容社会学"的区别看出,他指出后者在作品中看到了"集体意识的一种反映",而前者,则从中看到了"集体意识的最重要的构成因素"之一,据此他又认为,在研究一般水平的作品时,内容社会学显得"更为有效";而涉及世界文学的杰作时,发生结构主义的文学社会学显得更为可行。[②]

[①] 董学文、荣伟编:《现代美学新维度》,北京大学出版社,1990年版,第270页。
[②] 《西方马克思主义美学文选》,漓江出版社,1988年版,第570—571页。

戈尔德曼却强调发生结构学的出发点基于："人类的一切行为都是对一种特定境遇作出一种有意义的反应、并由此趋向于在主体和对象即周围世界之间建立起一种平衡的尝试。"可以认为，反映论与经济决定论仍然是戈尔德曼的理论基础，由于戈尔德曼在发生学结构主义上突出了"精神结构—世界观—意识形态"的作用，曾被认为是对反映论和经济决定论的否定，向表现论的倾斜。这样的批评对于戈尔德曼未必公正全面。实际上在他的结构发生学，或同源结构中，最根本的起决定作用的还是经济结构，他在《小说社会学》一书中指出，对应于"物化世界"的小说形式的演变"只有同物化结构的某种同构的历史关系联系起来才能被理解"。他认为，小说形式实际上就是"对市场生产所导致的个人主义社会中的日常生活进行文学上的转换"。这里所谓的"转换"，就是人们"日常生活"中与"物"的最为真实自然的关系——使用价值的关系，被一个强大的"中介"——交换价值所替代。"在这样的社会中，任何想直接追求使用价值的努力，只能产生出自身也衰变了的个人，但这是以不同方式出现的。这种人就是'问题人物'"。"中介"在戈尔德曼的同构中是一个至关重要的概念，正如交换价值成为人与物、人与自然之间真实关系转换为物化关系的中介，集体意识"至今似乎仍是在社会存在的各个不同方面之间建立同构关系所不可缺少的中介"。

在《小说社会学》之后，戈尔德曼完成了他临终前最后的著作《现代社会中的文化创作》（1971年巴黎德诺埃尔版），进一步用他的社会学方法对资本主义发展的历史阶段的不同特征与文学、艺术的共构关系进行了研究。在其中他把资本主义发展分为三大阶段：（一）止于1910年左右的第一时期：自由资本主义，个体化时期，世界观表现为"总体化"消失，代之以激进个人主义——对应于理性主义与经验主义哲学；在文学领域表现为古典小说，问题人物小说。在文学批判的形式中关涉一种积极的因素：肯定个人和个人的价值。（二）两次世界大战前后之帝国主义时期。这一时期在经济上的特点为：垄断资本控制了自由竞争时期的市场调节，而第三阶段新的调节机构尚未建立。在文学上一方面是以存在主义为代表的个体的重要性已被经济发展所削弱，在心理上把苦闷，即把从意识到个体的"极限"和死亡发展起来的感情，放在中心地位。另一方面，随着社会主义思想的传播，在文学上有以"集体取代个人，撰写集体小说的尝试"。但社会主义革命没有真正改造西方社会，集体没有成为能改变这种社会的力量，集体小说也就没有成为一种占统治地位的文学形式。（三）我们今天所处的第三时期，被称为"消费社会、群众社会、有组织的资本主义和技术专家治理的社会"，戈尔德曼认为，每一名称实质上都强调了一个社会的主要侧面，而这个社会却形成一个整体结构。其特征首先是出现了自觉的市场自行调节机制，致使资本主义从危机中幸存下来，通过生活水平先是缓慢的而今已快得多的提高所造成的整个社会一体化。马克思主义对中等阶级贫困化的传统观点在西方工业社会失去了自己的有效性，在很大程度上仍然适用于发展中国家。反抗社会的力量削弱，决定权集中在少数"技术决定人员（technocrates）"的手中。

出现马尔库塞所说"单面人"的情形,人们所面临的根本问题在西方已不是贫困问题,甚至也不是受法律或外部压迫限制的自由问题,而是"缩小人的意识,并进而缩小人的这一根本方面",即"潜能"方面。人们向"适应社会"的单方面发展,而另一方面——"超越自己"却受到限制。其结果造成"人格的个性日益严重削弱"。但戈尔德曼认为,他与马尔库塞的悲观的观点有所不同,他相信"超越这种状况的倾向,单面的人仅仅代表了现代工业社会所面临的非此即彼抉择的一个单项"[1]。

戈尔德曼着重于文学创作在第三阶段作为资本主义"先进文明"的反叛,他所提到的文学样式是罗伯—格里叶的"新小说",戈达尔的"左岸派"电影和荒诞派戏剧家让·热奈的剧作。特别是后者,他认为是"表现当代法国文学反叛的最伟大作家的作品"。

现实的人失去了反叛性,成为单面的——适应现实的人,而反叛性通过艺术作为现实的补偿。戈尔德曼指出,艺术的反叛表现在两个不同的方面,一是作品形式的,一是作品内在意义的:在形式上,艺术的反叛表现为找出新的形式,找出不同于那个社会所创造出来的从中认出自己的既有的形式,以表示对社会的拒绝。戈尔德曼强调这一点对理解如"新小说"之类的一系列文学现象至关重要。因此评论工作在今天具有越来越大

---

[1] 《世界艺术与美学》(第6辑),文化艺术出版社,1985年版,第88—96页。

的作用。

从热奈的四个剧本:《女仆》《阳台》《黑人》和《屏风》,戈尔德曼分析了作品内在的反叛的主题思想。这些剧本,除《屏风》中的赛义德外,都是集体人物,没有个体人物。作品的主题几乎都是关于主与仆、统治者与被统治者、殖民者与被殖民地人民之间的对立与斗争。他特别对当时评论界关注的热奈作品中的"同性恋"问题进行了分析,指出,在热奈早期小说中经常出现的同性恋,突然在剧本中消失了,而在最后一个剧本《屏风》中重又出现。戈尔德曼指出,当热奈参加了激进的左派队伍——以萨特和《现代》杂志为中心的集团和直接的阶级斗争并将其"移植"于自己的作品中时,他就丝毫不再需要同性恋这"第二个斜面"来反叛社会了,而其重又出现的"原因是大同小异的"。[①]

戈尔德曼对现代主义(实际上相当于"后现代主义")的阐释与阿尔都塞对克勒莫尼尼的"症候式阅读"比较接近,在总体上是一种人道主义立场。正是这同一世界观的"古典"与"现代"之分,造成了卢卡奇与他的后来追随者的区分。戈尔德曼指出,现代艺术通过反叛拒绝现代社会,这本身就是一种"揭露这个社会对人的危险的人道主义的艺术",为了做到这点,必须运用这种"新的语言"。[②] 只是他没有把人道主义突出到阐释模式

[①] 《世界艺术与美学》(第6辑),文化艺术出版社,1985年版,第112—116页。
[②] 《世界艺术与美学》(第6辑),文化艺术出版社,1985年版,第101页。

的地位。关于现代社会文化创造与这个社会的阶级结构变化的情况,他在《小说社会学》中发表了自己的看法,他认为,在"旧的马克思主义"观点中,无产阶级被视为唯一能够构建起"新文化基础"的社会集团,因为他们不是"物化社会"的一个组成部分。他指出,这种观点是从这样一种传统的社会学表述出发的,即"只有在文化创造者的精神结构和具有相当规模而又持有普遍性抱负的党派性集团的精神结构之间取得根本的和谐时,真正的、重大的文化创造才可能从中产生"。他认为,现在,至少在西方社会中,这种马克思主义的分析"已被证明不适用了"。西方的无产阶级远远没有"外在于物化社会而独立",也没有成为一种革命力量反抗这一社会;相反,在很大程度上,他们已被"组织进这一社会",他们的工会和政治行动使他们在这一社会中赢得了"比马克思的分析所预见的相对说来要好的地位";而远远不是要推翻这一社会并代之以社会主义的世界。[1]这就是说,现代社会使无产阶级也成为适应现实和单面的人,而失去其反叛性与革命性了。那么创造新文化的主体究竟是何种社会集团或群体呢?他们的群体意识主要表现如何呢?戈尔德曼并没有回答这个问题,显然这是一个遗留给时代的最重大的问题之一。

如果说对"意识形态—世界观—群体意识"系列的强调是法国结构主义马克思主义者共同的基本特征的话,那么他们之间

---

[1] 董学文、荣伟编:《现代美学新维度》,北京大学出版社,1990年版,第282页。

的微细的差异则表现在：阿尔都塞所注重的意识形态与科学之间的紧张关系在戈尔德曼那里得到了缓解。虽然"思想体系"作为历史现实与作品之间的"中介"地位并没有改变，然而马歇雷的意识形态对作品本文的"分离"倾向在戈尔德曼那里也相反变为决定论倾向。

对于文学艺术本原之现实，杰姆逊分解为三种层次或要素：一是作为心理学对象，如童年经验之类；二是作为马克思主义分析的对象，即社会阶级结构；三是作为前二者之中介的家庭建制。这三者的差异实质上是从单一的个体主体向不同等级的群体的逐渐放大。杰姆逊指出，中介在阐释—解码—过程中承认三个层面的"相对自律（或半自律）"，"意义"是一种要求你同时保留三个层面在某些相互绝对区别的结构上的认同的释码。杰姆逊指出，戈尔德曼的"同源"说使人感到不满的东西，在于：没有建立起这三个构成要素的一种历史的关系，而只是为了表达这个关系建构简单机械的模式。也就是说，在杰姆逊看来，戈尔德曼的"同源"之"源"强调的是结构上社会精神整体性之"同"。① 特·伊格尔顿批评戈尔德曼的整个模式"过于讲究'匀称'，不能适应文学与社会关系的特点，如辩证的冲突复杂性、不平衡性和间断性。在他的后期著作《小说的社会学》中，这种模式实质上退化成了一种关于上层建筑关系的机械论了"。在戈尔德曼那里，对个体主体性的忽略是显然的，并带着对存在主义

---

① 弗·杰姆逊：《政治无意识》，康奈尔大学出版社，1981年版，第43页。

极度张扬"孤独个体"的反拨,认为个体主体性的伟大恰恰体现在与其所代表的群体世界观的统一,并将之表现于文学作品之中。并且也正如许多批评者指出的那样,戈尔德曼的社会学批评中失去了文学艺术审美价值的分析,至少他没有在美学东西与历史形成的思想东西之间的复杂关系上作进一步的考虑并提出自己的回答。

至此我们可以发现,结构主义马克思主义一方面通过社会群体意识及其与经济基础的结构性关系,抵制存在主义、弗洛伊德主义等关于人的非历史非社会的人本主义与心理主义的唯心主义观念;另一方面又几乎与解构主义同时拆解语言本体论结构主义的形式牢笼,而在"虚无"与"实在(社会本体)"之间同解构主义分道扬镳。这样在对结构主义马克思主义的矛盾、缝隙、断裂处进行"症候式阅读"并"解构",就会生长出新一代马克思主义思想果实来。他们就是英国新一代马克思主义美学文艺学批评家伊格尔顿与美国马克思主义文化批评家杰姆逊。

第四节 英国的马克思主义美学文艺学

20世纪马克思主义思想运动在英国较之大陆欧洲国家处于相对落后状态,英国新左派理论家佩里·安德森在其所著的《西方马克思主义探讨》(1977)中,西方马克思主义代表人物名单竟然没有一个英国人。这方面的原因从当前来看,是英国与大陆理论传统在某种程度上的疏远,正如作为后起之秀的马克思主义文艺理论家伊格尔顿在他的《文学原理引论》中所说的那样，各种当代文艺学美学思潮传过英吉利海峡的一般时间跨度也许要十年左右的时间，并且"似乎与传统的批评技巧多少有点相一致的东西"较易于引入，而对不入传统之流的思潮，如马克思主义、女权主义、弗洛伊德主义，"则拒之国门以外"①。

从更久远的思想渊源来看，马克思主义与德国理性主义在谱系上显然比英国经验主义更近。在两次世界大战之间的时期，一方面是英国知识分子广泛的激进化，另一方面工人组织却倾向于社会民主主义的改良主义，这一事实使英国在马克思主义理论上明显落后于德、法等欧洲大陆国家。这种情形直到二次大战后"新左派"运动的兴起，这是在1956年匈牙利事件期间欧洲左派知识分子的分裂引起的对马克思主义的"重新思考"，在英国，左派知识分子创建了《新左派评论》月刊，当时主要致力于现实运动，如裁减军备等，并以此为中心推动英国的思想理论和政治运动。在离经叛道的思潮兴起的同时，传统的马克思主义在这个岛国仍然维持旧观，始终没有掀起如法兰克福学派和结构主义那样的思想运动，马克思主义理论以一种平稳的形态展开。在文艺学美学方面，克·考德威尔（Christopher Caudwell，1907—1937）、雷·威廉斯（Raymond Williams，1921—1988）、特·伊格尔顿（Terry Eagleton，1943— ）代表着相关联的三个不同的历

---

① 特里·伊格尔顿：《文学原理引论》，明尼苏达大学出版社，1983年版，第123页，引自《文学原理引论》，文学艺术出版社，1987年版，第146页。

史时期。

考德威尔1935年加入英国共产党，1936年投身于西班牙反法西斯主义内战，并于第二年牺牲。在他短暂的理论生涯中完成的主要著作为《幻想与现实》《论垂死的文化》（1938）等，他所注视的主要领域是诗歌。《幻想与现实》是从诗歌的起源来寻找文学的本质。在他看来，诗歌所表现的文学的本质与人类本身的永恒不变的本质——自由——是联系在一起的。这种永恒不变的本质被历史变化的长河所淹没，特别是在资本主义的现实中，自由作为一种幻想而被粉碎。这样的一种批判的模式实际上是从德国古典美学那里来的关于"美是人的自由本质"，现实是人的本质异化的人本主义。考德威尔把诗歌与小说作为形式同文学的本质、人的本质、美的本质联系起来，把诗歌视为与自由连接在一起的永恒的文学本质，小说则是与资本主义对人在现实中自由幻想的破灭联系着的新生长出来的创作形式。伊格尔顿在他的《马克思主义与文学批评》（1976）一书中从两个方面批评了考德威尔。一方面，考德威尔被批评为与英国30年代的"庸俗马克思主义"有着思想上的联系。伊格尔顿指出，在考德威尔的《论垂死的文化》一书中把他称之为"社会存在"的东西看作为人类经验的生动的、直观的材料，与历史的变动的"洪流"相联系。而艺术的形式，即"社会的意识形式"则是固定不变的，有如人的自由本质，它在外在的历史的冲击下才突破自身的僵化。伊格尔顿一针见血地指出，考德威尔对内容与形式的上述关系"缺乏充分的辩证的理解。……他的观点仅仅是资产阶级认为'艺术组织混乱的现实'这一批评滥调的变种"①。另一方面，伊格尔顿也批评了"自由人道主义"，这显然同考德威尔有所牵连。由于考德威尔在英国较早地以"西方马克思主义"美学中的古典的人本主义进行现代资本主义的批判，并结合着现代象征主义诗歌的研究，和对资本主义早期"大众文化"的批判，因而具有相当的历史影响。伊格尔顿指出，与考德威尔同时代的还有一位英国马克思主义批评家拉尔夫·福克斯（1900—1937），他与考德威尔同样牺牲于西班牙反法西斯战争，在他的《小说与人民》（1937）中却正确地指出："形式由内容产生，与内容统一；虽然内容占首位，但形式反作用于内容，从不居于被动地位。"由于他生年短促，著作有限，没有形成重大影响。

与威廉斯大致同时代的还有从事美术方面批评的马克思主义理论家约翰·伯杰（John Berger，1926—2017），他在研究绘画现代主义运动方面受到本杰明的影响，著有《永恒的赤色》（1960）、《毕加索的成败》（1965）、《赏画的方法》（1972）等。他批评现代主义艺术一方面努力突破以社会主义现实主义为最高范本的僵化模式，另一方面本身又维持在政治批评的框架之内。伯杰提出了与伊格尔顿和弗·杰姆逊一致的"非神秘化"的阐释原则。1972年他通过电视系列讲座《赏画的方法》，揭示了艺术在当代资本主义社会的功能，认为照相和电影已经改变了我们的

---

① 特里·伊格尔顿:《马克思主义与文学批评》，引自《西方马克思主义美学文选》，漓江出版社，1988年版，第683页。

绘画经验，赢得了广大的观众。此后他又从事写作小说、诗歌和电影剧本。

一　雷蒙德·威廉斯的"文化唯物主义"

英国具有世界影响的马克思主义理论家是雷蒙德·威廉斯，他出身于威尔士边境地区的一个铁路信号员家庭，1939年入剑桥大学并接受马克思主义思想，1941年入伍参加二战。战后曾从事工人群众的文学教育工作，戴·莱恩在《马克思主义艺术理论》一书《英国马克思主义的新方向》一章中指出，威廉斯像伯杰一样，在整个英国文化生活以及在马克思主义者的圈子中"是一个孤立的人物"，虽然威廉斯"在近20年中出版了成打的书"（据统计不包括未成册论文和小册子就达24部之多）。直到60年代，威廉斯成为英国"新左派"领袖人物。他的研究视野宽阔，集注于历史的与现实的文化，文化与权力、经济以及社会生活实践的关系，以致对未来社会发展的可能性影响，自称为"文化唯物主义"。其主要代表著作有《文化的用途》（1957）、《文化与社会》（1958）、《长期革命》（1961）、《马克思主义与文学》（1977）、《唯物主义与文化中的问题》（1980）、《文化的社会学》（1982）、《走向2000年》（1983）等。

威廉斯的思想是在复杂的影响下形成的，影响他的有卢卡奇、葛兰西、本杰明、萨特、阿尔都塞、戈尔德曼等，还有与"新批评"派关系密切之《细绎》（*Scruting*）主编弗·瑞·李维斯。在《文化与社会》（1958）一书中他说："我们生活在一种不断扩展的文化中,可是我们却花费很多精力去对这一事实表示遗憾,而不去探索它的性质和情况。"[①]在1977年问世的《马克思主义与文学》一书的序言中,威廉斯明确把自己的著作置于马克思主义的范围内,力图在马克思主义的基础上建立"文化唯物主义",即力图把阶级与阶级斗争的观念注入文化的历史性研究之中。他竭力从在历史中的动态结构来看待文化,在该书中他指出:"政治和文化在重点上的更换,反抗和斗争的多种形式",不仅本身是重要的,而且对于在权力斗争的实践中对控制"这些斗争有预示性特征"的东西也是重要的。[②]所谓文化和意识形态的"动态的和对话方式的"分析,即强调"在一种特有的有效的统治"之"内"和之"上","暂时性"与"趋向性"之间的相互关系。这就是说,意识形态话语表现为"残存的和现时的、相反的与选择的、意义的与实践的","暂时性"与"趋向性"更替组合可能在意识形态领域通过对统治的争论创造出概念系列,相反,则必然是再固着的与再限定的。[③]

在《唯物主义与文化中的问题》一书中,他特别强调了文学艺术与其他社会实践之间不可分割的联系,主张消除文学和它的背景、本文与"语境"之间陈旧的分野,使之得到前后照应,他指出"艺术作为实践可能具有十分独特的品格,但是不能从一般

---

① 《文艺理论译丛》(第3辑),中国文联出版公司,1985年版,第145页。
② 雷·威廉斯:《马克思主义与文学》,牛津大学,1977年版,第113页。
③ 雷·威廉斯:《马克思主义与文学》,牛津大学,1977年版,第121页。

的社会进程中分隔开来"[①]。但是后来经过"探索",他毕竟认识到在我们生活其中的这种"不断扩展的文化"中,是资本主义建立统治霸权的文化,而不能不对"这一事实表示遗憾"。这表明,他接受了葛兰西关于"文化领导权"的理论并向马克思主义接近。

在《马克思主义与文学》一书中,雷蒙德·威廉斯讨论了关于"立场(alignment)与党性(commitment)"的问题,他以"对话"方式列举了从马克思、恩格斯(批判"倾向性"政治的引文)到列宁与托洛茨基(关于"创作自由"和"党性"的关系),从布莱希特(反对"官僚行政干预")到萨特(《写作的目的》)、阿多尔诺(《论党性》),直到毛泽东的有关说法。雷蒙德的文化批评理论是庞杂而摇摆不定的。在1973年《新左派评论》杂志上发表的《马克思主义文化理论中的基础与上层建筑》一文中,他否定了经济的主要决定作用,主张两者间相互依存、相互决定的错综复杂关系,表明他背离唯物史观,表现出二元与多元论倾向。在《马克思主义与文学》中,一方面他继续表现出阿尔都塞所影响的否定简单线性因果律的多元决定论倾向,特别强调资本主义"文化霸权"在当代社会意识形态中的作用,并且这种思想意识已经渗透到社会生活实践的方方面面,因此文学艺术不能简单从经济决定论出发,而应着眼于这种文化的作用;另一方面,在同一本书中他又表明并不否认文学创作立场、党性与基础

[①] 《物质主义与文化中的问题》,伦敦,1980年魏索版,第44页。

和上层建筑之间的关系,他写道:

> 马克思主义的一个中心观点,就是认为写作与其他实践活动一样,从根本上说总是有立场的。这个观点无论是以(经济)基础和上层建筑这样的公式来表达,还是换一种说法,用意识决定于社会存在来表达,意思都是说:作品总是以各种方式隐含着或明示了一种从某一特定观点出发经过特定选择的经验。当然这种"观点"的实质究竟为何还大有争论的余地。①

从这一关系出发,他也批判了现代形式主义的理论,"从作品的形式结构开始,又将这些形式返回为基调的问题,于是就只能以永恒的变化形式来解释了。这就直接导致了唯心主义:将人类理智和人类环境放错了位置"②。

最后,他把党性这一范畴归结为(写作)实践中表现出社会关系的"全部具体性"。这种"具体实践"也表现于文学创作的"创造性"之"个人(个体主体)"与"社会(群体主体)"之间的关系上,他说:"当我们说文学创作是'创造性'的,这并不是因为它在思想意识的意义上提出了新的境界(这只是总体中的一小部分);而是因为它在物质社会的意义上提供了自我创造的

---

① 王逢振等编:《最新西方文论选》,漓江出版社,1991年版,第375—380页。
② 《西方马克思主义美学文选》,漓江出版社,1988年版,第668页。

具体实践。就此而论，这种自我创造在社会属性上是中性的，是一种自我组合。"①由于这种"自我创造在社会属性上的中性"立场，在党性理论上如他自己所说："在复杂的实践中，这种（关于立场和党性的）理论表述可以朝完全不同的方向发展。"这种"完全不同的方向"表现为"为盈利而出版的自由""政治……道德说教""行政干预"等等。

在"文化"概念上，也正如在他所关注的立场与党性概念上对论争中多种选择的困惑。"文化"概念在当代本身就足够混乱，据说已达到几百种不同的定义，正如威廉斯本人所说："文化这个概念，当把它放在广阔的历史发展范围内来考察时，它对所有其他概念的有限名称发生着强有力的影响。这永远是它的优越性；但也永远是它困难的根源，无论在给它下定义和理解方面都是如此。"②伊格尔顿在他的《文学与意识形态》（1976）中一针见血地指出，这些困难都是威廉斯本人所造成的，因为"文化"本身作为一个意识形态用语的事实，有其致命的弱点。他指出：威廉斯的著作有早期"新左派"的特点，这里面带有一种危险的倾向，即把"生产方式、社会关系，伦理的、政治的、美学的意识形态融为一体"使之消失为"空洞的人本主义抽象的'文化'"。这种"文化"是一种"图像式的相似性的混合体"③。因此，在威廉斯的大量"文化"研究中展现了他在这个领域中的矛盾与

---

① 《西方马克思主义美学文选》，漓江出版社，1988年版，第674页。
② 《西方马克思主义美学文选》，漓江出版社，1988年版，第772页。
③ Terry Eagleton, *Criticism and Ideology*, New Left Books, 1976, p. 26.

混乱，表现出他将上层建筑与经济基础、社会思想意识与社会生活实践融合一体，概括在"文化"范畴中，文化成为"自身"反映自身的东西，看不出反映与被反映的关系，所以"文化唯物主义"这个称谓便带有精神物质非决定论化之统一的意味。从这里可以看出早期西方马克思主义实践一元论与阿尔都塞的意识形态理论的影响。他在意识形态中将各不同阶级的文化创造融合一体的努力，如他在50—60年代提出"情感结构"的概念，就起这样一种作用，但他后来又对资本主义是否允许这种普遍统一文化的建立表示怀疑。所以他的研究表现出与法兰克福学派的"社会批判"及"否定的辩证法"截然不同的妥协和折中调和的色彩，他称之为"对话"，但他的这种"对话"中较少阐释性批评与论争。

在"现实主义"概念上也同样表现出以上介于争论中的犹豫，一方面在20世纪"现实主义"已经被混同于"忠实于心理上的真实"，另一方面又出现了"社会主义现实主义"的问题；一方面盛行着"现实主义传统已经垮掉"的说法，另一方面提出不拘于"任何一种风格上的现实主义"以及"一种新的现实主义是必要的"等等。他又把现实主义分为"社会的"与"个人的"，认为在"最高级的现实主义作品中，我们基本上根据个人来认识社会，通过社会关系来认识个人"，便是这种"一体化"的新现实主义。① 所以尽管威廉斯在《长期革命》一书中以整个第七章

---

① 《文艺理论译丛》（第3辑），中国文联出版公司，1985年版，第125—145页。

论述了"现实主义和英国当代小说",并于1970年写了《从狄更斯到劳伦斯的英国小说》,伊格尔顿仍然指出:"马克思主义批评的任务是给文学价值的基础提供一种唯物主义的解释——这个任务,依我看来,雷蒙德·威廉斯在评论英国小说时还远远没有完成。"①

凯·里特在戈尔曼主编的《新马克思主义研究辞典》中对威廉斯的最后概括性评价还是相当准确与中肯的,他写道:"与马克思主义的对话关系依然是威廉斯一生中的一个最困难的因素。……威廉斯自始至终是一个'交界村'的马克思主义者,他赞同马克思主义理论的许多重要原理,在描述上层建筑的构成方面表现出极大的雄辩才能,然而却故意徘徊在马克思主义讨论的边缘。威廉斯一直审慎地保持着这种部分疏远的有利地位。不过,这根源于他早年的生活经历,以及他一生的重大变迁。通过这种疏远,他向我们展示了他写出的东西有着惊人的慷慨大度。在威廉斯写的一切东西中,他都在力图排解他对农村怀旧的伤感并将他的乌托邦思想纳入历史的必然性。"②"对农村怀旧的伤感"主要表现于他70年代初写的《乡村与城市》,而"纳入历史的必然性的乌托邦思想"则主要表现于1983年的《走向2000年》一书,威廉斯在该书中提出了类似杰姆逊当前——90年代对"未来的社会主义"的憧憬。但是威廉斯的思想理论特色,不仅根源

---

① 《西方马克思主义美学文选》,漓江出版社,1988年版,第699页。
② 罗.A.戈尔曼主编:《新马克思主义研究辞典》,社会科学文献出版社,1989年版,第429、431页。

于他个人的生活经历,主要应归为英国本土的文化传统——哲学认识论上的经验主义,罗伯特·欧文、威廉·莫里斯的空想社会主义,实践中的工联改良主义,文化保守倾向的自由人道主义与浪漫主义的混合物——当代马克思主义非正统非主流形态。他的思想理论特色,形成了与法兰克福激进色彩的反差与对比而有其独特的世界影响,由于他的文化批评理论涵盖面极广,视野开阔,他的书卖到上百万册,拥有大量读者,并且多年不衰。80年代在雷蒙德·威廉斯的主要影响下,英国文化唯物主义与欧美的新历史主义批评形成合流势态。文化真正立足当代并消除威廉斯对经典马克思主义的"疏远性"汇入潮流的美学和文艺学理论家,当推后起的新一代代表人物——特里·伊格尔顿。

二 伊格尔顿——新一代马克思主义美学家

从上面一节我们可以看出,伊格尔顿是通过对 20 世纪早中期英国马克思主义文学理论中的庸俗马克思主义、自由人道主义以及多元论文化决定论的批判清理展开他的学术研究的。因此,他对马克思主义美学文艺学带有当代建构性,也就是说,他同美国的杰姆逊形成了不同于前一时期"西方马克思主义"的一代新型马克思主义美学文艺学权威。伊格尔顿对杰姆逊的观点曾表示极大赞赏,把他的《马克思主义与形式》《语言的牢笼》《政治无意识》称为西方马克思主义批评的"三部曲"。他们确实在理论上有许多共识,甚至有些论断可以说是不谋而合,例如,认为"一切阐释最终都是政治的"等等。他们代表着战后成长起来的

"后法兰克福学派"的马克思主义新一代理论家。

特里·伊格尔顿出身于一个英国的工人家庭,中学时代就开始接触马克思主义思想,后来进入剑桥大学,曾师从英国著名文学批评与理论家李维斯与雷蒙德·威廉斯,著有《批评和意识形态——马克思主义文艺理论研究》(1975)、《马克思主义与文学批评》(1976)、《华尔特·本杰明》(1981)、《文学原理引论》(1983)、《美学的意识形态》(1990)、《意识形态:导论》(1991)以及一部小说《圣徒与学者》等,现在牛津大学与莱纳克列学院评议会讲授批评理论等。

(一)文学价值论在生产论中定位

伊格尔顿在《批评和意识形态》一书中提出,在当代文学批评争论集中的"关键问题就是文学的价值问题"。因为这个问题在现代思潮,不仅在现代资产阶级唯心主义体系(主要是实用主义的兴起)中,即使在唯物主义内部,也是被搞得最为混乱的问题。伊格尔顿认为,应该把它提到马克思主义美学的议事日程上来,给予应有的地位。从伊格尔顿的论述中可以看出,关于这方面的争议主要是围绕着价值论与反映论展开的。一方面是"唯心主义给价值标准提供主观主义的解释",那就是说,把价值问题归结为与反映无关的主观单方面的"评价";另一方面则与第二国际庸俗的马克思主义有关,从相反的方面只是片面地强调反映—说明,而否定价值判断。所以,伊格尔顿说道:"'美学'是太有价值了,不能取消对资产阶级美学家的斗争,而放弃它;它又太容易被资产阶级意识形态所污染,所以不能听之任之。"①

伊格尔顿在这方面总的思路是把文学的价值观念纳入文学生产论之中,最终使价值论与反映—认识论统一起来,即使唯心主义对事实—价值的割裂加以弥合。这一总体思路贯穿于他从70年代后期到90年代早期的一系列著作中,可以说是他在新时期对马克思主义理论建设的最重要的贡献之一。《文学批评与意识形态》一书的第五章"马克思主义与美学价值"集中讨论了这个问题。

他指出,马克思主义文学批评的任务是给文学的价值基础提供一块唯物主义的解释阵地,"在文学生产的基础上,重新思考价值问题",也就是"文学必须在一般文化生产的领域里重新定位"。在这里,他把马克思关于价值的观念、本杰明的艺术生产理论同现代阐释学与现象学美学—接受美学的积极成果结合起来,认为固定不变的价值是不存在的,即不参加"(本文与读者之间的)相互交易"的价值是不存在的,据此他给文学价值作如下说明:

文学价值是这样一种现象,是本文在意识形态挪用中产生出来的,是阅读行为作用的"消费性生产"。价值总是相互关系的价值:"交换价值"②。

根据马克思的政治经济学,价值是指能够满足主体需要的客

---

① Terry Eagleton, *Criticism and Ideology*, New Left Books, 1976, p. 187.
② Terry Eagleton, *Criticism and Ideology*, New Left Books, 1976, p. 152.

体的一定素质或条件。文学艺术作为生产的产品能够满足人们的精神需要——对种种知识、情感、思想观念和艺术形式美等的需要，其价值之客体性构成条件即在于作为精神生产产品的自身素质——美学在思想上通过一定的外在形式表现的"意义"。因此伊格尔顿对文学的价值理论在生产理论上重新定位又是把价值论与阐释学上的"意义"论结合在一起的。

首先伊格尔顿把文学的价值定位于（艺术）生产与消费之间的（主客体）关系——也就是创作与阅读之间的关系——上面，是根据马克思的理论而来的，马克思在《1857—1858年经济学手稿》中写道：

> 生产不仅为需要提供材料，而且它也为材料提供需要。……消费本身作为动力就靠对象来作中介。消费对于对象所感到的需要，是对于对象的知觉所创造的。艺术对象创造出懂得艺术和具有审美能力的大众，——任何其他产品也都是这样。因此，生产不仅为主体生产对象，而且也为对象生产主体。
>
> ……它生产出消费的对象、消费的方式、消费的动力。同样，消费生产出生产者的素质，因为它在生产者身上引起追求一定目的的需要。[1]

---

[1] 《马克思恩格斯选集》，第2版第2卷，第10页。

因此文学作品的价值不是由作家（生产者）、作品（本文—消费品—产品）或读者（消费者）单方面决定的。所以伊格尔顿在价值问题上批判了"历史主义"和"形式主义"，这两种观点都是把价值看成是固定不变的。所以这里所说的"历史主义"当然不是历史唯物主义，而是把作品看成是一种与作家"在特定的历史时代的'阶级立场'"之"'世界观'的'表现'"之庸俗社会学。伊格尔顿指出，这种观点，只是把"本文的物质性"变成了"一见可知的历史的'意识'"。而形式主义则把价值同作品的内容（"质料"）分离开来，抽象出来为纯形式、唯美学的东西。所以，伊格尔顿指出，只有进行"两方面的抵制，才是在价值问题上的唯物主义研究的态度"[①]。

伊格尔顿认为，文学价值实现的历史实践必须作为"本文确实在进行（再）生产来研究"。这种"再生产"是对既有本文的解读的历史。在这里，他强调了两个方面，一是"质料（物质）"性的东西，一是"精神（思想）性"的东西。他说："我们阅读（消费）的是某种意识形态为我们阅读（生产）的东西，阅读就是在特定的本文的意识形态生产中对本文的决定性物质（材料）的东西之消费。"[②] 在这里，"意识形态"是同本文的"思想意义"相关联的，"物质性"的东西当从作品的"素材""媒介——物质载体"与"内容"的关联方面去理解，当然"内容"又是同思

---

① Terry Eagleton, *Criticism and Ideology*, New Left Books, 1976, pp. 166–167.
② Terry Eagleton, *Criticism and Ideology*, New Left Books, 1976, p. 167.

想不可分割的，还可以从作家作为生产者的"物质生活的生产方式"去理解。伊格尔顿说明，文学的本文，总是对于意识形态而言的本文，总是归之于为特定意识形态所支配的批评接受性框架（某种常规），才是可阅读的和可破解的。这里所说的"接受性框架"相当于杰姆逊所归纳的四种阐释批评的"深度模式"。它们既是解读的主体性结构，也是写作的主体性结构。伊格尔顿指出，这种作为常规之框架同"物质性"东西的关系表现为"被套在'文化'和教育的物质模子上"，它表现为"普遍"意识形态话语与文学审美特性的超决定的结合。本文的这种结构上结合的"超决定性生产"表现为一种阅读的操作。因为阅读是一种把本文作为"物质（材料）"所进行的"可阅读性的生产"，它也就是一种特别的历史的意识形态生产。这显然把文学作为一种特殊的本文之意识形态生产与一般的非意识形态单纯物质生产区分开来了。因为本文是一种"既在跨越意识形态，又随同它与之共谋的意识形态生产"，所以阅读作为"意识形态生产的意识形态生产"，在本文的这条路线上，既"随同它"，又"跨越它"，在阅读对本文的意识形态生产的关系所决定的"双重运动"之中，并又"超出本文的意识形态生产之外"，阅读才是"生产"。这样，伊格尔顿从"消费也是生产（生产通过消费产生出一个消费者）"出发，阐明了它们（本文生产与阅读消费）与意识形态的总体框架之间若即若离的复杂套层关系。本文产生着自己的读者，即使是作为一种"误读"。但这种关系又不是在经验主义的接受层面上的"阐释学循环"的路径，而本文自

身所提供的生产的可能性途径就自然地构成了阅读的意识形态行为。所以:

> 文学本文生产对于价值问题的理论重要性,不在于本文与阐释以意识形态的共谋关系相互生产的层面,而在用本文自身的历史性自我生产与本文的意识形态框框的关系上。正因为这个过程是可能进行科学分析的……所以本文才可能是一种知识——一种把价值问题作为其多侧面的一个包含其中的知识。①

在这里,伊格尔顿还批评了"经验主义与唯意志论"两种弊端,前者认为本文"自然而然地在读者那里再生产出它的意义",后者则主张读者"随意地将他的意思投射于本文之上"。伊格尔顿在美学上所提供的超出马克思经济学上的东西在于,他强调了本文生产与阅读消费之间的动态平衡,本文与它所生产的思想意识之间的关系既不是机械同一的,也不是由主体或客体单方面决定的。

文学本文批评作为一种价值判断来看,它包含着从"本文语文结构的特殊形式","富有魅力的符号游戏",通过"非现实性""非自然性",通过我们的"共鸣"的思考达到的"历史真实"。伊格尔顿把价值论与反映论最后统一的层面放在历史

---

① Terry Eagleton, *Criticism and Ideology*, New Left Books, 1976, pp. 167-168.

评价上,因为每一本文"所描写的历史真实"并不是同等重大的价值,但每一本文必然同它外围的历史的东西发生关系。这种关系对价值是带有决定性的,但这又"不是说有价值的本文总是'进步'的价值和力量的承担者;也不是说,它是进步的'阶级主体'的纯粹反映"。[①] 这样,价值论与反映论的统一就与机械反映论划清了界限,这种统一的基础也就是历史唯物主义。

(二)价格系统是意识形态

伊格尔顿于 1983 年所写《文学原理引论》的目的,是以通俗的方式向英国非专业读者介绍 20 世纪以来的主要文艺理论,如英美新批评、现象学批评、阐释学和接受理论、结构主义和符号学、后结构主义、精神分析学。该书的引言标以"什么是文学",结语标以"政治批评",前后呼应,阐明了他自己的观点。由于该书深入浅出,观点鲜明,论析透辟,产生了广泛的影响。

伊格尔顿指出,人们对客观世界事物的认识,在事实判断和价值判断之间有一种通常想当然的截然的区分,即把前者当成是不带任何主观色彩的纯客观的陈述。伊格尔顿指出,不仅带有明显褒贬的判断是在进行评价,任何关于事实的陈述也不能逃脱价值评定。他说:"我们所有的描绘性陈述,都是在一个往往看不见的价值范畴的网状系统中运行,事实上,如果没有这种范畴,

---

① Terry Eagleton, *Criticism and Ideology*, New Left Books, 1976, p. 186.

我们彼此就根本无话可说。"① 因为在他看来，陈述都是以主体的知识结构为根基的，而知识又往往为某些利益判断所歪曲，"利益使我们的知识'得以构成'，危害我们的知识的不仅仅是偏见。声称知识应'不带评价'，这话本身就是一种价值评定。"这就是说，价值系统和知识结构共同为利益所制约。这里说的"利益"，也就是根本的经济——物质的占有与分配。所以他认为完全不带评价的"无关利害的陈述"，实际上是不可能的。

与事实判断的纯客观性相反，价值判断在一些人看来又是纯主观的。伊格尔顿举英国新批评代表人物 I. A. 理查兹在他的《实用批评》一书中的实验性为例：出示一组诗歌给学生，隐去诗人的名字，让学生评价，结果是各种各样的，久负盛名的诗人遭到贬低，而默默无闻的作者受到称赞。理查兹以此说明评价完全是主观的。然而伊格尔顿却得出完全相反的结论，认为，这项试验最有趣的地方在于："一种无意识评价的共同性却牢牢地主导这些特别的意见分歧，而理查兹本人显然没有看出这一点。"从理查兹的书中所录学生们对文学本文的解释可以看出："他们对一首诗的反应主要不是取决于'纯文学'的事实。他们的批评意见受到他们更为广泛的偏见和信仰的深刻影响。"而这种"偏见和信仰"所影响的主观评价的差异，则是"在一种特殊的社会造成的观察世界的方式中产生的"。在某种程度上，我们总是从

---

① 特里·伊格尔顿：《文学原理引论》，明尼苏达大学出版社，1983年版，第13—15页，引自《文学原理引论》，文学艺术出版社，1987年版，第17页。

自己的"利害关系"角度来"解释"文学作品的。

他指出,把文学看作一种"客观的"、描述性的样式是不正确的,同样,说文学是人们异想天开地称为文学的东西,也是不正确的。文学创作如此,文学的批评—阐释—理论系统也是如此。他写道:

> 传达并支持着我们的事实陈述的巨大的隐蔽价值结构,就是所谓"意识形态"的组成部分。我们所说的"意识形态"粗略说来,是指决定我们所说和所信东西的方式与权力结构的连接,和我们生活其中的社会权力关系的连接。……我们说的"意识形态"并非简单地指人们所持有的那些根深蒂固的,常常是无意识的信念;我主要指的是那些感觉、评价、认识与信仰方式,它们与社会权力的维持和再生产有某种关系。①

伊格尔顿在该书的结论"政治批评"中,说明这一标题并非意味着最后拿出一个文学的政治代替物,而是意味着"我们所考察的文学理论具有政治性"。他说,不必把政治拉进文学理论,政治"从一开始就在那里"。"政治"一词所指的仅仅是我们组织自己的社会生活的方式及其包括的权力关系。他说,他在

---

① 特里·伊格尔顿:《文学原理引论》,明尼苏达大学出版社,1983年版,第13—15页,引自《文学原理引论》,文学艺术出版社,1987年版,第18—19页。

这本书的从头到尾都在证明，现代文学理论的历史是我们时代的政治和意识形态史的一部分。文学理论一直是政治信念和意识形态史的一部分。的确，与其说文学理论本身有权作为知识探究的对象，不如说它是观察我们时代历史的一个特殊角度。因为与人的意义价值、语言、感情和经验有关的任何一种理论都必然与更深广的信念密切相联。这些偏偏涉及个体与社会的本质、权力与性问题，以及对于过去的解释、现在的理解与未来的展望。"纯"文学理论只是一种学术神话，正如这本书所考察的，有些理论无视历史政治的企图，恰恰最能清楚地透露自己的"意识形态性"。文学理论不应因其政治性而受到谴责。应该受到谴责的是它对自己的政治性的掩盖或无知，是它假定自己为"技术的""不证自明的""科学的"或"普遍的"真理原则时的那种盲目性；而只要稍加思考，我们就可以发现，这些理论与"特定时代中特定集团的特殊利益相连并加强它们"[①]。

他特别强调，应该反对的不是文学理论的政治性，也不是因其经常忘记这一点而导致的误区，而是其政治内容的性质。但在这个问题上，他又说明，文学理论与政治权力的关系并非意味着很多文学理论家会以某种方式赞同某种不合理的社会制度。问题仅仅在于，这些理论家并不认为文学理论与不合理的制度之间有

---

① 特里·伊格尔顿：《文学原理引论》，明尼苏达大学出版社，1983年版，第194—195页，引自《文学原理引论》，文学艺术出版社，1987年版，第230页。（译部分参照伍晓明译本，陕西师范大学出版社，1987年版；文化艺术出版社，1987年版。）

着某种关系。他指出,甚至在文学对现代意识形态的逃离中,也经常露暴它与之"同谋的关系:它认为那些用于文学作品的'美学'或'非政治'语言是很自然的,但就是这些语言流露出它的贵族主义、性别歧视或个人主义。……意识形态对于它们的支配,在任何时候都不如在他们真诚地相信自己的阅读之'清白性'时表现得那么明显"。

对现代资本主义社会中的个人主义和自由人道主义及其与文学理论的关系,伊格尔顿作了分析,提出其根源在于"占有的个人主义"及其所反映的政治制度的价值观念,这种政治制度使人类生活的社会性"从属于孤立的个人企业"。而自由人道主义的软弱无力,是它与现代资本主义之间根本性矛盾关系的一种表现。因为尽管它构成这种社会的"官方"意识形态的一部分,而"人文科学"的存在就是为了官方意识形态的再生产,但它生存于其中的那个社会秩序,从某种意义上来说,却几乎对它无暇顾及。但资本主义仍然要以自由人道主义为核心的人文科学,是因为虽然它一方面"大半无效",但它却又是现存资产阶级社会"所能集中的最好的关于'人'的意识形态"。而自由人道主义解答的弱点并非由于它相信文学具有改造人的力量,却是因为它通常过分高估这种改造力量,并且脱离"起决定作用的社会关系结构来考虑它,所以它只能用最片面最抽象的字眼表述'更好的人'的意义"。伊格尔顿指出,自由人道主义是一种偏狭的"道德意识形态",因此,它在实践中主要限于人际关系。它对于自由民主和个人权力的可贵关切不够具体,对于自由的看法也很抽象。只要个人自由仍然依赖出卖劳动或压迫他人，任何特定的个人自由就只能是无力的和寄生的。文学可以对这种状况提出抗议或保持沉默，但文学道德是由于这种现象的存在才有可能提出，正如华尔特·本杰明所说："任何一份文明史的记录，无不同时是一份野蛮史的档案"。对于自由人道主义，要实现其价值，就是作为不可消弭的意识形态之一，它"最终还是隐含着一种特定的政治形态"，并且"一切批评都这么做，批评的'非政治'形态只是一个神话，它更有效地促进着文学的特定的政治效用。[①]"

伊格尔顿对自由人道主义的分析，在原则上当然是正确的，有些地方也可以说是深刻的。但马克思主义对这种批判的要求，应是更加历史化的，就是说，随着资本主义发展的早、中、晚期，对自由人道主义的分析应具体从当时的情况出发，重要的是分析其不同时期，特别是在当代，分析其不同形态与作用。比如说，后现代主义作为资本主义的晚期文化逻辑，已经在对自由人道主义进行"解构"，即所谓"宏大叙事"危机，马克思主义的态度应与之有鲜明的区别。当然，伊格尔顿说社会主义者与自由人道主义的根本不同在于，前者希望使"自由民主"这些概念"得到更充分具体的应用"。

80年代，西方是后现代主义批评与研究热潮的时期，伊格尔顿在1983年的《文学原理引论》一书的最后，随着论及后结构主义的一章，把"现代文学理论带到了当下的时间"之中，但

---

① 特里·伊格尔顿：《文学原理引论》，明尼苏达大学出版社，1983年版，第209页，引自《文学原理引论》，文学艺术出版社，1987年版，第244页。

对其如何发展尚"拭目以待"。八年后,作者将篇幅巨大的《美学意识形态》一书末章设为"从城邦到后现代主义"。但1983年的著作虽然没有启用"后现代主义"一语,实际上通过对德里达、罗兰·巴特,以及美国解构学派的论述,已经切中了后现代主义的主脉——即通过对语言结构的消解,颠覆"普遍概念、确定意义、意识形态、真理、社会信仰",最终封闭在"无限能指的自由游戏"之中。在这部著作中,作者从解构主义的西方操作方式的描述,进而分析其产生历史背景与社会政治意义。而1990年写的那本书中则以福柯、利奥塔、哈贝马斯为中心,更多哲学文化的论述。

伊格尔顿在对20世纪美学与文学理论的透视中,贯穿着其"最终的阐释"——必然是政治的——原则于始终。一开始表现为对英国"新批评"派早期代表人物诗人T. S. 艾略特的分析,指出,他以"极右的权威主义"来对付"个人主义——中产阶级的全部思想体系——也就是工业资本主义社会的官方占统治地位的思想体系——自由浪漫主义、清教主义、经济个体主义"。他的极右权威主义表现曾与带有法西斯色彩的"法兰西运动"调情,并且几次以"轻蔑的口吻谈到犹太人"。从根本上说,"新批评"是一种十足的"非理性主义",一种"与宗教教条,与农业运动右翼'血和土'政治观点有着密切关系的非理性主义"。[①]

当他把这种政治分析一直贯穿到后结构主义运动时,引起了

---

① 特里·伊格尔顿:《文学原理引论》,明尼苏达大学出版社,1983年版,第49页,引自《文学引论原理》,文学艺术出版社,1987年版,第61页。

中国在 80 年代后期文学"非意识形态"与 90 年代"告别革命"呼声下某些人的不满与讥刺。但是,中国的超政治"纯理论家"们却忽视了一个事实,即后结构主义运动的强烈政治色彩,确实不是由于伊格尔顿独特的政治兴趣所强加上去的,而是"它本来就在里面"。这可由后结构主义运动的核心人物的著作为证,如罗兰·巴特在《本文的欢乐》一文中宣称,"本文是……那个把自己的脊背露给政治之父(找揍)的撒野的孩子"。而德里达在《人的观念的终结》一文中论及美国的解构主义时,认为其作用在确保"一种体制的封闭",为"美国社会的统治的政治与经济利益服务"。[①] 所以,伊格尔顿把后结构主义从在"话语沦为科学、商业、广告和官僚机构的工具的社会"里的语言危机开始,消除"批评"与"创作"间的明确界限的"实验",到"由于无法砸碎国家机器,发现可以将语言的结构颠覆"的分析,可以说非但不是牵强,甚至可说是精辟的。通过对巴特《本文的欢乐》的分析,伊格尔顿认为,贯穿于整个"冷战"时期,西方左翼进步知识分子在政治上的敌人有两个:一是"后期垄断资本主义的武装和镇压的国家机器",一是"表面上与前者对抗,但骨子里却与之同流合污的斯大林的政治"。在经过 60 年代的"幻灭"之后,西方人们感到所有的"理论、意识形态、确定的意义……"似乎都具有"天生的恐怖主义"的性质,"写作"是解决所有这

---

① P. L. 拉巴特、J. L. 南希编:《人的终结》,巴黎,1981 年版,第 526—529 页。

些问题的答案，幻灭后的左派知识分子可以在那里"寻求乐趣的最后一个尚未被侵犯的领地，在那里可以尽情享受能指带来的欢乐……"[①]关于德里达的解构主义与政治，伊格尔顿精辟地写道，显然，德里达是要得到比一种"新的阅读技巧"更多的东西，解构主义对他最终是一种"政治实践"，试图摧毁一种特定思想体系的逻辑，在它后面是维持着这种逻辑的力量的整个政治结构和社会体制的系统。所以，他不是荒谬地去否定相对确定真理、意义、统一、倾向、历史连续性之存在，而恰恰是要把这些看作更深、更广的历史——语言、无意识社会体制和实践——的结果。实际上伊格尔顿深刻地描绘，揭示了德里达从非常的政治意图出发，最后以非常的"非政治化"告终，并从中看出这反映了这一代人的政治幻灭情绪。这种社会政治分析，正如通常把尼采作为1848年革命失败后的幻灭情绪之反映那样，虽无更多新奇之处，却具有无可辩驳的对历史的穿透性洞察力，这正是人们常说的真理的平凡性，这也正是杰姆逊得意的马克思主义阐释，作为辩证的历史化的"绝对视野"，在众多的阐释方法中的"优先性"，但对于具体个人的操作，无论是伊格尔顿，还是杰姆逊或其他人，总不是完美无缺的。

如果说这样从"本文的本文（巴特的本文主义批评）"与现实政治运动直接引出历史社会的政治与文化思潮的分析，显出了

[①] 特里·伊格尔顿：《文学原理引论》，明尼苏达大学出版社，1983年版，第141—143页，引自《文学原理引论》，文学艺术出版社，1987年版，第167—169页。

马克思主义的深邃洞察力与无可辩驳的说服力，那么同样的操作却在另处略显简单粗糙。如伊格尔顿在述评海德格尔的阐释学时，一方面正确地指出：海德格尔要回到主客体之间的二元论出现之前的"前苏格拉底思想"中去，把存在看作包括主体与客体在内，这种"意味深长的洞察力所产生的结果，是令人吃惊地拜倒在'存在'的神秘性面前"；另一方面，却不无粗糙地指出，"这一切以及海德格尔之相信面临死亡的'权威性'的存在优于芸芸众生，使他在1933年明确支持希特勒——虽然这种支持是短暂的，但对哲学原理中的一切来说，却是绝对的"。并且批判海德格尔的美学思想引出"在艺术面前我们的姿态应当具有一种奴性"，这种奴性是他主张"德国人民在元首面前应该显示的。资产阶级工业理性社会傲慢的理性唯一代替物，似乎是奴性十足的自我克制"。作者认为海德格尔历史观的要害在于把"History（历史所发生的东西）"与"Geschichte（所发生的体验为真正的意义的东西）"区分开来，对他来说，"真正的历史"是与"在（Sein）"的历史和"世界的历史"相区分的。伊格尔顿指出，他的历史观既代表着"逃离历史"，也代表着与"历史相遇"。这样的分析可以说是相当精辟的。但伊格尔顿把这种历史观进一步与法西斯主义联系起来，认为法西斯主义也同样代表着对垄断资本主义矛盾做垂死挣扎地逃避，而要去建立种族灭绝的"第三帝国的千年史"[①]，这种引申就不能不使人感到牵强了。诚然，海德格

---

① 特里·伊格尔顿：《文学原理引论》，明尼苏达大学出版社，1983年版，第85页，引自《文学引论原理》，文学艺术出版社，1987年版，第81页。

尔参加纳粹党是他个人生涯中无法开脱的最为暗淡的一笔，有的研究者出于对海氏哲学的特别偏好，把这一点也说成情有可原，当然是错误的，但对这种政治历史误区同哲学思想批判之间的关系也不应是简单直接的。伊格尔顿也清晰地意识到在这一复杂问题上存在简单化的可能性，因而说明，"这不是暗示海德格尔的哲学总的说来不过是法西斯主义的理论基础，而是要表明他的哲学为现代历史的危机提供了一个臆想的解决方法，应当像法西斯提供的另一种解决方法一样，两者有很多共同之处"。人类在思想历程上的迷误与少数人在历史上人性的丧失——超乎兽性的残酷，首先是应该区分开来的，同样都是极其复杂的批判，而在寻找两者在精神现象上的某种相似，与实际存在着的某种联系时应当避免可能出现的粗糙，慎之又慎。再回到政治与意识形态的关系这个大的方面来看，政治当然不是文学与理论的外加物，而是"本来就在里面"的。但是就意识形态本身而言仍然有着各"元"间的复杂结构性关系，它们各自与经济基础的不同"距离"，它们相互之间的差异，就在社会生活不同地位的具体的历史个人对政治的意识程度与作用方式而言，更是千差万别的，所以这种关系不是因其"本来在里面""最终隐含着"，仅仅是显露揭示的简单问题。需要思索的是，个人及群体怎样历史不同地"在（政治）"里面，这种显露与揭示带有政治本身的策略性。特别因"冷战"，普遍的"阶级斗争扩大化"与实际存在的阶级斗争纠缠在一起，人们普遍的"心有余悸"与"政治无意识"，加上统治阶级意识形态制造的种种虚幻假象，作为马克思主义在"多元主义"中的"包容"策略,有时甚至要把"本来在里面"的政治适当"拉出来(如对某些过于政治化的口号特别加以学术化)"。但这并不等于马克思主义向自由人道主义屈服,这样做可以避免一下子把大多数处于"政治无意识"中的人们(特别是第三世界,尚未摆脱思想专制的地方)吓回去;更重要的是,政治的学术化是消解直接的权力文化的方式。通过文化阐释的具体操作,使"纯学术"政治化,"纯政治"学术化,逐步引向政治的自觉,达到一切本文在历史视野上的"去神秘化"和"非面具化",最终不仅在理论上,也在实践中,恢复"解放"这个作为"宏大叙事"之最大的政治。

(三)关于"后现代主义"问题

后现代文化是一种哲学化的政治文化,这种"哲学"是对世纪的"政治"的哲学反思,是世纪的哲学都来一试身手的最后场地与良机。所以伊格尔顿在 1990 年出版的《美学意识形态》一书"从城邦到后现代主义"一章中突出了"诊断(description)"与"处方(prescription)"分裂。"诊断"与"处方"就是围绕着当代世界的病症提出来的,寻找怎样拯救人类的出路问题,各类思想理论家提出的形形色色理论形态的主张与方案:如德里达的"去中心""分延",利奥塔的"小叙事""悖谬逻辑",哈贝马斯的"交往—共识",罗蒂的"后哲学文化"……

顺着德里达—罗兰·巴特的解构思路,伊格尔顿来到一个中心人物那里,这就是让-弗朗索瓦·利奥塔,他是从 60 年代中期以前的马克思主义者在与之分道扬镳后转向种种流派杂说汇于一身的人物。伊格尔顿提到他的主要著作是《公正游戏》与《后现代状况——关于知识的报告》。伊格尔顿把他在后一题的"知识哲学"的意味与康德的批判哲学加以比较,如果说两者以"二律背反(antinomy)"或"悖谬逻辑(paralogy)"为共同立足点的话,那么康德就是以感性与理性的调和为辩证统一的先声,利奥塔则以哈贝马斯的"共识"为攻击目标。后现代的根本问题在于"诊断"与"处方"的分裂,这一分裂是以一系列理论范畴的分裂为基础与前提的:包括上述"事实与价值"的分裂,在后现代文化批评与研究范畴内又表现为"一般批评标准(general criteria)与特殊(particular)批评标准"的关系。利奥塔正如他在《后现代状况》中对"共识"的拒绝,在《公正游戏》中认为"没有什么批评标准"。而这一分裂关系,在认识论上又与一般判断及特殊判断的分裂相对应。伊格尔顿指出,在利奥塔看来,我们的特殊判断中并不包含一般判断,也就是这样的特殊判断清洗掉一般批评标准。这个问题又可上升到对道德理性主义的拒绝。伊格尔顿指出,在任何具体的判断行为中,是不可避免一般批评标准之纠缠的。利奥塔并不反对"正义"这个道德范畴,但他总是要"切断真理与正义的联系"[①]。伊格尔顿指出,作为曾经领导过左派团体理论刊物《社会主义还是野蛮》的理论家利奥塔,却不愿放弃社会正义的概念,但与古老的元叙事的倾圮同时,其正

---

① 特里·伊格尔顿:《美学意识形态》,牛津大学出版社,1990年版,第400页。

义观念的实质在于康德与诡辩论的"约定论（conventionalism，或'因袭主义'）"串味的混合，伊格尔顿也称之为"直觉主义"。伊格尔顿指出，利奥塔是从《公正游戏》，以一种勇往直前的直觉主义开始他关于正义的讨论的，表现在他在否认批评标准上与福柯一致："没有批评标准……如果要我回答，我以什么标准进行判断，我将无言以对。"他相信，处方不可能从基于一种分析的社会理论之描述取得，正如福柯所说："我们必须摆脱在伦理与其他的社会或经济结构间的必然联系之观点。"[①] 他们都坚持事实与价值，描述与处方的对仗之语言游戏的苛刻分界。这样一种话语的严格二元论……是后期维特根斯坦所主张的，每一种语言游戏必须以其独立的自律性、"纯粹性"起作用。正义来到是在一种语言游戏把自己强加于另一种之上的时候。对利奥塔而言，处方是左派从某种社会的理性知识切割下来，高挂在空中的，是留给……幻象的东西，正是利奥塔一次又一次……所想要的东西。

虽然经过了历史无数次巨大的飞跃，然而循着这一系列分裂的范畴，伊格尔顿从后现代主义又把读者带回希腊"城邦"，即千头万绪、异常庞杂的后现代文化分裂的诸范畴，根据一个最为古老的理论框架，即对"知识""伦理—政治"与"里比多（libido）美学"三大领域，以"我们能知道什么？""我们应该做

---

① 《论伦理谱系学》，引自保尔·拉比诺：《读者福柯》，纽约，1984年版，第86页。

什么?"与"我们发现了什么有吸引力的东西?"为提问方式[①]。这也就是贯穿到康德的三大批判中的真善美。

而这三大范畴又是以"真理"为中心的,这也就是后现代主义的主要攻击目标,上述所有范畴的分裂无不表现为各自与真理的分裂,如价值与事实的分裂,亦即伦理学与认识论的脱离,美学与认识论的"离异"就自不待言了。伊格尔顿指出:"不断发明新游戏的行为,在先锋派的艺术实验或'悖谬逻辑'的科学中有最为密切的类似物。""必须尽可多样地混合'小叙事'。问题在于这就是对'小的就是美的'一种感伤的幻觉的信念。多元性对于后结构主义一般就是'善自身',而不去关心其伦理与政治的实质。道德正当的东西就是去产生尽可能多的语言游戏。"[②] "反对真理"从19世纪末早期现代主义尼采的虚无主义开始,是与20世纪实用主义在后现代的汇合场地,"反本质主义(anti-essentialism)"即是其支柱。伊格尔顿把反本质主义的根子追溯到英国经验主义哲学家约翰·洛克那里,洛克把无特性的真实说成是"本身"比其他任何东西更为重要的东西,由此可以得出为什么一个人的皮肤的颜色不被认为是他的一种本质特性,这个问题并不比问"为什么它是如此"有更多的理由。[③]

---

① 特里·伊格尔顿:《美学意识形态》,牛津大学出版社,1990年版,第266页。
② 特里·伊格尔顿:《美学意识形态》,牛津大学出版社,1990年版,第398、400页。
③ 特里·伊格尔顿:《美学意识形态》,牛津大学出版社,1990年版,第400页。

反本质主义在现代与后现代主义哲学文化中同反"镜喻"（反映）结合在一起，是实用主义的要害，所以有些后现代主义批评者把利奥塔作为"新实用主义者"[①]。伊格尔顿指出，《后现代状况》中一种有趣的平行在于一种"好"的实用主义与"坏"的实用主义之间：正如最为成功者总是讲好听的故事，享有最丰厚研究资助者好像是最正确的。伊格尔顿批判道，对于利奥塔，真理、权威和修辞的诱惑——利嘴巧舌或种族主义者故事的力量——是不可能真实地区分开来的。要看到这个行为怎样不使纳粹的叙事权威化，这也是很难的。纳粹对于利奥塔德，也对于其他后现代主义思想家，是启蒙主义宏大叙事的致命目标，是一种恐怖主义理性和总体性的悲剧之完成。他不懂得这是一种反启蒙主义之非理性主义的野蛮结果……丢弃历史，拒绝认同审美的政治并把所有的赌注押在他们所说的这些故事的魅力上面。

伊格尔顿自己的"处方"当然落在马克思主义的辩证功能和历史使命上，在《美学意识形态》一书的最后，他正面原则地提出了这个"处方"，在顾及这一"处方"之前，让我们首先来看他在该书中对马克思美学的独特解读。

（四）"宏大叙事"与"大美学"崇高

较之伊格尔顿的其他著作，1990年的《美学意识形态》是

[①] 约翰·麦考文：《后现代主义及其批评》，康奈尔大学出版社，1991年版，第180—191页。

一部规模宏大、相对于文学理论与批评而言的狭义美学著作，它从19世纪英国经验主义（夏夫兹博里、休谟、伯克）和德国古典美学（康德、席勒、费希特、谢林、黑格尔），到现当代（叔本华、克尔凯郭尔、尼采、弗洛伊德、海德格尔），中间以马克思为转折，经过本杰明、阿多尔诺，终结于后现代主义。然而这并不是一部一般的美学史论著，而是立足于现代，旨在给现代以一种历史的透视，解决当前现实关注的问题。其中第八部分《马克思主义的崇高》，也不是一般理解的马克思主义美学，如里夫希茨、卢卡奇等有关理论建设上所做的工作。其中没有涉及一般关心的美学问题，如现实主义、典型、革命历史悲剧等，当然，关于艺术生产理论在前面已有述及，而在这本书中，作者对马克思主义美学如这一章标题所示，是从"崇高"这一美学范畴着眼的。然而马克思本人，甚至重要的马克思主义经典作家，在美学方面并没有专门就崇高问题发表过专门论述，伊格尔顿把崇高范畴与马克思主义联系起来，是把美学置于一种独特的政治经济的社会学的视野之中。他说，"马克思许多最有活力的经济范畴暗含着美学的东西"。所以在这一章中，作者论述"马克思主义的崇高"的理论依据主要是《1844年经济学哲学手稿》《〈政治经济学批判〉导言》《资本论》以及《路易·波拿巴的雾月十八日》，而对马克思关于悲剧的通信等则没有提到。

（1）与"宏大叙事"联系着的"大美学"

在伊格尔顿看来，马克思的美学观念与其共产主义思想体系是紧密不可分的，而共产主义作为人的全面性实现之解放，是

"人的存在的最终之美学化（aestheticization）"。所以我们必须以一种"大美学"的观念来看待伊格尔顿所论的马克思主义美学，正如他所说："如果一种美学的存在是作为一切的成就，那么思想必须不被普遍早熟地美学化。"也可以说，前面所说的"美学"是一种"大美学"，后面所说的"美学化"是一般意义的美学。这种"大美学"恰恰对应着利奥塔在他的《后现代状况——关于知识的报告》一书中所说的与"思辨"、与"解放"联系着的"宏大叙事"，在后现代被化解为许多"小叙事"，他所说的"思辨"，就是德国古典哲学精神，"解放"就是法国启蒙主义。马克思早期主办的《德法年鉴》就是把两者结合起来的理论方向，这一成果导向马克思主义关于"人类解放"的"宏大叙事"。所以伊格尔顿所说"作为一切成就"的美学，就是与此"宏大叙事"联系在一起的。所谓"叙事"，无非是思想体系或意识形态之后现代话语转喻。"宏大叙事"危机，也就是从现代主义以来对黑格尔庞大思辨哲学体系，特别是对其总体论的冲击，如存在主义先驱们所做的；此外，就是对启蒙主义到马克思主义关于人道主义理想与人类解放理论的弃置。

马克思的"作为一切成就"而存在的"美学"，对于通常意义上作为一门知识学问的"小美学"而言，是"非美学化"的。基于此种观念，对于艺术，就通常把艺术限制在以其自身为目的的"自律"论而言，伊格尔顿指出，在艺术的"自律中承载着最为政治的东西"。"美学如果要繁荣起来，它只能是通过政治的善，并且这种政治因此处于一种同美学的元语言的关系之中"。

"如果美学要实现它自身,就必须通过政治,它暗暗地总是政治的"[1]。就是说,"人的解放"作为"美学的实现"——人类美好理想的实现化,既是一个美学的使命,也是一个政治的任务。美学是目的,政治是手段。它们的关系其实是相互"暗含"的:就是说,在强调美学目的时,其中暗含着政治;在突出政治途径时,其中暗含着美学目的。这一点显然与他在文学理论部分所说批评阐释最终都是"政治的",是完全一致的。

(2)从"人的身体"出发的"美学"

伊格尔顿回顾了近代以来的美学史,指出,美学处在一种哲学唯心主义氛围的笼罩之下,唯物主义在那里"似乎没有得到什么特别好的遭遇"。他指出,如果要从唯心主义的重压之下恢复唯物主义美学的空间位置的话,就应当从"人的身体本身(body itself)这一立足点开始"。而"人的身体"恰恰是现阶段三位最伟大的"美学家"(马克思、尼采和弗洛伊德)所谋划的美学:马克思:体力劳动,尼采:作为权力的身体,弗洛伊德:欲望的身体。这样一个美学"唯物主义"出发点,又不是一般从美的根源和本质所作的哲学抽象的思辨,"人的身体"一方面与关于人的种种抽象,如"人的本质""人自身"等相对;但另一方面,它又不是人的生物性的自然具体感性,而是同人的"类"存在的本质——劳动,和作为社会存在的历史性相关的。因此可以说,

---

[1] 特里·伊格尔顿:《美学意识形态》,牛津大学出版社,1990年版,第226—227、208页。

伊格尔顿所关注的马克思的美学与我们通常所说"社会美"这个范畴密切相关。比如在论及《手稿》中关于"美的规律"时,作者不是如我们曾经做过的那样去讨论"美的规律"是主观的还是客观的(这似乎对作者已不是问题),并挖掘马克思所说"两个尺度"的含义等等。

"人的身体"这个概念在马克思那里除了同"劳动"直接关联外,还有"感性"的意义。这在马克思那里特别是他青年时期,确实是作为"出发点"的东西。感性,伊格尔顿指出,"思想本身的要素,思想的有生命力的表现,语言,是感性的自然"。找到了这个美学唯物主义的出发点,伊格尔顿充分地展开了马克思《手稿》中关于以人的感性的解放为中心之人的全面发展的"美学化"过程。与这一过程相反的是在资本主义制度下人的感性的贫乏化,这种"贫乏化"表现为两个极端:一是"拥有感",即私有财产下人的感性被单纯的财产和占有的观念所统辖,即"私有财产使我们变得如此愚蠢而片面……因此,一切肉体和精神的感觉为这一切感觉的简单的异化即拥有感所代替"。另一方面,感性的贫乏化表现为,对于劳动者感性的满足仅以维持生命的最低物质需要为限度,即"把工人的需要降低为维持其肉体存在的最低限度的需要……"伊格尔顿指出,人的身体在资本主义制度之下是分裂的,在"残酷的物质主义(materialism 于此当作此译)和异想的理想主义之间外伤性地分开",既过于欲求又过于异想天开……作者指出,马克思主义的目标是恢复"人身体"被剥夺的能力;而只有通过私有财产的废弃,感性才有可能回到它自身。"需要或享受"作为人身体的感性,"失去了它们的自私性",与之相应的是"自然在其使用成为人的使用之意义上失去了它们的功利性"。伊格尔顿认为,这就是马克思的最深刻的"美学",即在于他认为人的感性、力量、能力的操作是其"自身的绝对的目的之信念,没有功利的辩解的需要"。只有当身体的驱动力已经从"抽象的需要"解放,并且这个对象已经接近从"功能性抽象"向"感性实践的使用价值"恢复,这才谈得上感性的"人化"——"属人的感觉",也就是感性才可能审美地存在。因此"私有财产的废除,意味着一切属人的感觉和特性的彻底解放"。伊格尔顿指出,"人的感性的主体性就是一种彻底客观的事件,一种复杂的物质历史的生产,它只是通过一种对象的历史的转型感性的主体性方可能焕发",这一思想是从马克思下面的一段著名论述引发出来的:

> 只是由于属人的本质的客观地展开的丰富性,主体的、属人的感性的丰富性,即感受音乐的耳朵、感受形式美的眼睛,简言之,那些能感受人的快乐和确证自己是属人的本质力量的感觉,才或者发展起来,或者产生出来。[①]

《手稿》对过分强调人的感性的解放,由此可以看出,青年

---

① 马克思:《1844年经济学—哲学手稿》,刘丕坤译,人民出版社,1979年版,第79页。

马克思在经过费尔巴哈转向历史唯物主义之前短暂的感觉论倾向——作为对黑格尔泛逻辑式的客观理性的逆反,但这并不等于说理性范畴即使在当时在马克思那里没有地位,或并不重要。因为即使是感觉的解放,也是由作为理性需要之"人的本质力量"对象化,通过生产劳动对自然的改造、工业生产力的发展得以实现的。伊格尔顿虽然也为《手稿》对感性的过分强调所左右,但他写道:

> 马克思不同于他后来的尼采和海德格尔,并不把这种美学化贯彻到人的认识本身中去。这不是某种贫血的理性主义:人的生存目的,对马克思一如对亚里士多德,不是真理,而是幸福或优越的存在。他所从事的工作,是对普遍的人的状态为目的之必要的物质条件是什么,作出博大的追问,并因此而属于阶级的道德的话语。马克思是一个最为传统意义上的道德主义者,这就是说,他关心的是这种生存的善的政治决定论……①

马克思主义不是一般的理性主义(贫血的),这是对的,但它也不是夸张的感觉主义,不应该把真理的问题与"幸福或优越的存在"区别开来,这在马克思主义是统一的。不过伊氏也正确

---

① 特里·伊格尔顿:《美学意识形态》,牛津大学出版社,1990年版,第228页。

地强调：马克思(《手稿》)"如果能够以对一种基于感性的科学的要求而不陷入一般的经验主义的话，那是因为感性对他不是一个孤立的领域，其法则是能够作为我们对现实的实践关系之形式被理性地审视的"[①]。人的解放体现为人的全面性的实现，这种"全面性"就包括知性所认识到的真理（自然科学和社会科学），现实人际关系的善（从阶级利益的政治道德到人类博爱）和美的形式的感觉及创造——这些在理性统辖下在阶级社会被压抑和片面化的功能。这里所说的"理性统辖"，是对感性的统一、对非理性的携带和包容。从这个意义上理解《手稿》中所说的"感觉通过自己的实践直接变成了理论家"[②]，不是把理性下降为感性与非理性，也不是屏弃后两者，而是使之提高到与前者的统一。

（3）"人身体"——感性的"抽象化"

伊格尔顿把感性的"非人化"表述为感性的"抽象化"，也就是感性的"属人的"性质被从人的"身体"那里抽象。这在人作为主体，表现为"需要的感觉"简单化为"拥有感"，对私有财产的拥有感是一种抽象的"非人化的"感觉；而在对象则表现为物的"使用价值"被抽象为"交换价值"。这种交换价值的抽象性被集中体现在商品和货币的特性上，马克思认为，商品意味着"物的价值和它们的实体的分离"。伊格尔顿写道："货币对于

[①] 特里·伊格尔顿:《美学意识形态》，牛津大学出版社，1990年版，第199页。
[②] 特里·伊格尔顿:《美学意识形态》，牛津大学出版社，1990年版，第78页。

马克思是彻头彻尾唯心主义的,一个空想的幻象的王国,在其中所有的认同都是短命的,并且一切对象都可能在对别的东西之打击下变换形式。就像社会寄生的想像的口味,金钱是一种纯美学现象,自我增值,自我指涉,所有物质真实的自律,并可能到具体存在中去祈求一种无限的复数。"① 相对抽象化的交换价值、使用价值与"人身体"的感性对应着人的实践,而这种实践连接着一种社会的博大的功利性,与"非人化"的以及自私的"拥有感"相通的狭隘功利主义相对立。前者是可"美学化"的,而后者是"非美学化"的。因此,所说"金钱是一种纯美学现象",显然是反讽。伊格尔顿引用了《手稿》中的一段话,说明在工人的社会主义运动实践中,工人之间的交往表明了美学目的与政治手段的关系:

> 当共产主义的手工业者联合起来的时候,教导、宣传等首先就成了他们的目的。但是同时,他们因此也产生一种新的需要,对交往的需要,而作为手段出现的东西则成了目的。从法国社会主义劳动者的聚会就可以看出,这一实践运动取得了何等光辉的成果。②

在这个意义上,马克思的美学是"反康德"的,即针对康

---

① 特里·伊格尔顿:《美学意识形态》,牛津大学出版社,1990年版,第201页。
② 马克思:《1844年经济学—哲学手稿》,刘丕坤译,人民出版社,1979年版,第93页。

德的审美"不关心（无利害）观照"说的。而就对狭隘功利主义的超离而言，马克思则是"充分康德"的，这就是"以人类为中心的目的"的美学观念。实际上，只有摆脱狭隘功利主义艺术才谈得上"自律"，这在马克思早期著作中论述为："作家绝不把自己的作品看作手段。作品就是目的本身；无论对作家或其他人来说，作品根本不是手段，所以在必要时作家可以为了作品的生存而牺牲自己个人的生存。"[①] 这一思想在马克思后期的政治经济学批判中，被置于艺术生产与商品生产的关系中加以考察。就是说，对于艺术家，一方面创作就像春蚕吐丝一样是他的本能，但同时，生活在商品生产社会中的诗人，艺术对他来说又有获得生活来源的手段的意义而进入商品生产，对于艺术生产部门的资本家，艺术则又是攫取剩余价值的工具。

（4）形式与内容的关系——崇高

伊格尔顿认为，形式与内容的美学的融合是马克思的美学理想的现实化要求。早在1842年日耳曼财产法一文中，马克思就说过："形式除非是内容的形式，否则是无价值的。"对于马克思，形式与内容完美平衡的关键是"浑然一体（mass）"，意味着测度、标准、比例适中，或者甚至常常是一件制造品的坚实的内在结构。由于比例，"把固有的尺度应用到对象上去"，似乎是马克思的目标。人们可以由此得到一个批判资本主义的立场。早在教条式地论述古希腊时，马克思把他称之为"测度的辩证法"那种

[①] 《马克思恩格斯全集》，第1版第1卷，第87页。

东西同"无度的领域"进行了对比；并且成为他的思想的范式，总起来讲，在古代社会看出一种对称与合比例。马克思所认为的理想的国家——民主的制度——就是在内容与形式上统一的政治体制："在一种民主中，制度，法律，也就是国家政权，本身就只是一种人民自决和人民决定的内容。"解放的社会对于马克思是一个形式与内容的美学的融合。

从内容与形式统一的关系对资本主义批判，是从资产阶级革命延伸到它的经济关系。资产阶级革命的内容与形式统一的关系上升到一般的"革命"与"崇高"的美学范畴。伊格尔顿认为，从马克思的原著来看，有两种美学的东西，它们之间并不是整个对应的。如果一种可以称为"美"的话，另一种便可称之为"崇高"。马克思在《路易·波拿巴的雾月十八日》中，对法国革命的历史唯物主义分析从历史向美学进行了移位，引出"革命"与"崇高"之间的关系，伊格尔顿指出，马克思在这部经典性历史著作中，把法国资产阶级的大革命描绘成"形式与内容、能指与所指之间的裂隙的活生生表现"。马克思写道：

> 19世纪的社会革命不能从过去，而只能从未来汲取自己的诗情。它在破除一切对过去的迷信以前，是不能开始实现自己的任务的。从前的革命需要回忆过去的世界历史事件，为的是向自己隐瞒自己的内容。19世纪的革命一定要让死人去埋葬他们的死人，为的是自己能弄清自己的内容。

第三章　20 世纪德国、法国、英国的马克思主义美学

从前是辞藻胜于内容，现在是内容胜于辞藻①。

在这里，"从前的革命"指资产阶级革命，"19 世纪的社会革命"指无产阶级革命，前者"向自己隐瞒的内容"就是剥削，把这一内容掩盖在过去革命的"闪闪发光的勋章"之下来哄骗自己，所以是"辞藻胜于内容"。而无产阶级革命"要让死人去埋葬他们的死人"，是指其使命在于根除一切剥削的历史形式，这样一种前所未有的内容决定着它不能从过去借取形式（辞藻）。

对马克思所说的内容与形式（辞藻）的不统一，伊格尔顿从"过去"和"未来"交换价值与使用价值之间的关系加以理解和阐发。"过去"作为马克思恩格斯所说的"前史（prehistory）""未来"作为"正史（history proper）"，伊格尔顿指出，马克思主义不是一种"关于未来的理论"，而是一种"怎样造成未来的可能的理论和实践"，因此，关于"正史（资本主义结束之后的人类历史）"马克思几乎没有说什么，并且正是在这方面，马克思本身保留着一个症候性的沉默。实际上历史是通过清除道路上的障碍开始的。因此，迄于今日，历史无非是一系列不同的对压迫和剥削的反抗这样一些相同的古老故事。商品的无终止的循环流通便是这个历史最为现时的辞藻，而未来的显示则是通过阶级社会本身暗示着对自己一向如此的拒绝，正如一个人有生便有死一样。但这一循环不可能通过"显示未来"得以打破，因为"显示

---

① 《马克思恩格斯选集》，第 2 版第 1 卷，第 587 页。

的手段"属于一种取代的现时,而不能穿越现时取得一个尺度。这就是说,社会主义革命所指向的共产主义社会在其内容上尚未取得形式,马克思所说的"19世纪的社会革命"就是无产阶级革命,这种革命的内容是有待"弄清"的内容,也就是有待于向未来取得形式的内容。共产主义在内容上是特定的使用价值的多样性的全面解放,其形式必须由自己内部产生出来,那么这样一种似乎是发展本身的唯一的绝对究竟在哪里呢?在这里,物的"使用价值"与人的本质力量的全面性是相关性的概念。也就是说,使用价值的财富和人的力量的自我欢愉,如果从交换价值的形而上学的囚禁中得以解放,社会主义建制的形式必须这样地被描绘,那么从统一中把不统一解放出来便是这种不统一怎样显示自身的问题。由于这种内容与形式的统一在未来而不在现时,所以现时所显示的不统一,便是伊格尔顿所理解的马克思说的"内容胜于辞藻"的精义。

(5) 坏的崇高

作者认为,对于马克思,可以分出一种"坏"的崇高,并认为就马克思所论主要着眼于"坏的"崇高。那么什么是"坏的崇高"呢?他将之与黑格尔的"坏的无限性"进行比拟。黑格尔的"坏的无限性"是指一种绝对的无限性,即不是同有限性辩证地统一着的"无限性",是反辩证法的"无限性"。在这种哲学、美学、政治、经济的"互文性"关系中的崇高范畴,一切都具有修辞上的比喻性质。"坏的崇高"与"坏的无限性"同"资本主义本身的无休止的、过于自以为是的运动,包括经济政治的一切方面",主要是着眼于"商品的运动",它的"坏的无限性"就是"坏的崇高的一种形式"。①伊格尔顿指出,这是一个"不停止的转喻的链索",在这种运动中,"一个对象把自身提交给另一个,再另一个,直到无限"。这种"坏的无限性"或"坏的崇高"在美学上相当于康德的"数学上的崇高",它是"打翻所有稳定"的显现的纯粹"量"的无休止算计,"金钱就是它的主要的能指"。这个意义的理论依据来自马克思《手稿》中的一段话:

> 货币的量越来越成为它的唯一强有力的属性;正像货币把任何存在物归结为它的抽象一样,它也在自己本身的运动中把自己本身归结为量的存在物。无度和过度成了货币的真正尺度。②

伊格尔顿指出,马克思是在否定的意义上一再说明"货币的尺度就是它的无度"。他由此引申出,货币是一种"畸形的崇高",一种无限孵化的能指,它把所有真实的关系都切断了,一种染上确实如惯常的崇高形态——狂暴的海、悬崖峭壁——的特定价值的虚幻唯心主义——把一切特定的统一都吞没到"无边界的扩张"之中。这种崇高,伊格尔顿指出,对于马克思正如对

---

① 特里·伊格尔顿:《美学意识形态》,牛津大学出版社,1990年版,第212页。
② 马克思:《1844年经济学—哲学手稿》,刘丕坤译,人民出版社,1979年版,第85页。

于康德,是"无形式"的崇高:没有形式或是畸形的。

与这种"坏的崇高"形成对照的是"好的崇高",那是在《路易·波拿巴的雾月十八日》中明显表现出来的。在历史既有的政治革命和经济发展中,形式与内容的关系总是处于一方压倒另一方的非整合式统一关系。在未来的共产主义两者理想化的统一中,"好的崇高"只是在新的历史条件下"史前"的不统一形式向一种未知的全新形态的转化。历史的前进运动总是以"未来"向"过去"借取形式而取得内容,"后现代"时期,前"社会主义阵营"成员国普遍向市场经济转轨,仍然表明"卡夫丁峡谷"之不可跨越。对这一点,伊格尔顿也是清楚的,他说,马克思是"骑在资本主义背上"展望共产主义未来的。他对马克思主义美学,特别是崇高范畴,是通过一系列历史的和道德的矛盾展开论述的。从崇高范畴的形式与内容关系,他又推向"事实—价值"的对立统一关系。

(6)"事实—价值"

"事实(fact)—价值(value)"的关系,显然与"历史",与"道德和美学"的关系是对应的,这种关系首先表现在马克思主义论及生产力作为物质技术和人的力量(power)与能力(capacity)之间的关系方面。这方面的两难在于,历史借助于资本主义的生产力发展前进,而这种先进生产力在"人的能力"方面带来的却是片面化的畸形发展。马克思一方面把人的财富作为"个人需要、能力、欢乐、生产力等的普遍性",另一方面认为:"生产力的最高度发展,因此也就是个人的最丰富的发展。"

这意味着生产力的发展和人的能力的发展最终是同步的；但实际情况是，在资本主义统治下，这样的能力是悲剧性残缺不全的。而资本主义生产力的发展对于社会主义的人的能力的实现恰恰是前提。

伊格尔顿指出，从价值论出发，一种是把生产力的扩展作为价值本身来看待，把社会主义单单看成生产力为了普遍的善而进一步发展和适应。另一种是马克思所概括的，生产力必须在"对人性，和人的价值有最大好处的条件下"加以发展。他指出，生产力的整个概念在事实与价值之间犹疑不决地徘徊，就像尼采的意志对权力的概念那样。如果人的能力被认为是固有确定的，并被视为生产力的一部分，那么似乎可以认为，这些力量的扩展本身就是善（good）。如果不管怎样都把生产力的发展视为人的能力实现的手段，那么物质发展不可避免地要以这一目标作为其自身的最佳表现形式。伊格尔顿提出解决这种两难的方式，就是把"价值插入事实中间去"。人的"能力"与人的"需要"作为一种既定的可以自由实现的东西，是把道德话语的整个观念作为一种同历史分离的区域。

道德与历史关系的对立统一表现为马克思在处理上的矛盾：即一方面把道德作为意识形态的东西加以排除，同时又在对阶级社会的批判中掺以道德观念的暗示。伊格尔顿指出，事实是马克思以为，与其丢弃它，不如把它转移到上层建筑与经济基础这样的大型尺度中去。这样，道德就变成同人的能力的动力性的自我实现和设计相统一的东西，正因为如此，进入生产过程本身并不是被放逐到一系列上层建筑的建制和意识形态东西中去。他认为，马克思主义确实拥有一种绝对的道德标准：一种丰富的对每个个人的能力全面发展的不成问题的善（virtue），即以它对人的自我实现允许的现有的可能性，或以它将来对这样的条件提供的潜在的贡献，来评价一切社会形态。

伊格尔顿还认为，如果把价值插到事实的内部，马克思主义科学能够揭示历史的规律，却不能断言他们提出的不可避免的结果是否在事实上是可描述的。"事实／价值"两分法所不能叙述的东西，就是解放的知识——一种对于人类自由的根本性的特殊认识。在任何被压迫阶级或群体看来，这种理解和对现实的变革，事实／价值，是同一现象不可分割的方面。如果是这样的话，那么马克思主义对美学所提供的凭想像解决的问题有其特殊的回答。以为美学能够使价值超出对物化世界的观察与判断——知识，那是一种幻象。相反，马克思主义则把"事实"和"价值"的统一安放在人们实践的、批判的活动之中——以被解放的关切带到其生发出的首要之处的知性形式之中，深入到积极的斗争和价值实现的一个独特的部分之中。这样伊格尔顿便正确地按照马克思主义认识论和价值观以及美学之间辩证关系的原则把它们有机地统一起来了，正如以上所述他在文艺理论中所做的那样。

在伊格尔顿看来，对于马克思主义，如果美学要繁荣起来，只可能通过政治变革的"善"；并且这种政治因此处于一种对美学的元语言关系。如果马克思主义是一种元语言或元叙事，这不

第三章　20世纪德国、法国、英国的马克思主义美学

是因为它宣告某些绝对真理，而是叙述它所坚持的，对于任何人来说，无论怎样的叙事都在确定另外一种历史（按：非本文的历史）必须在已经到位的方式下进行。关于这种历史，马克思主义关注的是物质性的存在和社会的再生产。伊格尔顿特别注意马克思"对知识美学化的态度"同其道德观的"矛盾心理"被察知。这是历史最终的道德化和美学化与现实的"非道德化"和"非美学化"之间的矛盾，是付出人类牺牲的代价也无法解决的。它的力量可以通过社会主义斗争的悲剧叙事被感到，在那里，人们勇敢地牺牲他们自己的其他方面是为了更大幸福的实现。伊格尔顿这一马克思主义美学的新视野，显然与50年代兴起、至今犹盛的"文化学"研究有关，也表现出与80年代新历史主义批判中突出的"互文性（intertextuality，即各种不同领域的'本文'相互关联，渗透，融汇，贯通）"观点与方法有关。此外在论述中处处表现出后现代主义的反讽特点。

（7）伊格尔顿的"处方"

伊格尔顿于"大美学"中开具马克思主义的后现代"处方"。这种大美学的含义，用他自己的话来说，它被其他非美学的东西抢占了，这些东西就是处于"特殊与普遍"之间关系中的事物，它们对于伦理—政治有着巨大的重要性。正如以上所说，马克思主义美学也是从"人身体"出发的，伊格尔顿指出，从具体的特殊性的存在（人）出发的一种"唯物主义伦理学"，就是美学。这使我们想起了高尔基所说的"美学是未来的伦理学"这句名言。在起点上，伊格尔顿指出，是个别人的需要和欲望——更

具体地说，就是"快乐、满足和创造性"这一规定本身就带着与个别人（复数）自身的不统一，因为个体不是封闭在自身的需要与欲望之中，而是向"世界，他者与对象"开放。就拿被作为人生命方式最高价值表现的自由与自我实现的最充分要求——爱来说，伊格尔顿指出，就区分为一般政治家们看作社会生活整体形态的价值（即所谓"博爱"）；从性道德而言，则为两个个别人之间的性关系所表现的爱；在医学道德上，爱是对受伤害的身体。所以，爱在伦理学话语中处于最模糊、暗淡、使人伤脑筋的首要地位。

所以，伦理学必然纠缠于政治行为带来的价值而言，并在这种过程中往往要弃置快乐和满足，就此而言，伊格尔顿指出，它又不是美学。由欲望这个出发点会上升到"理性与公正""实现与抑制""教育与改革"，而处于根本的政治的中心。个别、特殊就这样上升为普遍。因此普遍性——我们参与公共的意义与价值的规定之中的同等权力——是一个最终目标，个体的独一无二的特殊性可能得到重视与满足。伊格尔顿指出，这种特殊性不是雷蒙德·威廉斯所说的那种"好斗的特殊化"——现在把这些归为"他者"，包括女性、异国人、同性恋者——他们只要求认识他们是什么。"是"一个女人，一个同性恋者，一个爱尔兰土著，意味着什么？而重要的群体已经以一种政治批判的形态出现，迫切地需要自由表现；但伊格尔顿指出，更为基本的政治问题，是同其他人平等的权力要求揭示一个人可能成为什么，而不是受制于设定的已经充分实行的统一性。一切"行使反对"的统一性是对部分压抑的作用，也是对这种压抑的反抗；而在这个意义上，一个人能够成为什么，不可能从他现在是什么看出来。压迫者的特权是决定他应该是什么的特权，这是进行压迫必定需要的权力，是必须普遍化的权力。那么这种普遍就不是某种严酷反对特殊的抽象职责的王国，而只是每一个体都具有的得到他人尊重的差异，参与所能成就的公共过程的平等权力。伊格尔顿指出，这样一种政治目标的追求有着植根于美学传统中的极其重要的意义与价值，但也有其反面的东西对之挑战。这种美学本身就是矛盾的概念，只有一种辩证的思想才能充分公正。他也认为，理性、真理、自由与主体这样一些继承传统的话语确实需要深刻地变革；但不是使之成为一种失去对狂妄的权力进行反抗的丰富性与刚强性的政治。①

伊格尔顿也正如杰姆逊一样，后者在他的《政治无意识》一书中说他无意于一般地对"美的本质""艺术的本质"之类问题进行探讨。他说："在这样一个各种信息和'美学经验'已经饱和的时代，那种旧的哲学美学需要从根本上加以历史化，并可期待通过历史化使之不同以往。"马克思主义也有自己的"非本质主义"，即可把"本质主义"置诸括弧之中，或使之"不出场"。然而，任何一种"非本质主义"，无论是马克思主义还是非马克思主义或反马克思主义，都把各自的"本质主义"隐含不露，它们在理论上提出的任何一个问题都或远或近地通向某种本质。我

---

① 特里·伊格尔顿：《美学意识形态》，牛津大学出版社，1990年版，第413—415页。

们用这样一种眼光来看"大美学""反本质主义",我们就可以说"后现代"毕竟是"人类的后现代",它提出的任何问题也都能找到或远或近通向人类历史古代的通道。这样看来,"大美学"早已包含在席勒"只有通过美,而非政治才能解决人的自由问题",也包含在黑格尔"美是理念的感性显现"这个定义之中,也包含在鲍姆加登"美是感性认识到的完善"这样的定义或其他之中,也包含在中国已故马克思主义美学家蔡仪的"美是典型"的定义之中……如果对后现代主义"大美学"之"宏大"再增加一点什么的话,那就是对"美学意识形态"来说,"经济起最后决定作用"(并不是说伊格尔顿无视此点),在这里引上一段杰姆逊《政治无意识》中的话也许不是多余的:

> 不要以为马克思主义是一种以奴隶最终解放的眼光来看待历史,"喜剧"或"浪漫化"之范式。……历史必然性……在这里表现为,包含在人类社会所发生的一切革命肯定失败的无情逻辑形态中:马克思的最终预设——社会主义革命只能是一个总体的世界范围的过程(而且依照这个预设的顺序,是资产阶级革命和商品化过程在全球范围的完成)——是这种观点:在无论何时何地的革命过程中,失败和障碍,矛盾反转或作用颠倒被认为是"不可避免"的,是一种客观限定的作用。①

---

① 弗·杰姆逊:《政治无意识》,康奈尔大学出版社,1981年版,第102页。

商品化过程在"全球范围内的完成"便是经济的最终决定作用,这一幕对人类是悲剧性还是喜剧性的效果?人的"物化"是否随着商品化的消失而消失,是否可用一句中西合璧式的谚语来说"笑得最好的猫一定是最后抓住耗子的那只"。在这一事实与价值最终统一之前,"好"与"坏"之价值判断作为"处方"与究竟"是否抓住了耗子"事实判断作为"描述"是分裂的,所以不必问"真实(真理)"如何,只知"唯我是好",对于极权与实用主义的结合,"实权"与"金钱"才是唯一的"真",悲剧性(泪)与喜剧性(笑)之美学判断也就更无意义可言了。

第四章

杰姆逊与马克思主义阐释学

当西方世界的历史已经进入"晚期资本主义"之际,对它的描述有:哈贝马斯之"合法化危机"、丹尼尔·贝尔的"资本主义文化冲突"等。"晚期"这个提法是否意味着世界资本主义正在走着其历史的最后一程,或者说已经接近其尽头?

"资本主义制度会不会完结?"弗·杰姆逊如此设问。

当此之时,作为20世纪的西方资本主义对立物——苏联东欧体系,于90年代前后在资本主义体系寿终正寝之前瓦解了,并以不同方式逐渐融汇入晚期资本主义的历史之中。晚期资本主义对应着"后现代主义文化"。杰姆逊作为一个集马克思主义与后现代主义研究权威于一身的学者和理论家,他的著作与学术活动似乎又显示出在后现代主义文化逻辑中的"异质性"——批判的马克思主义文化逻辑。就是说,从意识形态层面上来看,20世纪早期和中期的那种以经济、政治、军事地域划分的两大意识形态对立体系,已经归并到资本主义体系内部,好似马克思

第四章 杰姆逊与马克思主义阐释学

主义从它诞生时一开始就是从资本主义内部作为统治的意识形态对立物所产生出来的那样——魂归故里。卢卡奇在1967年为他的《历史和阶级意识》一书所作的再版序言曾说，我们今天正处在"马克思主义复兴的前夜"。卢卡奇的预言今天正愈来愈得到应验：一方面是马克思主义"魂归西土"，另一方面继续"西学东渐"——后现代主义已成"全球化"态势，所以研究20世纪的马克思主义，无论在哲学、还是在美学、文艺理论，或其他领域，没有比关注其作为晚期资本主义文化逻辑更为重要的了。对应于晚期资本主义的文化逻辑，杰姆逊把自己从事的研究和评论工作叫做"文化批评"，同时又指出，在这一批评中贯彻的是"马克思主义阐释学"。因此我们又可以把他对这种文化进行的马克思主义阐释称为"文化阐释"。

第一节 世纪之交的文化历史境遇

如果我们进一步追问"文化逻辑"的含义，那就要从葛兰西的"为新文化而斗争"（见本书第一章）开始，到40—50年代，英国当代文艺理论与批评家F. R. 利维斯于1932年创建的《细绎》季刊着力于以道德问题为英国文学研究的核心，并将之与整个社会生活的本质紧密地联系起来，形成所谓"利维斯学派"，对文学批评与研究产生了巨大影响。所谓"文化学"肇始于此。"细绎"派一方面通过其"精神文化"与"纯文学"的倾向推演出T. S. 艾略特等的"新批评"，以一种孤立的文学本文主义实际上脱离了"文化学"的研究视野,另一方面通过英国"新左派"领袖人物雷蒙德·威廉斯走向"文化唯物主义"(见上一章)。文化研究的视野乃更趋宽阔,集注于历史的与现实的文化,文化与权力、经济以及社会生活实践的关系,对社会发展可能性的影响,强调文学艺术与其他社会实践之间的联系,主张消除文学和它的背景、本文与"语境"之间陈旧的分野,并力图把阶级与阶级斗争的观念注入文化的历史性研究之中。威廉斯得力于马克思主义的文化研究,显然与"新批评"和60年代崛起的结构主义形式主义形成对鼎趋势。但是他在英国处于孤军奋斗状态,并没有与种种形式主义流派交上火,而是在70年代后,由英国后继的马克思主义理论家特里·伊格尔顿和杰姆逊对结构主义发动了批判。

由上我们可以看出,文化研究一开始,可以说是20世纪中期在形式主义弥漫,基础与上层建筑之类马克思主义术语显得陈旧的情况下,带有马克思主义复兴的一种批评策略上的意义。"文化"则可以把一切包含在内而与形式主义对峙。但是很快就发现,"文化"概念在当代本身就足够混乱。"文化唯物主义"这个称谓便带有精神物质合二而一的意味。当然,除了"文化唯物主义"之外,还有美国新历史主义批评家格林布莱特提出的"文化诗学"等等,加上原有的"文化人类学""文化社会学"之类,均归属于"文化批评"与"文化研究"的总体范畴。在后结构主义—新历史主义批评强调的"互文性"中,呈现出各种不同的文化本文相互越位,互为边缘,无边界情况。如法国后结构主义哲学批评家利奥塔在《后现代主义状况:关于知识的报告》中提出后现代时期科学知识之"叙事危机",杰姆逊在该书英文版序言中指出,他只讲"知识"不讲"文化"。但实际上,这本书比利奥塔的任何一本谈所谓先锋派"崇高"或"知识分子坟墓"的文化批评,影响更重要得多,这恰恰是由于它表现出强烈的意识形态性。杰姆逊《政治无意识》一书分析了结构主义背景下文化研究的特权地位得以传开,是因为在其中文化与阐释问题比一般经验科学更为直接可见,更易于研究和反映。[1] 杰姆逊把文化分为三层含义:一是人的精神、心理方面,人的个性人格的培养和形成;二是社会性的,日常的行为举止和生活习惯,是社会形成;三是一种"装饰"。他指出,历史地看文化有个分期的问题,现代社会面临着新的"文化本文",即"文化工业"或"文化生产"的问题。杰姆逊更注意文化在基础与上层建筑之间的中介性关系,一方面防止唯经济决定——"生产方式的研究有时会被误解为一种狭隘的崇尚经济或生产的嗜好",因此"如果理论背后不具备一个在历史上独立的'文化角色的话,就不可能在一个既定的生产方式中,发展出一套令人满意的社会范式来"。[2] 同时他对经济因素在整个社会结构中的最终决定作用是肯定的。因此,杰姆逊的文化批评比威廉斯向经典马克思主义更前进了一步,他不仅批判了新批评和结构主义的形式主义偏颇,并完全明确自己

---

[1] 弗·杰姆逊:《政治无意识》,康奈尔大学出版社,1981年版,第38页。
[2] J. F. 利奥塔:《后现代状况》,明尼苏达大学出版社,1984年版,第15页。

的文化批评是以马克思主义的基础与上层建筑以及剩余价值学说为文化批评的"阐释模式"与理论框架,并且明确提出了"马克思主义阐释学"的原则和方法上的一系列问题。因此我们可以认为,在杰姆逊那里,文化批评,文化研究与马克思主义阐释学基本是整合的,可归之为建立在马克思主义基本观点与方法上的文化阐释学的问题。在杰姆逊的文化批评中,明显地透露出他既避免教条主义与机械论,又防止背离马克思主义最基本原则,步早、中期"西方马克思主义"后尘或走上"后马克思主义"的路子上去,他确实尽了最大努力并取得了可喜的成就。虽然他与伊格尔顿在对意识形态强调方面有所区别,但他们在坚持马克思主义基本原则的共同性上大有分歧,而后者应视为马克思主义批评本身的多样,丰富与不可避免的异质性。他们堪称我们20世纪的最新一代,并且是最有希望的马克思主义美学与批评的代表,在他们面前一个新的世纪即将开启。

马克思主义思想体系,正如60年代萨特所说,是当代唯一"不可超越的哲学"。更早卢卡奇也同样说过:"一切超越或'改善'马克思主义的尝试已经导致,并且必然导致过分简单化、繁琐性和折中主义。"[1] 作为一种完备的世界观,马克思主义历史已经把它带来。然而,人类的任何思想成果,如若不能在新的历史土壤上培育出新一代幼苗,它就会枯竭。

似乎于20至21世纪之交的今日,无论我们把目光投向哪

---

[1] J.F. 利奥塔:《后现代状况》,明尼苏达大学出版社,1984年版,第15页。

里，都会惊奇地发现文论论坛场景的转换。1989年纽约与伦敦出版的《新历史主义》一书的主编维瑟所概括的新历史主义批评的五大特征，同一年问世的拉尔夫·科恩主编的《文学理论的未来》的编者序言把眼下文学理论变革的走向归结为四个方面，如果我们加以比较，可以发现他们所说第三点几乎是完全一致的：维瑟认为"文学与非文学的本文是不可割裂地流通的"，而科恩的说法为"非文学学科与文学理论的扩展"。实际上他们都说出了文学理论在文化学研究影响下的"互文性"，即不同的文化本文之间的贯通、渗透与融合的关系。科恩的"解构实践的相互融合，解构目标的废弃"与维瑟的第二点，实际上也用不同的表述说出了"所见略同"的东西，即"解构"对自己的"主义"实践着"非解构"之"建构"，而"反解构"则必然地对"解构主义"实践着"解构"。而更大的共同之处在于，他们都说出了理论在这个（"政治运动……修正"着的）时代的变动不定："政治运动与文学理论的修正"，"新型理论的寻求，原有理论的废弃"。如果我们假设解构主义为20世纪蔚为壮观的形式主义—语言本体论运动的最后一站的话，那么"解构目标的废弃"，即"解构主义的解构"，则在某种意义上已经预示着马克思主义批评的回归。当然，我们不能天真地以为，古已皆然的形式主义会就此寿终正寝；而"马克思主义的回归"又必然地伴随着马克思主义批评之外的非形式主义，如人类学或人本主义的某些新形态，伦理学的文学理论与批评，乃至作为马克思主义之"外围"，即与之关系密切又非为严格意义上的马克思主义的，某些过于"政治化"与激进主义的理论流派，如女权（或女性）主义，黑人文论与后殖民主义—第三世界文学与批评理论等等。这也就是说20世纪末，马克思主义批评正是在"多元化"的理论格局中保持着自身的基本特色。

直到美国解构主义代表人物耶鲁大学教授哈罗德·布鲁姆（H. Bloom，1930—2019）面对如此情景，于1994年推出《西方文学典律》，力图挽形式主义批评大厦之既倾。他列数了本文文学传统中约850位作家的3000部作品，其中堪称"精英中的精英"者26位，并作杞忧之叹，认为那些把文学批评当成意识形态工具的理论家"仇恨的恰恰是文学本身"，而且这些人"基本上已经在掌管美国的大学教育，控制了公共话语的体制"。他说："我清楚地知道，我是作为殿后而奋力拼搏的，但现在仗已经打完，我们这一方已经败北。"从布鲁姆的批评中，排除过分激烈的情绪化而夸张失实之外，确实从另一极说出了当前如新历史主义等"文化批评"本身存在的问题，如我们前面指出的文学本文消失于其他本文之中的问题。布鲁姆寄希望于青年与未来。正如在中国，80年代初有人在文章中写道："一个人道主义的幽灵"正在徘徊，十多年后的今日，解构主义之父德里达又有新著问世，题曰"一个马克思主义的幽灵"。实际上就从20世纪来看，人本主义、科学主义、形式主义和马克思主义美学与批评都有各自的"青年"与"未来"。谁也不必笑得过早，谁也不必忧天之将倾，多元的格局仍将长期维持，对话也将继续进行，因此要说"幽灵"，是有许许多多幽灵，而不只是一个幽灵在世界徘徊。

第四章　杰姆逊与马克思主义阐释学

卢卡奇1919年的《什么是正统的马克思主义？》一文，首先对经典著作的"学究式的训诂""圣书注释"式的研究进行了否定。他指出："对于辩证法来说，中心问题还是要改变现实。"①其依据正如他的这篇文章题词所引"哲学家们只是用不同的方式解释世界，而问题在于改变世界"。这里区别在于，阐释学的"注经"限于人文科学本文解释，而"解释世界"则是更广泛的哲学认识论范畴。继之20世纪以来的西方，本书前面所提到的马克思主义美学与文艺理论家几乎都不同程度，从不同侧面论述到马克思主义与文学艺术本文阐释的问题。杰姆逊在其《政治无意识》一书中较全面地论述了马克思主义阐释学。正如他在《政治无意识》一书卷首开宗明义说的，此书是要为"作为文学本文的政治阐释的马克思主义阐释学"，在众多的方法中的"优先性"一辩。②维·科纳尔在《边界》1983年第2期中著文专论《弗·杰姆逊的马克思主义阐释学》。我们可以说，马克思主义阐释学在当代阐释学中已不可替代地占据了一个独特地位。对这一问题的切入应从两方面着手：一是在一般认识论意义上追问当代实践向马克思主义提出的阐释的问题，这里又包括马克思主义的实践性与阐释性问题；二是从阐释学本身的发展到达马克思主义阐释学的问题。

---

① 卢卡奇：《历史和阶级意识》，王伟光、张峰译，华夏出版社，1989年版，第4页。
② 弗·杰姆逊：《政治无意识》，康奈尔大学出版社，1981年版，第17页。

第二节 马克思主义的实践性与阐释性

美国社会学家特德·戈泽尔在《马克思主义在美国社会学中的作用》一文中指出:"马克思主义的传统尽管有各种不足之处,却比任何别的传统似乎更能令人信服地解释我们的社会现状。……在马克思主义发展的现阶段,把它作为一种描述性和批判性的学说比把它当成一门实践的学说用处更大,至少在美国是如此。"①

请看,戈泽尔在这里强调的是马克思主义的"解释"功能与其"描述性"和"批判性"。杰姆逊在1981年问世的《政治无意识》和大致同一时期的《马克思主义与历史主义》一文中,都申明他不是把马克思主义美学文艺学作为一种"政治的和革命的美学",也不关心传统的"哲学的美学"的论述,包括诸如"艺术的本质与功能、诗的语言之特性、审美经验的特质和美的理论等等"。他所说的马克思主义的阐释是一种广泛的人类精神现象与意识形态的阐释学,包括对文学艺术作品与文学批评作为本文的阐释。这是一种政治的,也是历史主义的阐释,其作为一种"历史化的描述",是基于把对"过去的"本文的阅读放在离不开"现时的经验"的语境之上。既适于古典,同样也适于处理现代主义—后现代主义的种种批评操作,以及对现代主义—后现代主义的文学作品之"不可解释性",把"非神

---

① 《反抗的社会学家》,1978年冬季号。

秘化（demystification）"转化为"可解释"的。它认为"多元化"中的任何一种阐释的背后都有一套理论体系，或"阐释主符码""阐释关键"所支持。

然而，在马克思主义与阐释学的联姻中，所遇到的根本问题是其实践性与阐释性之缠结不清的关系。

关于马克思主义的实践性，是一个久已徘徊在误区间的历史与现时的理论问题。马克思主义奠基者早年从"青年（左派）黑格尔派"那里接受了"行动哲学"的观念：旨在把黑格尔思辨体系中的"绝对理念"的"行动（实践）"转化为对普鲁士现存的国家制度的直接激进批判。为了划清同老黑格尔派的界限，青年马克思与恩格斯曾表示要"消灭哲学"，即彻底消除德国古典哲学的"思辨性"，"消灭哲学"也就是"在现实中实现哲学"（《黑格尔法哲学批判》）。而这种"实现"，是把青年马克思与当时激进的带空想性质的德国"共产主义者"们头脑中的"人道主义（人本主义）"变为"现实"。在费尔巴哈的人本主义与自然主义的唯物主义影响下，马克思的著名的《1844年经济学哲学手稿》中对（他们自己的）哲学的提法是"实证的人本主义"，或"实践的人本主义"。很快，马克思认识到了费尔巴哈主义的非历史亦即非实践精神，1845年春天在对费尔巴哈进行彻底清算，并在标志着历史唯物主义成熟的《关于费尔巴哈的提纲》中，马克思集中并着重地阐明了历史唯物主义的实践观点，称这种"新唯物主义"为"唯物主义的实践活动"。

在简单回顾了这段历程后，我们自然会产生疑问，"马克思主义阐释学"的问题，这是否与马克思主义实践精神格格不入，是否意味着对马克思主义实践性质的根本改变？

这正是向历史与阐释本身提出的问题。

关于这个问题应从几个方面来看：（一）"实践性"无论在任何时候都表现为马克思主义的一种带有根本性的品格。不过在20世纪早期，从卢卡奇开始，马克思主义的实践观点却被极大地曲解了（见第一章）。这种实践观点进而展开为一种取消辩证唯物主义的所谓"一体化"的"历史唯物主义"，而实质上是一种现代唯心主义。卢卡奇始作俑，加之30年葛兰西的推助，这种唯心的实践观点影响之大，不仅及于几乎整个20世纪早中期的西方马克思主义，而且及于苏联与东欧，形成所谓"南斯拉夫实践派"，直至中国的"实践观点的人类学的本体论的历史唯物主义"。这种理论上唯心的实践观点在实际中表现为，与60年代中国"文革"相联系的，西方以反越战为中心的政治运动中的激进主义与非理性主义（嬉皮及新左等）。因此，在70年代末至80年代的西方，马克思主义思想运动的新阶段之"非实践"的阐释性，带有现实斗争运动沉寂后反思的特点。

（二）另一方面，当代马克思主义的这种"非实践的阐释性"在根本意义上并不是非实践的。马克思主义首先集中表现为对自然规律的总结，与对生产及科学技术的指导。在马克思当时，"科学技术是第一生产力"问题就提出来了。在这里要注意的是，之所以说"第一生产力"，表明科学技术并不就是生产力，而是在形态上需要转化的非直接生产力——科学从理论形态转为技术实用形态,技术转化为生产中具有直接可操作性的手段——工具与人对工具的掌握等。"第一生产力",意味着在一切"非生产力"向生产力的转化中,科学技术是处于最前沿的,而且是最富革命性的,并在转化后的生产力中也是起着最重要作用的。这个问题随着科学技术与生产力本身的发展而日益突出,直到20世纪60年代,哈贝马斯对它重新提出。

无论历史发展到任何阶段,人类实践活动,最基本的仍然是生产劳动,科学技术是生产力之第一转化形态的非生产力的另一种实践。当科学技术发展到在理论形态上与唯物辩证的自然观整合,在实践形态上与直接生产力整合时,马克思主义对人类改造自然的理论指导与自然科学本身及其实践也就全然一体化了。马克思在《1844年经济学哲学手稿》中已经预见到,哲学与自然科学,尽管在当时还不可能,早晚必然要结合成一门科学。这个思想恩格斯在《〈反杜林论〉三个版本的序言》中表述为"理论自然科学的进步也许会使我的劳动绝大部分或者全部成为多余的"[1]。在《费尔巴哈与德国古典哲学的终结》中,恩格斯又指出,当自然科学的实践成果充分揭示出自然本身的辩证法规律时,"自然哲学就最终被清除了。任何使它复活的企图不仅是多余的,而且是倒退"[2]。20世纪的自然科学革命愈益把马克思主义哲学辩证唯物主义的实践精神融合到自身的理论中去了,如物理

---

[1] 《马克思恩格斯选集》,第2版第3卷,第351页。
[2] 《马克思恩格斯选集》,第2版第4卷,第246页。

学的革命——爱因斯坦对牛顿的批判,波尔与爱因斯坦之争,以及普利高津的"耗散结构"理论,等等。[①] 自然哲学的"消灭",在于其直接现实化为自然科学的理论与实践。其理论的实践性转化为实践的直接性,所余也就是自然科学理论本身对自然现象与规律的描述—阐释性。

(三)马克思主义是从19世纪无产阶级斗争实践中产生的哲学,20世纪中、后期在阶级阵线上所发生的根本变化,必然向理论提出新的实践精神的要求。这种新的实践精神,也就首先表现为对新阶级状况的描述与阐释,以及随之而来的批判性之历史的和理论的要求。

恩格斯的《英国工人阶级状况》便是马克思主义社会学的描述性、阐释性的经典文献。正如杰姆逊所指出的,在当代,"传统的生产已从这个'后工业社会'消失",在我们当前生存的这个"后工业时代","古典类型的社会阶级已不再存在——这是一种对政治实践产生了直接影响的信念"[②]。这个问题的全球性,正如杰姆逊指出的:"社会阶级问题,特别是无产阶级及其是否存在的问题,这个问题在理论分析上与当今各种社会工人的情绪与影响之经验问题搅在一起,就无法不混作一团了。……而作为一以贯之的哲学马克思主义(或者更好说是一种'理论与实践的统

---

① 参见毛崇杰、张德兴、马驰:《二十世纪西方美学主流》第一章,吉林教育出版社,1993年版。

② 弗·杰姆逊:《后现代主义或晚期资本主义的文化逻辑》,杜克大学出版社,1991年版,第26页。

一'),则是以社会阶级的分析为起落的。"①

70年代后期至90年代以来,随着"冷战"时代的告终,以及向全球性的市场经济转轨,使得这个问题由于各种不同社会内部财产与权力的重新分配而显得更为复杂化了。中国已经提出了"特殊的经济利益和政治利益集团"的问题②。理论界也有人在1996年6月6日《人民日报》上发表文章,并不否认"'大款'那么多"。有些私人企业规模很大,拥有"几亿甚至几十亿的资金",文章认为,对"这种情况怎么看,需要研究,可以探讨",但又"不能说中国已经出现了一个什么阶级"。③当世界已进入全面缓和、改良、渐变时期,新的世界形势,新的阶级关系提出了新的实践要求。理论上对阐释新的要求,往往正是在实践的新困惑中提出来的,如同要求马克思当年之于剩余价值那样,要求揭示当前这种新阶级关系的秘密。

哲学的任务不是解释世界而是改变世界,但在改变世界的实践之前仍然面临着解释的问题。马克思主义作为斗争哲学,在新的世界格局中,实践性与阐释性的功能转换所提出的新课题,正如戈泽尔在分析美国当代中产阶级社会主义者的行动策略问题时所提出的:"中产阶级主要是依靠政府的资助从事社会体制结构的再生产。"并且对于他们来说,"虽然马克思主义指明了社会主

---

① 《利奥塔〈后现代状况〉英文版前言》,引自 J. F. 利奥塔:《后现代状况》,明尼苏达大学出版社,1984年版,第14页。
② 《钟山》,1995年第100期,第100页;《学习》1996年第2期,第7页。
③ 1996年6月6日《人民日报》邢贲思的文章。

义革命的前景来取代目前的社会秩序,但是美国的马克思主义者却不知道如何在美国社会中搞一场革命,也不甚了解一旦搞成了一场革命,他们将怎么办?"[①]

在上一章我们提到伊格尔顿对自由人道主义的批判。他指出,社会主义者与自由人道主义的根本不同在于,他们希望把"自由民主"这些概念"得到更充分具体的应用"。当时许多西方社会主义者不满于自由人道主义者对"东欧专制主义"的看法,认为"推翻这种专制主义所需要的不仅仅是更多的自由言论,而是反对现政权的工人革命"。[②] 但如果像欧美这样发达的资本主义社会百年来尚未发生无产阶级革命,事实已经表明,在世界的某些极端专制的地方,即使和平游行请愿,抗议权力腐败也要遭到军队残酷镇压甚至屠杀,那么在当前缓和、改良、渐变的时代特点下,屁股上尚挂着封建遗老尾巴的80年代的"自由人道主义者",在坦克开过之后,用"告别革命"代替"吾皇万岁",此时"推翻""工人革命"之类的激烈话语决不是像可以写在纸上那样随意而轻松的。即使这些实践仍然是可行的,即仍然要重建工人阶级政党,建立武装,流血斗争,夺取政权……这一切即使成功,又怎样避免权力再次落入既得利益集团之手,造成个人崇拜与独裁,利用权力搞贪污腐败,再次陷于经济落后,生产力迟滞,国民贫困……之历史恶性循环呢?在伊格尔顿完成该书后

---

① 《反抗的社会家》,1978年冬季号。
② 特里·伊格尔顿:《文学原理引论》,明尼苏达大学出版社,1983年版,第208页,引自《文学原理引论》文学艺术出版社,1987年版,第243页。

不到十年，苏联东欧发生的变化是否表明自上而下，或上下结合（如罗马尼亚）的和平为主的方式是避免严重动乱与重大破坏牺牲的可行之当代变革途径呢？所以，如"大叙事崩解""告别革命"之类话语，正是以虚无主义姿态出现的自由人道主义对马克思主义如何阐释变化了的后现代世界情景的挑战。

面临如此两难，"如何搞？""怎么办？"这个对实践所提出的问题，首先表现为理论对现实作为"本文"怎样解读。马克思主义在当代的实践性与阐释性的这种功能转换，又预示着一种适应新形势的理论实践精神的产生。因此，无论从生产实践、科学技术、与阶级的政治的斗争实践来看，一种新形态的马克思主义阐释学，一种"非实践性"的马克思主义，是其自身的世界历史命运，是历史带来的，是马克思主义在20世纪后期，世界由"冷战—对抗"转向"理解—对话"的实践性新形态的表现。

（四）关于20世纪马克思主义实践观念在西方的以上演变，与20世纪知识分子—中产阶级在西方世界社会生活与政治生活中的地位与作用有着直接的关联。

关于这个问题，社会学正在作阐释性的分析，这也几乎成为某种程度的共识。戈泽尔在上述文章中指出：

> 当我们考察社会运动的阶级基础这一马克思主义原理时，我们回想起60年代的激进主义都集中在大学生中间，集中在有教养的年青的中产阶级中间。最近许多马克思主义的理论论述都把这些中产阶级作为中心问题，尤其在西欧更

是如此。这些中产阶级在资本主义社会的上层建筑中,在资本主义制度本身的发展中起着重要的作用。……我认为,应该把社会主义社会学的发展看成是新中产阶级成长的一种表现。由于新中产阶级充当了社会上有教养的劳动者的角色,所以在人类事务中应用理性是符合我们的利益的。如果在经济生活和社会生活中运用民主的合理规划还不算社会主义,那么什么才是社会主义呢?

"什么才算是社会主义"这个似乎不成问题的问题,在当代新的阶级关系实践面前成为马克思主义阐释的特大问题。对此我们姑且存而不论,而马克思主义在西方愈来愈在中产阶级知识分子或白领工人中传播,这的确是事实。

从20世纪早、中期到后期,西方马克思主义由主观夸大了的实践一元论向"非实践"的阐释学转化,围绕着一个共同的轴心,即知识分子在批判资本主义政治舞台上逐渐代替工人阶级(意识形态斗争代替经济斗争,批判的武器代替武器的批判)的主体化。这个过程又与以上所述科学技术从非直接生产力更迅速向直接生产力形态转化的过程同步。30年代葛兰西提出了"总体工人"的观念,即有组织的协作劳动使生产更加"社会化",因此工厂的全体劳动力便被看成总体工人。[1] 工人通过"技术"这一环节与统治阶级利益在一定程度上暂时结合。随着第二次世

---

[1] 《葛兰西文选(1916—1935)》,人民出版社,1992年版,第392页。

界大战后西方中产阶级的跃起,技术化的工人转化为所谓"白领工人"而汇入以知识分子为主体的中产阶级,并且这个队伍随着科学技术的发展不断扩大。

从历史总体的宏观来看,这一过程最终指向体力劳动与脑力劳动距离的弥合。在这一过程的越近始端,则由于过分的超前性对此之强调而脱离历史,带有唯心主义倾向;随着趋近于历史终端的发展,其唯心色彩逐渐减退乃至消失。实践一元论向"非实践"之阐释学的转化,便是这一全过程中的一个进步的环节。

在这一节我们最后要说的是,马克思主义非"唯心主义实践一元论"的实践精神在当前阐释学问题上的变化,归根到底是20世纪后期生产、科学技术与阶级状况在作为实践的决定论对象—客体与实践之能动和主体两方面的变化,是反映在当代世界进步知识分子精英层头脑中的产物。

由于"本文"与现实世界在认识论上的同一性,即各种"本文",古典现实主义与浪漫主义,现代主义与后现代主义,或者以个别本文揭示现实本质,或者恰恰逃避这种揭示—反对"意义"、拒绝"解释",最终都不能回避对它们所产生的历史时代根源进行追究这个问题。从任何"本文"与历史的关系上来看,在根本上不同的"本文"都以种种不同的方式反映着产生它们的现实生活,表现时代精神。所以社会实践提出的认识问题与专门的"阐释学"有着认识论上的原则统一性。马克思主义阐释学正是以上述世界情境为前提的。

第三节 马克思主义阐释学的提出

新阐释学,在20世纪后期"理解—对话"(或"后冷战",即从政治、军事对抗转向经济、文化冲突)的氛围中,它既是体系——大厦,又是方法——筑造大厦的脚手架;既是历史的顾盼,又是现实的警觉;既是客体的不容任何随意玩忽的客观性,又是主观性的主体无法排除的扰动;既是理论斗争的"荷马古战场",又是和解的圆桌——交汇、互贯、融通……这一切也正如伽达默尔以其代表作的标题概括所示:真理与方法。我在拙著《存在主义与现代派艺术》一书第二章第四节中专门论述了这个问题,即阐释学"从方法论与认识论到本体论"。①

阐释学从古典的——施莱尔马赫、狄尔泰——到现代的——海德格尔、伽达默尔的发展变化:(一)历史性与现时性;(二)客体与主体;(三)理性与非理性。我们将从这几个层次之间的紧张关系的解决中,窥见阐释学在当代的发展是怎样必然地引向马克思主义的。在这里,第一和第二个问题实际上是一而二、二而一的问题。

"古典的"阐释学以个体化生命在精神上的统一性来解决,这种"统一性"也就是贯通古今的主体生命通过个体体验对客体化的历史本文的认知与思维能力。他们深信,历史本文就是不

---

① 毛崇杰:《存在主义与现代派艺术》,社会科学文献出版社,1988年版,第176—190页。

同时代主体"自我"的外在化或客体化,因此,现时的"自我",通过本文所搜寻的昔日的"自我"是同一个"自我"。阐释便成为贯穿于历史的主体客体、个体—整体的循环。

海德格尔给旧阐释学注入的是:历史主义及相关的突出于现时的主体性和语言本体论。① 海德格尔给阐释学对"此在"在阐释上的根本使命的规定,便是使"在(Sein)"的真理显示出来,或谓通过"此在"的领悟将存在的"本真意义"与"此在"本已存在的基本结构显露出来。因此,"此在的现象学就是阐释学"②,而这种对"在的真理"显示的解释活动,是"此在"历史地展开的。在他看来,历史不是意味着"过去"的东西,也不是从现时来看"过去"业已发生的事,而是应该从存在的"整体性",从生存的源自"将来"的本真的历史事件,回到"过去"的重演。

然而,海德格尔的这种真理论与历史主义是建立在其独特的"基本本体论"之上的。由此出发,他把历史主义分为两种:一种是致力于"使此在异化于其本真的历史性"的历史学,也包括"今天变成历史的辩证的唯物主义"。实际上,这种历史主义与他常说的对"在的遗忘"相关联。另外一种,在他看来,源远流长的历史主义是"从'在'的历史的角度去加以思考的辩证法"。③

---

① 毛崇杰、张德兴、马驰:《二十世纪西方美学主流》,吉林教育出版社,1993年版,第231—243页。
② 《存在与时间》,生活·读书·新知三联书店,1987年版,第47页。
③ 《根据的原则》(1956年),引自《现代外国哲学论集》(第2辑),生活·读书·新知三联书店,1982年版,第26页。

这就是说，他基于巴曼尼德斯把"存在"与"世界"区别开来的基本本体论原则，把"在的历史"与一般的"世界历史"加以区分。因此，他的阐释学中贯穿着的真理论与历史主义带有浓厚的非理性主义气息。这种非理性主义也贯注于"造就历史"、"规定将来"的解释主体与历史"整体性"相联的"当前性"的"此在"。从这种非理性主义的阐释学的历史观与真理观出发，海德格尔一方面说"马克思主义是最有威胁的精神形态"[①]，另一方面又说马克思主义的"异化"的历史观念"比其余的历史观优越"[②]。

在海德格尔对马克思主义离得尚很远，处于若即若离状态时，伽达默尔接过了他的真理论与历史主义，以及主体性，扬弃了其基本本体论中的非理性主义，悄悄地使阐释学向马克思主义切近。首先，伽达默尔从19世纪末到20世纪中期在西方占主流地位的非理性主义潮流中，使新理性的旗帜再次高高扬起。1968年9月2日他在维也纳召开的第14届国际哲学会议上的发言《论理性的力量》，对理性的直接呼唤同他在《真理与方法》一书中把艺术作为对"真理的认识"当然是不可分割地联系在一起的。与海德格尔不同的是，他把历史作为"真理的源泉"。这个历史是世界史而不是"在的真理"的本体论源泉，他把理性重新恢复到人在精神方面本质规定性的地位，指出，正是理性特

[①] 《根据的原则》(1956年)，引自《现代外国哲学论集》(第2辑)，生活·读书·新知三联书店，1982年版，第26页。
[②] 《论人道主义》，引自《海德格尔选集》，1977年英文版，第219页。

质才使人脱离了"直接性和本能性的东西",显出了"人之为人"的特征。① 真理就是在理性支配与驱动下主体对自身与对象本质意义的追求。这种本质意义是历史地呈现出现被理解的,是现实地存在在主体面前的,所以,伽达默尔认为"历史就是一种与理论上的理性完全不同的真理的源泉"②。"理论上的理性"就是思维推理的逻辑能力,就是解释的主体依据。把历史作为"真理的源泉"与"理论上的理性"加以区别,这正是把"历史的"东西置于"逻辑的"东西之前,正是对黑格尔客观唯心主义体系的颠倒。伽达默尔在这一根本的哲学出发点上已接近了唯物主义的辩证观点。

伽达默尔提出"效果史(Wirkungsgeschichte)"与"视界融合(Horizontverschmelzung)"来解决"历史与现时""客体与主体"间的紧张关系。他指出:"真正的历史对象根本不是一个客体,而是此与彼的统一体,或者说一种关系,在这种关系中同时存在着历史的实在性和历史理解的实在性。一种名副其实的阐释学必须展示出处于理解本身之中的历史的效果性。我将把这称为'效果史'"③。类似的著名论断是杰姆逊所说:"历史不是一份本文,不是一种叙事,不是主导叙事或其他叙事,不过作为一个不出场的原因,除非在本文的形式中,否则对我们却是不可及的,

---

① 《真理与方法》(第 2 卷),辽宁人民出版社,1987 年版,第 431 页。
② 《真理与方法》(第 2 卷),辽宁人民出版社,1987 年版,第 431 页。
③ 《真理与方法》(第 2 卷),辽宁人民出版社,1987 年版,第 2 章 1(b),(Ⅲ)。

我们要对它及真实本身进行研究，只有通过它在政治无意识中的本文化与叙事化。"①

法兰克福学派成员哈贝马斯从"社会批判理论"出发，要求把阐释学纳入意识形态的批判之内，强调阐释学的普遍意义在于其与意识形态批判相结合，而不是如伽达默尔所认为的意识形态批判是要由阐释学加以解决的问题。1967年以来，他与伽达默尔进行的热烈的争论。争论的焦点集中在怎样对待传统的问题上。哈贝马斯强调对传统的批判性"反思"，认为伽达默尔片面地突出了传统的合理性和权威。伽达默尔指出，"反思"本身也有特定的历史境遇，不可能脱离这种境遇去反思任何东西，包括传统。哈贝马斯批评伽达默尔认为传统是一成不变的，这里存在着一定的误解。② 但哈贝马斯强调阐释的意识形态批判，强调生产方式、实践对阐释模式的制约作用，强调阐释学与一般认识论特别是科学主义——对自然的认识——的联系与沟通，对伽达默尔阐释学的完善与深化，并向马克思主义接近是有积极作用的。伽达默尔1974年为《哲学历史辞典》中的阐释学词条释义时写道："马克思主义的振奋人心的意识形态批评与阐释学对社会科学中存在的朴素客观主义的批判相一致。"这种"一致性"正是这一时代马克思主义阐释学的历史必然性。在1982年《作为实践哲学的阐释学》一文中，这位哲学老人又指出："在理解

---

① 弗·杰姆逊：《政治无意识》，康奈尔大学出版社，1981年版，第35页。
② 详见毛崇杰、张德兴、马驰：《二十世纪西方美学主流》，吉林教育出版社，1993年版，第1014—1025页。

经济与社会生活现象时，马克思列宁主义的要求之一便是，戳穿那种乞灵于科学之客观性的资产阶级文化的自我解释。"①

在这里，对"资产阶级文化的自我解释"之"科学的客观性"的否定，就是指向一种真正的主体性，即在马克思主义经济决定论基础上的主体的政治—意识形态—世界观系列，在阐释学上的第二义的决定性。这似乎可以与杰姆逊的"政治无意识"概念对应起来。

卢卡奇思想转变后，在他的美学思想中，阐释学的问题占有一个特殊的地位。但是正如我们前面论述的，他的马克思主义阐释学是建立在"总体"的意识形态理论基础上的，这与后来阿尔都塞的非意识形态之"科学"的"症候式阅读"不谋而合。卢卡奇奠定的马克思主义阐释的根本原则——揭示一切文学艺术本文的意识形态实质，使之"非面具化""去神秘化"——影响到他后来几乎所有的西方马克思主义美学文艺学家，并通过杰姆逊发扬光大。卢卡奇指出，伟大现实主义作品在"整体"性上是与人们的生活相通的，因此读者可以通过"无数的大门进入作品"，"在欣赏过程中，读者能够弄清楚他们自己的生活经历以及对人生的理解，并开阔他们自己的视野……"而通向现代主义的只有一道"狭窄的小门"：人们需要懂得某种"窍门"才能看出他们"玩的是什么把戏"，要解释先锋派艺术，必须"费九牛二虎之力，而得到的却是十足主观主义的歪曲与变形，以至于普

---

① 《科学时代的理性》，国际文化出版公司，1988年版，第88—98页。

通大众根本没法把这种现实的余音重新翻译成他自己经验中的语言"。①

在阿尔都塞对充满"空白""沉默""裂隙"之本文"症候阅读"中,包含着明显的阐释学思想。我们已经可以发现现代阐释学的方式。戈尔德曼接过了卢卡奇的总体观,认为本文解释所面对的"意义"只有通过整体与个别的关系才能揭示,"一种思想,一部作品只有被纳入生命和行为的整体中才能得到它的真正意义","只有把一部作品重新置于历史演变的整体中,把作品与整个社会生活联系起来,才能从中得出客观意义……"② 他所说的"整体",在这里仍然是指社会群体和它们的意识,也就是在他看来,个别作品的阐释必须纳入其所体现的意识形态和世界观中,才能得到"从现象到本质"的解释。

马歇雷立足于把"科学"的艺术批评—阐释与一般欣赏的艺术批评认识区别开来,给以更高的意识形态地位,即"一种新知识的生产活动"。他说:"能否有这么一种批评?它可能是并非评论性的,但却可能是一种科学的分析,因为它给这种作品的言语附加了一种权威性的认识,但与此同时并未否认这种认识的出场事实?……科学并不对其对象进行分解认识,也不挖掘其根源和深层结构,它只是赋予它(们)以一种新的尺度。因此文学作

---

① 董学文、荣伟编:《现代美学新维度》,北京大学出版社,1990年版,第38—39页。这里包含着明显的阐释学思想。
② 吕·戈尔德曼:《隐蔽的上帝》,引自《西方马克思主义美学文选》,漓江出版社,1988年版,第547—548页。

品的认识并不是一种消解神秘化或一种揭示秘密的活动;它是一种新知识的生产活动,即对其中无声的意义活动的阐述。"他所强调的"无声的意义"也就是"症候式阅读",即"真正的分析并不局限在对象之内,即解释那些已经被说出的东西;分析应该正视对象之中的沉默、否认以及抵御……"这也就是通过对作品同它所"不是的东西的关系"看出其意义。①

阿多尔诺在他的《美学理论》(1970)一书中提出,艺术作品的真实内容,就是对每一事物之"谜"的真正揭示。由于这种"谜"的诱惑性,所以它"期待对它的解释","求助于阐释的理性",即通过"哲学反思"获得它的真实意义。他特别指出:"属荒谬范畴的事物,即最讨厌地敌视解释的东西,就存在于必须由其得到解释的精神中。"②这一观点在弗·杰姆逊那里成为他在《元诠释》(1971)一文中所说的"任何不需要解释的情况本身就是一个亟待解释的事实"③。

伊格尔顿指出,在今天,文学把它自己表现成了对那些"能够阅读但却不能'解读'的人"的"威胁、神秘、挑衅和侮蔑"。他们能"辨认符号",却依旧不能"入门"。正是通过这个矛盾,"文学的专制"才被揭示出来。阅读是"最自然不过的行为",同

---

① 董学文、荣伟编:《现代美学新维度》,北京大学出版社,1990年版,第356—362页。
② 董学文、荣伟编:《现代美学新维度》,北京大学出版社,1990年版,第138—145页。
③ 《西方马克思主义美学文选》,漓江出版社,1988年版,第750页。

时又是"最神秘不过的行为"。"可读的"本文在将其符号物质化的时候,对读者起着一种"诱惑性的神秘化"的作用。现代主义的本文则把这种神秘化"颠倒了过来"。它"狡黠地或鲜明地把它的感觉生产方式表现了出来"。20世纪提出解除这种神秘化哲学的是孔德的实证主义以及结构主义,后者通过语言形式结构揭示本文深层"意义"来消除神秘化。但现代主义的"超验主义和多元论",最终都迄之于神秘主义,都以"遮掩了意义的本质的谜"告终,都以"纯现象性东西的深奥的神秘"告终。

伊格尔顿把"解读"问题纳入"价值"论系统,与"文学生产和消费"挂起钩来。所谓"文学价值",在伊格尔顿看来,是用对本文的思想见解,用作品的"消费性生产",亦即解读行为,所制造出来的一种现象。本文作为"生产",解读作为"消费"。决定这种双重运动的,是解读与思想(本文的思想)结成的"本文的生产关系"和它与由此而产生的"本文之外的思想关系"。因此,伊格尔顿把马克思主义的文学价值观与"内在论"的价值理论在根本点上的区别归之为,不能用本文和解读根据"思想的同谋关系"彼此"生产出对方"的观点来说明,而要用本文自身的"历史性自我生产与本文的思想的框框的关系"来说明。这种关系就是意识形态"为我们的事实陈述提供信息和基石的隐蔽的价值结构,就是意识形态的组成部分"。所以"一切批评在某种意义上都是政治的"。

杰姆逊在他的《政治无意识》序言中把这部著作称之为"方法论的手册"式的,明确指出可被看作一种"新的批评方法的纲要与策划",特别是马克思主义批评方法。他所操作的批评就是文化的批评,也是一种文化的阐释,即他明确提出并为之一辩的"马克思主义阐释学",下面我们即将进入他的文化阐释系统。

第四节 杰姆逊文化阐释的哲学基本点

杰姆逊是美国杜克大学教授,1954年毕业于哈佛福德学院,1959年获耶鲁大学法语博士学位。1959—1967年在哈佛大学任教,曾对萨特表现出浓厚的兴趣,1961年发表有研究专著。1967—1976年在圣地亚哥的加利福尼亚大学教法语和比较文学,1976年成为耶鲁大学的法语教授。由于他致力于马克思主义阐释学与对资本主义后现代主义文化的研究以及在这方面的建树,被公认为当今具有影响的马克思主义理论权威。在70—90年代间,他写出了一系列著作,如《马克思主义与形式》(1971)、《语言的牢笼》(1972)、《政治无意识》(1981)、《诊断学》(1982)、《晚期马克思主义:阿多尔诺或辩证法的持久性》(1990)、《视觉艺术》(1992),以及许多关于后现代主义研究的论文。这些论著被译成多种文字,为杰姆逊赢得了世界声誉和地位。杰姆逊以研究、讲授马克思主义对文学艺术以及文化的阐释为己任,到过欧洲各地讲学,并自1985年来北京大学授课,后多次来中国访问交流。早在《马克思主义与形式》一书中,杰姆逊已经明确提出马克思主义应该随着时代的发展而被赋予不同的特点,他把自己的学术思想称为"新马克思主义"。

杰姆逊的研究视野开阔,虽然他认为文化是哲学性的,但在他的文化批评中处处贯穿着哲学思想与精神。他以敏捷的思维、灵活新鲜的概念把对马克思主义的执着信念融入当代,在"后现代"语境下重新激活马克思主义一度被视为"陈腐教义"之古典传统,在当代世界知识分子精英个体主体性之上焕发出新的光芒,作出了独特的贡献,尽管他的理论不无纰漏,甚至不无重大原则性错误。我们这一章主要以他为中心来把握晚期资本主义的马克思主义文化逻辑,首先应该从总体把握他理论思想的基本方面,从中找出那些稳定的东西,也发现那些矛盾的方面,匡正其原则性错误。

当代马克思主义遇到来自"主体论""价值论"和心理主义的挑战,都与认识论相关。当代唯物主义哲学所接受的挑战,也正是对认识论的批判与否定,最甚者莫过于反映论。然而反映论的观点可以说贯穿于杰姆逊的所有论述之中。因为一方面如他所说"历史不是本文",我们"绝不真正在作为一种'物自体'的鲜活性中,直接面对一个本文",而只可能达到的是"本文"化的历史。在这里,不可及但却是实在的客体的历史对"本文"化的历史,是作为"不在场(缺席)的原因(absent cause)",它的出场也只有通过本文化,方能为我们所认识,所研究。"缺席的原因"虽不在现场,但却是最根本的决定论的原因。这里所说的"不在场的原因",也就是胡塞尔的括弧中的"原因"。不过杰姆逊没有提及胡塞尔,而是阿尔都塞的"结构的因果律",是从斯宾诺莎那里来的,即把"上帝"替换为历史的第一位决定论原因之客观社会存在，表达为历史第一客体的自在与第二客体的本文化的存在，以及现时的第一客体的政治无意识与第二客体之阅读和写作的主体之间的关系。"最终决定的要求"是经济，经济是政治本文与其他本文中作为"不在场的原因"之"上帝"，它们之间是一环套一环的中介关系。可见所谓"无意识"是对"本文"原因的无意识——因其不出场而对其无意识。所谓"在政治无意识中的叙述"，也就是在决定论之中而又不知身在其中的叙述。物质东西对观念东西的决定就是反映论。

早在1972年问世的研究俄—法结构主义批评的《语言的牢笼》一书中，杰姆逊就把结构主义的"二项对立"原则作为语言结构同现实的"有机结构"是"同构"的，带有精神特性的语言与形式的东西和现实的东西的"同构"性，实质上就是现实矛盾的反映。在《元诠释》一文中，他更为直接明确地认为，"一种确定的文学形式的存在，总是反映该社会发展阶段的某种可能的经验"[①]。在《马克思主义与形式》一书中，作者认为，不仅对作品内容的批评，而且对形式——"内在的形式"的批评，也反映出"批评家所置身其中的那个具体的历史社会和历史情境"。他从古罗马普鲁提若和德国古典美学家席勒那里借来"内在形式"一语，指出："首先，这是一个阐释学的概念。"它表明，阐释是从本文之本身形式——"外在形式（即艺术'自律'之形式）"由自身深层"意义"上之"形式"向外部现实的历史情境之"内

---

① 《西方马克思主义美学文选》，漓江出版社，1988年版，第751页。

在形式"转化的过程。他从文学艺术反映出商品化历史阶段之状况的意义上,把艺术说成"商品",并指出在阐释—批评中,"个体—主体—经验—心理的东西"为一极,"群体—客体—社会—政治—历史的东西"为另一极这两极之间的紧张关系。他认为,"辩证的批评"的任务并不是将这些对立的两极联系起来,因为在现实生活经验本身和文学作品中,它们本来就是联系着的,而辩证的批评则是"作品与内容的联系将这种关系揭示出来,使之展现在我们面前"①。这就是他后来发展与反复张扬的马克思主义阐释的"去神秘化"之使命与功能。

80年代以来,他在对后现代主义文化与晚期资本主义历史状况的分析中,把后现代主义既作为一种风格,更作为资本主义第三发展阶段的"文化逻辑"。这种逻辑对于历史就是总体性的反映关系。但他指出,后现代主义"不仅是19世纪末社会生活物化的反映,作为对物化的一种反抗,也是一种对日常生活增强和乌托邦之补偿的象征行为"②。从反映论这个出发点必然导致经济基础与上层建筑的关系。他认为,马克思在《〈政治经济学批判〉序言》中关于上层建筑与经济基础关系的著名大段论述③,再加上剩余价值理论,便是马克思主义的全部综合④。

---

① 弗·杰姆逊:《马克思主义与形式》,普林斯顿大学出版社,1971年版,第5章。
② 弗·杰姆逊:《政治无意识》,康奈尔大学出版社,1981年版,第42页。
③ 《马克思恩格斯选集》,第2版第2卷,第32—33页。
④ 弗·杰姆逊:《后现代主义与文化理论》,唐小兵译,陕西师范大学出版社,1986年版,第8—9页。

第四章 杰姆逊与马克思主义阐释学

在《马克思主义与形式》与《语言的牢笼》中,杰姆逊一再声称自己的批评是一种"辩证法批评",认为"没有对矛盾的认识(也就是没有辩证法的思想)就没有马克思主义",并系统地表述了辩证的批判观。这种辩证法也贯穿于对历史与本文关系的论述中,贯穿于关于阐释之"总体"与"中介"范畴以及后现代主义研究处理道德、美学、认识与历史的一系列对策中,可以说无处不在。正如他在《政治无意识》一书前言第一句话所说:"总是历史化!——这个口号——这个绝对的口号,我们甚至可以说,它是一切辩证法思想的'超历史'的专断……"诡辩式语言外壳中闪烁着辩证法智慧之光。辩证逻辑的"超历史"的专断在总体化的历史专断之中。

前面我们已经提到,在《马克思主义与历史主义》中,杰姆逊把马克思主义作为一种"绝对历史主义",在这里,"绝对"可以理解为"辩证法的'超历史'的专断",这种历史观不是个体主体对过去的苦思冥想,而是一个"现在的客观境遇与一个过去的客观境遇之间的关系问题"。他指出,马克思在《资本论》中对"劳动价值理论"的"个人发现",不只是出于他的思想体系,也是"历史环境促成的"。在这个历史环境中,"资本的发展首次允许这一概念——劳动价值理论——产生,以此可以让人们事后重新发现前资本主义的千年人类历史中的真理性"[①]。尽管杰姆逊在这里犯了一个知识上的错误,即"劳动价值理论"不是马

---

① 《新历史主义与文学批评》,北京大学出版社,1993年版,第35页。

思的发现，而是马克思之前英国古典经济学家李嘉图等提出的。李嘉图在《原富》中已经提出劳动是一切财富—价值的根源。马克思批判地继承了这一成就，在政治经济学上的贡献主要是劳动与商品的二重性——抽象劳动与具体劳动，使用价值与交换价值——还有杰姆逊指出的剩余价值理论（或许他把劳动价值理论包含在剩余价值理论之中将之一体化了，但这样在思想史上也是概念不清的）。但就马克思主义本身的缔造而言，在个体主体与历史的辩证关系的原则上，在马克思主义思想体系产生的历史决定性条件上，杰姆逊的观点是正确的。

在杰姆逊看来，对于马克思主义历史主义不仅有现在与过去的关系问题，还有过去、现在同将来之间的关系问题。在这个问题上，结构主义者，主要是阿尔都塞等，还以其"共时态"观念把马克思主义批判为"本原"模式和"目的论"。但是杰姆逊在其他文章中把这种关系称为"乌托邦冲动"，而且说明是从布洛赫那里来的。这就很容易引起误解，因为在非历史的空想与辩证的历史观对未来的预测之间是不可混淆的。杰姆逊对乌托邦这个词在不同的地方也采取了褒贬不同的意义。在这里，我们只能把杰姆逊所说的"乌托邦"看成一个转喻的修辞。他认为，马克思主义关于未来的预见当然不是空想的，而是以资本主义生产方式为先决条件，从中"脱颖而出"的，因为他目前仍有雄心与信心建立一种新的"社会主义文化模式"——"未来文化"。问题主要还不在于对未来描绘的具体细节，而在于辩证的历史观念表明马克思主义为什么不是一个"真理的场所"，这又是一个令人费解的表述。杰姆逊用"a place of truth"表明终极真理的意思，在这个意义上，马克思主义的主体"不处于任何宗旨的中心，而是历史的移心"。这个"移心"当然是指向未来，所以"只有在这个意义上乌托邦未来才是真理的场所……只要我们在对过去进行阐释时牢牢地保持着关于未来的理想，使激进和乌托邦的改革栩栩如生，过去就可以掌握作为历史本身的现在"[①]。

在"目的论"的问题上，杰姆逊认为，应该分清资产阶级"进步论"与马克思主义"关于未来"的观点，"在清除马克思主义关于未来的观点过程中，马克思主义本身也将被逐渐地消除掉"。但是，他认为，"以'历史的终结'为名义来说服人们为'未来'而牺牲自己的现在"，便是"目的论"的表现，并同"救世主、'人文主义'或斯大林主义对'未来'所编造出的欺骗性意象"混合在一起，迁就于笼统认为这一切都"从根本上是宗教（和专制主义）思维模式的病症"[②]，这未免简单而含混不清。"目的论"实际上来自莱布尼茨与沃尔夫，是同法国、英国笛卡儿—牛顿的机械论对立的一种神创的唯心主义哲学，认为未来实现于神的预设目的，这与马克思主义关于未来的观念当然没有任何共同之处。但是，"为'未来'牺牲自己的现在"，在马克思《剩余价值理论》中确实有类似的意思："'人'类的才能的这种发展，虽然在开始时要牺牲多数的个人，甚至牺牲整个阶级，但最

[①] 《新历史主义与文学批评》，北京大学出版社，1993年版，第48—49页。
[②] 《新历史主义与文学批评》，北京大学出版社，1993年版，第24页。

终会克服这种对抗，而同每个个人的发展相一致；因此，个性的比较高度的发展，只有以牺牲个人的历史过程为代价。"① 这种未来观念当然既不是"目的论"也不是"乌托邦（贬义）"。这种历史观在上一章关于伊格尔顿的"处方"中已经提到，关于历史与必然的关系，杰姆逊认为，历史就是"必然"的经验（革命与牺牲）……在此意义上来设想，"历史是种种伤痛，是种种欲望的垃圾，是对个体，也对群体实践无情界限的设置，它的'诡计'使这种界限成为对人们公然意图的一种铁的可怕的颠倒。……这确实就是在其中作为大地与不可超越的地平线之历史最终的意义：它并不需要特别的理论上的正当理由：我们可以肯定它的异化的必然性不会忘记我们，无论我们多么宁愿对它们浑然无知"②。

在杰姆逊看来，马克思主义关于过去、现在与未来的关系不同于"本原"模式作为"主符码"的"生产方式"。"生产方式"并不像人们有时所想像的那样，"是经济学或者是狭义的生产论，也不是局部事态或事件的阶级斗争的主符码"，其本身"制定出一种完整的共时结构"。这是贯穿于"历时态"之中的"共时结构"，实质上是一种纵横交错结构，如杰姆逊指出的，"《资本论》不是本原建构，而是共时模式"。就是说，在现有的资本主义生产方式中包含着人类历史过去生产方式的一切基本要素，而不必

---

① 《马克思恩格斯全集》，第1版第26卷（Ⅲ），第124—126页。
② 弗·杰姆逊：《政治无意识》，康奈尔大学出版社，1981年版，第102页。

直接去追索最古老的生产方式的本原。生产方式是作为历史"非本文"性之最客观而确定的事实，于其现在时态以共时性得以表露出来。这个结构的宏大与深层，可以把种种异己的阐释方式，如弗洛伊德主义、存在主义等包容其中。这就是说，"原欲"、存在本体论、语言结构的最终阐释必须回到"生产方式"上来，或者作为"缺席的原因"，正如历史不直接呈现而总是通过本文的形式显露那样，也是由于其宏大与深层性。这样，杰姆逊通过马克思主义历史主义，便导向当代马克思主义文化的与文学的阐释学。

杰姆逊思想理论中我们认为是错误与矛盾的地方，表现在：他一方面表示不喜欢"西方马克思主义"这个称号，宣称自己是"新马克思主义"；同时在自然与历史、辩证唯物主义与历史唯物主义的关系问题上，又声称自己是属于"西方马克思主义"的。[①]他重复着卢卡奇早期的错误观点，即认为"在自然、存在与人类历史中并没有相同的规律"[②]。当然这个话看怎么说，从自然科学与社会科学的区分来看，显然它们各自面对着自然与人类历史的不同规律。一方面，庸俗社会学与社会达尔文主义正是在这个问题上栽了跟头。但是另一方面，从最高角度来看，辩证法是不是自然与人类历史的共同规律呢？问题就出在这里。从杰姆逊的以

---

① 弗·杰姆逊：《后现代主义与文化理论》，唐小冰译，陕西师范大学出版社，1986年版，第8、81页。
② 弗·杰姆逊：《后现代主义与文化理论》，唐小冰译，陕西师范大学出版社，1986年版，第80—82页。

上结论可以逻辑地推导出,"辩证法并不是宇宙间一切事物的根本规律"的结论,而这个问题则是卢卡奇与萨特提出的关于辩证法究竟是否包括"自然"还是仅限于"人类历史"的原则问题。在这个问题上杰姆逊表现出他思想深处的强烈矛盾。他说:"历史主义在西方的意义是很丰富的,可以说是五花八门。马克思主义当然是唯物主义,但是历史唯物主义,而不是辩证唯物主义。我说过,在西方马克思主义看来,辩证唯物主义企图把辩证法同时运用于解释历史和自然,而这是和斯大林、恩格斯的思想联系在一起的。……恩格斯在《反杜林论》中提出了他自己的说法,这本书也就成了苏联马克思主义的基础。《反杜林论》区分了历史唯物主义和辩证唯物主义,——一整套完整的世界观和形而上学,将辩证法看成了自然界'永恒'的规律。"① 杰姆逊认为:"历史唯物主义则是关于历史的,和形而上学、存在、自然等没有关系,辩证法只是在历史发展中起作用,在自然界中则不能说有辩证法。"②

杰姆逊所说的这个意思,不是他自己的创见,而是西方马克思主义较为普遍的历史误区。他受卢卡奇早期思想与萨特晚期思想的影响,而似乎不加分析地接受了这一观点。他认为,卢卡奇的"伟大著作(《历史与阶级意识》)从完全不同的角度重新建立

---

① 弗·杰姆逊《后现代主义与文化理论》,唐小兵译,陕西师范大学出版社,1986年版,第243页。
② 弗·杰姆逊《后现代主义与文化理论》,唐小兵译,陕西师范大学出版社,1986年版,第93—94页。

了马克思曾'失掉'了的哲学体系"[1]。这个问题很大，涉及马克思与恩格斯的关系，以及马克思对唯物主义的态度。关于这些，本书第一章都作了论述和论证，这里不再重复了。

杰姆逊这一错误同他以下看法有关，即他认为："自然是无意义的，这是达尔文意义上的无意义，人类生命中也没有目的，只不过是些偶然事件罢了，而历史是有意义的。因此我们同时存在于两个层次上。个体的存在是荒谬的，是毫无意义的纯偶然事件，这里可以借用存在主义的观点，而集体性生命却和历史一样，是有意义的，有其自身目的的。"[2] 这里涉及自然观、生命观与历史观的关系问题。在马克思主义的辩证唯物主义看来，自然界与人类社会是有统一又有对立的，其统一性即在其物质性，它（他）们都受自然物质运动的对立统一规律所支配，比如新陈代谢生老病死等。但自然界是无意识的，无意识也就是无目的，但无目的不等于是"反进化"的，看来，盲目的自然物质运动仍然是向着一定方向发展的，这个方向不是自然界个别种类，更不是其中个体所能自觉掌握的，而是受对立统一规律的必然支配的。所以康德认为，自然是"必然的领域"。非生命的无机自然界很大一部分是受机械律所支配的，但在机械律之上又有一个"目的论"，这个目的论曾被德国理性主义莱布尼茨—沃尔夫理解为

---

[1] 弗·杰姆逊《后现代主义与文化理论》，唐小兵译，陕西师范大学出版社，1986年版，第93—94页。
[2] 弗·杰姆逊《后现代主义与文化理论》，唐小兵译，陕西师范大学出版社，1986年版，第81页。

上帝的意志。实际上就是达尔文发现的"进化"——生存竞争与自然选择。达尔文主义在20世纪受到很大挑战,如"中性突变""遗传漂变"等,但并不能证明达尔文的学说就完全错了,自然界的新发现正不断地证实、补充并丰富着进化论观点。[①] 突变论与渐变论的斗争在19世纪就展开过。这个问题归根到底涉及人类起源,即承认不承认人类是自然界的物质运动由低级向高级发展的结果,这个进化过程的细节与具体过程可以有不同认识,自然科学研究工作的进步也会不断增添新材料,作出新修正,如关于天体、地球、生命与人类起源的时间与途径等,但总的观点不会改变,否则就会倒退到神创说上去,即如果人类不是从自然界的物质运动发展而来,那么又从何而来呢?似乎在进化与神创之间至今尚无第三种选择,也许科学将来会对这个问题提出新的假说或论证,但就目前而言尚未发现。

至于个体生命的存在既有偶然性,也有必然性,如果把偶然性绝对化了,如存在主义所说的那样,是"被抛"的,是"荒谬"的,那么群体乃至整个"类"的"意义"与"目的"也就落空了。个体—群体—类之间也存在着一种辩证的关系,群体、类总是寓于个体的,这种关系对应于普遍与个别、共性与个性的辩证关系。正如马克思所说整个人类的解放是通过个人的解放实现的。如此讲究辩证法的杰姆逊,不应该把个体的出现看成绝对

[①] 详见毛崇杰、张德兴、马驰:《二十世纪西方美学主流》,吉林教育出版社,1993年版,第30—32页。

偶然的。所以希望杰姆逊对这个问题应再思考,我也愿有机会同他商榷。

以上这个问题搞得不好就把马克思主义的整个性质改变了,即变成唯心主义了。也就是从唯物主义的物质第一性的本体论,变成形形色色人本主义的人的本体论,即精神的东西(名为实践本体,实质是精神本体)第一性的本体论上去。因为不承认自然辩证法,必然导致否认人类同样要受自然规律支配,进而否定社会的总体性规律是不以主体的认识与意志为转移的"外部规律",而走上主体"自律论",即人的本质不是由人以外的社会关系的总和所决定的,而是由"人自身"的理性、欲望、心理的、情感的东西,即杰姆逊所说的利必多东西规定的;走到萨特的"存在先于本质""存在是不能规定的"上面去。而这种主观唯心的人本主义,正是现代主义与后现代主义种种反意识形态、非社会、非历史、非政治批评的根源。这也正是杰姆逊所批判的"在局部上是正确的"种种"多元"理论。

杰姆逊的矛盾也正在于此,我相信对此他并不自觉。正是在同一本讲稿中,表现出自身的这种矛盾,如他在前面说自然界与社会没有共同的规律,而在论述结构主义者列维-斯特劳斯的"二项对立"原则时,他写道,有 X 和 Y 两组矛盾,从共同的矛盾结构上有其"相似性","因为宇宙就是这样的,这成了普遍现象"。[①] 这实际上说出了矛盾规律是宇宙间的普遍规律。

---

① 弗·杰姆逊:《后现代主义与文化理论》,唐小兵译,陕西师范大学出版社,1986年版,第 115 页。

卢卡奇早年沿着否定自然辩证法的道路走到了唯心主义，但他通过几次诚恳的自我批评，基本上在后期回到了唯物主义立场。在1967年卢卡奇为他的《历史和阶级意识》所写的再版序言中，他认识到自己反自然辩证法的观点已成为影响整个西方马克思主义的哲学思潮，于是他在清算这种思潮时指出："只把马克思主义当作是一种社会理论，社会哲学（即所谓'历史唯物主义'——引者注），因而忽视或否认马克思主义也是一种关于自然的理论。正是唯物主义自然观造成了社会主义世界观和资产阶级世界观的真正根本分歧。不把握这一点，就弄不清哲学上的争论，例如，有碍于对马克思主义的实践观作出清晰的阐释。"[1] 但也奇怪，杰姆逊并没有进一步沿着错误思路走下去，即没有走到早期卢卡奇整体性唯心主义道路上去，也没有对后期卢卡奇的自我批评表示认同。但在这里我们仍可引用卢卡奇的一段话，他指出，正是《历史和阶级意识》中的那些"我现在认为在理论上错误的部分，曾是最有影响的。因此，借40多年后重印这本书的机会，我有责任指出其消极倾向，并告诫我的读者警惕那些在当时难以避免但也许现在不再犯的错误。"[2] 把卢卡奇说得如此"伟大"的杰姆逊，是否应该听取卢卡奇的中肯"告诫"呢？他停留在这个问题上，可能尚在犹豫；或许他在阿尔都塞的反人道主

---

[1] 卢卡奇：《历史和阶级意识》，王伟光、张峰译，华夏出版社，1989年版，第10—11页。

[2] 卢卡奇：《历史和阶级意识》，王伟光、张峰译，华夏出版社，1989年版，第18页。

义与卢卡奇的早期人本主义本体论之间处于"合力"状态；或许……总之，我们指出的以上几点不一致，比如说反对自然辩证法就必然反对反映论，反对反映论就导致反对经济决定论，反对基础与上层建筑—意识形态—阶级论等一系列马克思主义基本原理，而杰姆逊除了自然辩证法以外，可以说对马克思主义的基本的东西并没有放弃。所以我们必须肯定从总体上看，他是一个名副其实的当代马克思主义者，"非法兰克福、非萨特、非阿尔都塞，甚至非卢卡奇"式的"新马克思主义者"。他没有走20世纪西方马克思主义几乎不可避免地把马克思主义或者同古典人本主义，或者同现代主义，如弗洛伊德主义、存在主义、结构主义"合并"的歧路。他之所以特别说明自己不喜欢"西方马克思主义"这个称号，不是无端的，这表明，他大半个身子已经跨出了这个门槛，但还有一只脚后跟留在了里面。这正是我们可以把他的理论看成晚期资本主义的马克思主义文化逻辑之理由。

杰姆逊并不谋求同种种现代主义思潮"合并"之途，但又与之存在着一种不可或缺的共生式关系。杰姆逊与卢卡奇后期特别是晚期，可以说在20世纪，是体现了不同于一般的"西方马克思主义"，各自又有很大区别的马克思主义美学与批评的思想代表人物。如果以与"古典的""传统的"东西之联系来标志卢卡奇的话，杰姆逊则强烈地倾向于当代，他的后现代主义兴趣表明了他的永远的现在时。这种"现在时"正如他在《马克思主义与历史主义》一文中所说，"马克思主义的主体不处于任何宗旨的中心，而是历史的移心"①。

杰姆逊是从法国研究起步的，最初是存在主义（20世纪60年代），接着是结构主义（20世纪70年代）到后结构主义（20世纪80年代），80年代中期以来着重研究了后现代主义，发表了一系列有关论文与专著。从人本主义与其他思想潮流的对峙来看，杰姆逊的理论兴趣有一个向结构主义—形式主义方面的转移，这种转移不是顺应，相反表现在他对形式主义之非社会非历史化的不知疲倦的颠覆，虽然他在自己的论著中不时也提到海德格尔、萨特。在北京大学的讲课中，海德格尔的《艺术作品的起源》被列为"20世纪最重要的一部美学著作"。他早期还发表过关于萨特的研究专著，甚至称声自己是"萨特主义者"。但从他的理论结构的整体上来看，重心仍然略向结构主义与后结构主义倾斜，对此，他自己有过特别的说明。他在讲课提到萨特的"想像"概念时，申明并"不和其存在主义相联系"，对人们津津乐道于存在主义的，如什么自由、焦虑、个人的选择等，杰姆逊似乎并不怎么关心。他认为，"这些理论属于萨特最初的理论作品和他最后阶段的著作"，并说明他"以前偶然提到过，但没有认真地进行解释"②。这显然与他不断向着现时对过去的"离心"有关，正因为如此，才使他成为我们研究晚期资本主义马克思主义文化逻辑的一位举足轻重的人物。或许正因为他的理论顺应西方

---

① 《新历史主义与文学批评》，北京大学出版社，1993年版，第48页。
② 弗·杰姆逊:《后现代主义与文化理论》，唐小兵译，陕西师范大学出版社，1986年版，第193页。

变动不定的思想潮流太快，来不及清理方造成上述失误与矛盾。

通过以上概括，表明杰姆逊学术思想的理论基础不是写在过去某种哲学教科书上的原则，而是同美国——这个世界上最发达的资本主义世界的文化结合在一起的生动的有活力的当代马克思主义。詹姆斯·迪茨在为美国《新马克思主义研究辞典》写的"弗·杰姆逊"条目中指出，美国没有那种为欧洲马克思主义者提供舞台的崇尚名流的全国性文学和文化结构。相反，美国有反知识分子的传统和几乎同化一切东西的惊人能力。美国的文化分析不可避免地、几乎是本能地总要回到"美国文化首先是什么"这一批判性的问题上来，杰姆逊巧妙地避免了这种徒劳无益的做法。他的任务是："要在一个从未树立起全民规范的国家里创造一种适度广泛的，或社会的听众，同时保证马克思主义即使不成为一种限制和组织力量，也要成为一种现实的社会抉择。"在谈到同他将要创造的作为一种政治介入行动的听众的关系时，杰姆逊说："这是一个远景，我希望我的种种努力会在那里得到理解。我认为，我自己对这样一种发展的特殊贡献就在于指出马克思主义对最先进的'资产阶级'思潮的吸引力。"杰姆逊虽然著述颇丰，然而他似乎无意于使马克思主义学院化。作为知识分子，他似乎也自觉于自己的主体性使命，使教学、讲习和著述活动与当代马克思主义的阐释富有特性地结合起来。也正如迪茨所说，在杰姆逊看来："马克思主义决不是一个已经结束的故事，而是一个正在进行中的故事，其生命力和前景取决于对自己的叙述要素的分辨力。"

第五节 本文阐释视界与"政治无意识"

20世纪60年代美国苏珊·桑塔格曾写过一本书,叫《反对解释》,认为文学不需要解释,无需文学教授、批评家来告诉我们文学作品的意义是什么,需要的是去体验。同时,法国后结构主义者德勒兹和瓜塔尼有一本书叫《反俄狄浦斯:资本主义和精神分裂症》(1972),杰姆逊指出,这本书是对阐释的"最富戏剧性的攻击",然而,其攻击的目标更直接针对的与其说是马克思的阐释,不如说是弗洛伊德的阐释,这一点从书名直接表明了其意图。反对释义是后结构主义针对文学本文的内容和意义的,即后来杰姆逊在一系列关于"后现代主义文化"的论述中所指出的,后现代主义本文"意义链崩溃""深度模式消失"等基本特征。因为弗洛伊德主义是一种对文学本文的"深度模式"的阐释,即从原欲出发追问本文的意义——阐释表现为对希腊悲剧按"恋母情结"的重写,而德勒兹等则认为"无意识不去追问意义",甚至"意义"在语言学家和逻辑学家那里已经首先消失了。语言已经变成了不追问意义,生产自我指涉之能指的"工作机器"。他们批评弗洛伊德的阐释在于,"欲望使它(无意识)带着'它意味着什么'这个问题的普遍冲动到场",即指把原欲同意义捆绑在一起。其实,在后现代主义除了"反对阐释(或解释)"的口号外,还流行"反对理论(希利斯·米勒、斯特芬·克纳普、华尔特·本·米希尔斯)""反对方法(费耶阿本达)""反对统一的批评标准(利奥塔)"等。然而正如杰姆逊指出:"大多数形式化的文学或本文分析的种类都带有一种理论的负载,否定这一点却暴露了其意识形态真面目。……甚至像陈旧的新批评那样明显的非历史的'方法',也要先设一个特殊的历史的'眼光'或'理论'。……没有任何一种语言功能的运作模式、谈话行为或传播的本性和形式、风格变化的动力,可想像为是不暗示整套历史哲学的。……不幸的是,这种我们认为几乎是不言而喻的观点,却总是必须再费笔墨为之战斗一番。"[1]这种对阐释的理论支持即所谓"深度模式(杰姆逊后来区别出四种:马克思主义的、弗洛伊德的、存在主义的、结构主义的)",每一种都意味着对本文的"重写"——德勒兹等的"反俄狄浦斯"则是对弗洛伊德的重写之重写,即按照后结构主义"解构"的原则重写。这种重写无需问"它意味着什么",只需问"它是怎么干的"。正如后结构—解构主义的种种颠覆行动一样,总是指向黑格尔—卢卡奇的"总体"(在马克思的政治经济学方法那里是"思维总体"),杰姆逊指出,他们"越是反总体就越是反证了总体的地位"。"反阐释"本身也是一种阐释模式,即将结构主义语言之"二项对立"的结构主义原则脱去"所指"对"能指"的意义规定,使能指具有无限延伸的功能,这种建立在语言本体论上的无限功能,实质上是"客体化"为语言本体的"主体自我"隐蔽起来的"扩张"。因为在德勒兹看来,历史本身就是人作为一个"类"主体同"符码化"的关系:"蒙昧(原始)时代"叫做"符码化时代",

---

[1] 弗·杰姆逊:《政治无意识》,康奈尔大学出版社,1981年版,第58页。

"野蛮（封建）时代"叫做"超符码化（overcoding）时代"，"文明（资本主义）时代"叫做"解符码化（decoding）时代"与"再符码化（recoding）时代"。杰姆逊解释"符码（code）"这个词在普通信息理论中指的是传递消息的某种"元语言"，但它有各种不同含义，杰姆逊将之扩充为"当代各种理论都称之为各种符码"①，正如福柯把话语—知识—权力—实践联系在一起，也如利奥塔之把后现代主义作为各种知识系统崩溃的"叙事危机"的时代。在德勒兹以上的时代划分中，解符码化就是"精神分裂时代"，也就是"解结构主义"与后现代主义时代，也就是"精神分裂写作"。精神分裂在"失语症"的病理上把弗洛伊德主义与结构主义联系起来了，即认为"压抑"作为精神病源，起于不能把自身的痛苦说出来（符码化），描述出来，所指（痛苦）找不到能指，两者相分裂。②较之除马克思主义之外的其他三种"深度模式"的阐释，同德勒兹等的"反阐释"的模式在本质上的共同之处就在于它们都是非社会非历史的操作。而这种对社会历史规定性的摆脱，都源于对个体主体的不同方式之扩张，其与资本主义私有化对主体规定之间的本然联系是不言自明的，虽然解构主义对于破除结构主义的形式主义封闭性与机械性起到一定冲击作用。

---

① 弗．杰姆逊：《后现代主义与文化理论》，唐小兵译，陕西师范大学出版社，1986年版，第19页。
② 弗．杰姆逊：《后现代主义与文化理论》，唐小兵译，陕西师范大学出版社，1986年版，第18页。

第四章 杰姆逊与马克思主义阐释学

阐释学本身就包括对本文的理解、注释、接受（鉴赏）、批评（评论）与研究整个系列的过程。因此一种阐释模式也就是相应的批评模式，或用杰姆逊的话来说，就是阐释的"主符码"。早在1971年，《元诠释》一文中，已经表现出作者致力于一种当代马克思主义阐释批评模式的努力。然而，70年代前期，杰姆逊似乎并没有把现代主义（如桑塔格属存在主义）与后现代主义（德勒兹等）加以区分。80年代以后，他才开始大量论述后现代主义文化现代现象问题。虽然在《元诠释》一文中没有用"后现代主义"这个称号，但所论问题诚然是与后现代主义相关的，正如他写道："在我们这个时代，诠释、解释、评论已经声名狼藉……所有20世纪的伟大学派，不论形式主义或现象学，也不论存在主义、逻辑实证主义还是结构主义，无不放弃内容……"从这段话来看，后现代文学艺术作品本身的"意义链"的崩裂与文学理论和批评的"反阐释"是互相呼应的。然而，与"反阐释"相对的另一种倾向是赫什提出的一种"连贯、确定、普遍有效"的解释，杰姆逊认为，赫什的这种努力可以断定是毫无结果的（但在《政治无意识》中，杰姆逊又肯定赫什与马克思主义是一致的）。针对"解释"的两种相反的倾向，杰姆逊提出一种批评的对策："不是一种正面的、直接的解决或决定，而是对问题本身存在的真正条件的一种评论。"这就是说，对现代与后现代主义的作品正面直接的批评是触摸不到其意义的，必须将之置于"现代"与"后现代"语境之中，即"其存在的真正条件"之中，这就是"元诠释"。在他看来，最需要解释的不是我们如何正确地解释一部作品，而是"为什么我们必须这样做"。每一个别的解释必须包括对它自身存在的某种解释，必须表明它自己的证据并证明自己合乎道理。"每一批评必须同时也是一种元诠释"。这样，作品的本文批评就被推向其深层的"存在条件"，也就是作品—本文赖以存在的"历史—现实"。杰姆逊指出："真正的解释使注意力回到历史本身，既回到作品的历史环境，也回到批评家的历史环境。"① 他一针见血地指出，"任何不需要解释的情况本身就是亟待解释的事实"，而"形式主义是那些拒绝解释的人的基本解释方式。"结构主义的基本原则与"注意力回到历史"是根本对立的，"不论在文学史方面还是在单个作品的形式方面，它都无法充分进行历史性的分析……形式主义作为一种方法，在长篇小说作为问题一开始就失去了效用"。② 但其作为一股强大的形式主义思想潮流的出现，又是必然的历史的，对之不可能置之不顾，这就是"既回到作品的历史环境也回到批评家的历史环境"的契机。

但是，在杰姆逊看来，"阐释"在根本上是内容的，即关乎本文"意义"的，然而形式对内容的解释起着复杂的美学上的作用，"一种特定的文学形式的存在，总是反映该社会发展阶段的某种可能的经验"。"意义"不可能以"形式"从可感方式的实体中抽象出来，这种经验历史的统一体的根源"不在于形而上学或

---

① 《西方马克思主义美学文选》，漓江出版社，1988年版，第746页。
② 《西方马克思主义美学文选》，漓江出版社，1988年版，第750页。

宗教，而在于社会本身"。

在谈到这里时我们应当分清两个层次的"反阐释"的区别：一是非"后现代主义"的阐释，即"深度模式"的释义，亦即像弗洛伊德主义、存在主义、结构主义这些现代主义的阐释体系，它们本身并不是"反对解释"的，只是它们的解释都是非社会非历史的，要说它们"反阐释"，正是在"反"社会的历史的阐释的意义上而言。而杰姆逊在 70 年代初提出的"元诠释"，正是针对现代主义之反社会的历史的阐释还原到社会历史层面上加以剖解。而后结构主义者们之反对解释，并不直接针对马克思主义的社会历史的阐释，而是直接针对现代主义的所谓"深度模式"，即取消一切解释，包括非社会历史的解释，当然更包括社会的历史的解释。杰姆逊虽然在《元诠释》一文中提到桑塔格的《反对阐释》，但还没有进入上述第二层，即后现代主义的层面上。1985 年他在北京大学讲课时又提到桑塔格的这篇文章，便与后现代主义的既反对意义的解释，又反对"深度模式"联系起来了，但一般认为桑塔格属存在主义批评家，也就是说，其"反对阐释"是以存在主义哲学心理体验的"深度模式"反对社会历史阐释模式。当然，这两种"反阐释"在非社会与非历史这一点上面是没有根本区别的。这也就是说，现代主义与后现代主义中间并没有不可跨越的界限。

杰姆逊在《政治无意识》一书一开始就毫无隐讳地指出，这本书将为文学本文"政治阐释"的"优势"一辩。在他看来，马克思主义阐释就是政治阐释，并认为这一阐释之所以有"优势"，在于它所具有的"穿透性"决定它不是对于现代之"多元"的阐释方法的一种附"补充的,可选择的辅助方法",而是作为"所有阅读和所有阐释的绝对的视界"。这种政治阐释也就是社会的和历史的阐释,因为人类迄于今日之历史,正如马克思和恩格斯在《共产党宣言》中的著名论断所指出的那样,都是阶级斗争事件的叙述。然而,关于阶级斗争的政治叙事在浮出于历史表面的本文之时却被"压制与隐埋",这才有"政治无意识"的问题。在资本主义发展到现阶段,更加突出的问题就是在本文阐释中被极端扩张的主体性。杰姆逊指出,克罗齐的"所有历史都是当代史"这句格言被曲解为,主体把自己"在认识论的起端当作历史本身在时间上的起端",所以才会有如罗兰·巴特在《S／Z》中对巴尔扎克的阐释操作。他认为,马克思主义是真正能解决历史陈迹与现代性之间"历史主义两难"的唯一真正的历史哲学。他指出,社会的政治的文化本文与非社会的和非政治的本文之间有着一种显而易见的操作上的区别……这样的一种区别使得"群体与个体、社会和心理、政治的和诗学的、历史的与社会的和个人之间构造的、经验的和观念的裂隙变得更为坚硬了"。而"私有"这一资本主义制度下社会生活的倾向性法则,使我们作为"一个个体主体的存在而残缺不全,并且使我们的思想在时代与变化方面麻木不仁……"个体在无所不在的历史与无从改变的社会影响下隐藏起来,把自己封闭在"本文的细微体验或种种个人信仰的狂热和强烈"之中,"以为这就是一个自由王国(如法国解构主义者从60年代的政治运动的失败躲避到'本文的欢乐'

与'能指的自由游戏'中去)",实际上只是"在盲目中对必然更强的依附"。在这个盲目地带,个别主体在一种纯粹个体的东西、一种仅仅是心理的东西之中,追求庇护与拯救。杰姆逊指出,唯有从这样一种强制中解放出来,才会认识到"没有什么东西不是社会的与历史的——确实,每一件事物在'最终的分析之中'都是政治的"[①]。

在对古代神学的阐释学、阿尔都塞结构主义、弗洛伊德主义等作过详尽的分析之后,杰姆逊正如其所声明的,不是把这些阐释方法抛进垃圾堆里去,而是如他早在1972年《语言的牢笼》中所说:"钻进去对它进行深入透彻的研究,以便在从另一头钻出来的时候,得出一种全然不同的、在理论上较为令人满意的哲学观点。"[②]经过这一番操作之后,杰姆逊提出一套马克思主义的阐释操作模式。他认为,一个固定的本文可从三个不同的视界去阅读阐释,但它们不是各不相干的,而是在社会的基础上像从同一中心逐步向外放大扩展的构架。第一个视界是"政治历史的",是狭义地按时间发生的事件,以编年顺序展开的。一定的本文对象在其中是作为当时的政治历史事件的象征行为来分析阅读的。作者以列维-斯特劳斯在《苦闷的热带》中对卡达维奥印第安人面部涂饰花纹形式对他们所在部落矛盾所作的象征性解决为例,说明这是一种意识形态的"野性思维"。在发达社会,作者以巴

---

① 弗·杰姆逊:《政治无意识》,康奈尔大学出版社,1981年版,第20页。
② 弗·詹姆逊:《语言的牢笼》,钱佼汝译,百花洲出版社,1995年版,第3页。

尔扎克作为代表，对应于第一阐释视野，因为其作品的中心人物大多是阶级的典型，具有鲜明的政治立场与观点，或以王政复辟的贵族阶级利益为代表，或持共和观念。在对巴尔扎克作为"高度现实主义"的典范的分析中，杰姆逊又将弗洛伊德的精神分析贯注其中，以与情欲关联的"愿望满足（wish—fulfill）"为中心展开对本文进行"作者自传"与"白日梦"的分析。其中也包含着"个人、家庭和社会群体"这样三个视角。

第二视界为"社会或阶级"的，本文不再是以那种单一矛盾的直接象征解决行为来表达意识形态，而是以群体的和阶级的话语"重构"方式出现。杰姆逊以英国作家吉辛（1857—1903）为例加以说明。吉辛的创作深受狄更斯影响，以所谓"经验小说"或"自然主义"的特点，表达当时下层人民的生活，因此他的作品也留下了法国作家欧仁·苏的情节剧与左拉作品的某些痕迹。杰姆逊指出，在吉辛的作品中，不是像巴尔扎克那样以鲜明的个性传达出阶级的本性作为意识形态的象征，而是以一种"意识形态元（ideologism）"表达了一种群体（阶层）的情绪。这种情绪来自尼采在《道德谱系学》中所说的促使奴隶起义的"怨愤（resentment）"。其实这种群体或阶层的情绪反映的"意识形态元"很接近普列汉诺夫所说的"社会心理"。

第三视界，杰姆逊称为"生产方式"，但这不是一种特定的历史分期中的具体个别生产方式，而在历史宏观上，带有"共时态"特点，即在一种主导生产方式支配下多种生产方式"共存"，并在这种共存基础上形成多种话语与信息系统的互动，称之为

"最终的视界"。本文的意识形态在这里形成一种他在《马克思主义与形式》中所说的"内形式"或"形式的内容"之"形式的意识形态",也就是通过意识形态表达的阶级或群体的观念、情感或情绪的精神东西抽象为某种艺术形式后,这种形式直接传达某种与上述内涵相关联的"意义"。内容作为对形式决定性的东西在这里被倒转过来,类似席勒所说的"形式决定一切"或贝尔所说的"有意义的形式"。在本文的阐释操作上,杰姆逊以康拉德的小说为代表,以其一种现实主义、浪漫主义与现代主义"异质性"的文体来说明第三视界的情况。

杰姆逊的阐释三视界,或三层面,虽有《圣经》的中世纪阐释"四层面"、弗雷"神话"原型批评的"四层面"的启发,它们都经过把视界从个别个人上升到群体(民族、种族或国家),再上升到"人类",或潜入"神秘解释"的放大过程。但前两者,或仅限于《圣经》这唯一本文,或本文上升为唯一"神话原型",杰姆逊则是以同一的矛盾分析与阶级分析方法、意识形态观点面对整个文学史的本文。无论这种尝试的成功程度如何,在可操作性上是否会得到推广,但它既未失马克思主义的基本原则,并以此对古今几乎所有阐释体系加以"历史化"地"挪用",又给人耳目一新的开拓精神,是应该加以肯定的。本来人,作为个体、群体、类(整体)与个人、阶级、社会生产关系是对应的,它们既有分层结构,又是有机统一而不可分割的。在这里,杰姆逊又对阿尔都塞的"结构的因果律"加以改造利用,还有格雷玛斯的叙事矩形等等,其视野确实不可谓不开阔,用心不能谓不良苦。

但其缺点亦在于许多范畴过于灵活庞杂,界面交织,结构重叠,难以掌握,如其论及第三视界时,又涉及"大众文化"与"文化革命"问题。因为其以马克思主义的基本方法——矛盾与阶级分析——作为贯穿线索,第一视界是以个人间的纠葛反映阶级矛盾与对抗,第二视界个性不那么突出与鲜明,作品人物以类型化表达出"群"的社会不平的抗议,第三视界阶级矛盾仍然是不可调和的,但统治阶级以对被压迫阶级本文改写为"大众文化"的方式来模糊阶级视线。这里又涉及巴赫金的对话理论,他指出,在这种以个人的文本与文化现象方式改写的阶级话语视界之内,阶级话语范畴在其结构中,本质上是"对话"。"由于巴赫金在这一领域中的著作是相对特例化的,其最初的焦点集中于狂欢节或节日时刻……而对话的常规形式本质上是一种'对抗性'的,阶级斗争的对话是两种相反的话语在一个分享的符码的总的统一体内部斗争产生出来的话语。"① 而"文化革命",如启蒙运动,作为革命前的思想准备与革命后的思想清理,是一个如韦伯所说的"长时值音符",其中贯穿着不同生产方式"共存"中的矛盾,不同本文的交错与改写,他说:"文化材料和文学史在'本文'或研究对象的新形态中重构就是文化革命。"

杰姆逊的思辨性,视界结构的复杂,加上文字的艰涩,在本来马克思主义树敌甚多的情况下,又招致误读。美国"新历史

---

① 弗·詹姆逊:《语言的牢笼》,钱佼汝译,百花洲出版社,1995年版,第84页。

主义批评"的代表人物格林布莱特在《走向文化的诗学》一文中对《政治无意识》的批评即是一例。格林布莱特认为,杰姆逊把"社会的政治的与非社会政治的"两种本文操作的区别归之为"私有"感到不可理解,质问道:"为什么'私有'会立即进入这种区别?这一术语是指私有财产,亦即生产资料的所有制和消费形态的调节吗……这与政治和诗学在操作上的两种区别又有什么关系呢?"显然,格林布莱特教授没有从整体方法与思想原则上理解"政治无意识"的阐释,把资本主义私有制(作为生产关系)在科学技术(作为生产力)上带来信息媒体的革命混淆起来了,指出这种"私有"化导致大众文化"话语的极大'公有化'",并且批评杰姆逊"政治和诗学不分"。[①]

"政治无意识"是马克思主义出于以自由王国的视界对阶级斗争的历史这个"元叙事"之必然的政治自觉,对一切"不出场"的政治叙事与阐释的"非神秘化"与"去面具化"。以此种观点,可以认为人类总是处于两种政治之中:一种是自觉意识到的政治,一种是"政治无意识"。后者总是在对政治的躲避中对前者进行攻击,而前者认为这种无意识行为恰恰表明其鲜明的政治性。在为利奥塔的《后现代状况》一书所写的序言中,杰姆逊针对利奥塔关于后现代状况在后工业和科学技术文明中,一种"思辨型"和"解放型"的"宏伟叙事"的"合法性"遇到危机的说法,认为"正统的叙事法仍然留存在我们当下的思考和

---

① 《新历史主义》,卢特里奇出版公司,1989年版,第3页。

行为中，并产生了一种'无意识'的影响力"，他把这种"坚持将正统叙事法销声匿迹的心态"叫做"政治无意识"[①]。所谓"政治无意识"，表明其一方面对与"解放"联系着的诸如"阶级斗争""革命"之类"大叙事"的厌倦与屏弃；另一方面由于"大叙事"之不可摆脱而在"小叙事"与阐释中时时处处呈现"不出场"状态而起着"无意识"似的作用。但60年代极"左"政治表演结束之后，自觉的政治又可以采取"无意识"的策略，使本身的政治，暂不"出场"以"钻进其肚子"里面去，这种策略杰姆逊虽没有挑明，在其"包容"的策略与中介的辩证法中都有所涉及，在前面关于伊格尔顿的部分笔者也有所评述，在后文论及杰姆逊"第三世界文学"时再略作论述。政治与美学及文学艺术之阐释上的关系就是如此复杂，以致我们在这个问题上，就像"贴烧饼"那样来回反复地说：在历史的理论误区中进进出出。就这样还不能一劳永逸地在新语境中免于这方面或那方面犯或多或少的错误，"全面的深刻性"似乎是可望而不可即的。问题就在于"每一事物在最终的分析中都是政治的"，那么在这一"最终"点以前的全部过程，仍然有相对"非"政治的。如果"自始至终"构成一种连续等量的政治分析，那么这个"最终"的政治分析也就没有意义了。以上是就"分析（阐释）的"主体而言的。就客体本文而言，同样相应有直接的政治本文（如以政治事

[①] J. F. 利奥塔:《后现代状况》，明尼苏达大学出版社，1984版，序言第12页，引自《后现代状况》，天津美术出版社，1996年版，第10页。

件为题材的作品）与相对疏远政治的本文之别，前者可以说是"自始至终"都是政治的，后者到"最终"仍是政治的。还有美学的特质呢？是否可能直接政治的本文（如巴尔扎克、雨果关于法国革命的作品）比疏远政治更富于美学价值呢？……因此，总之在这个问题上任何简单化、机械性、公式化与偏执、极端性都必然导入误区。

综上所述，在杰姆逊看来，马克思主义阐释学就是对于文学本文的意识形态分析，这也就是"政治阐释"，而各种意识形态在本质上都是阶级意识的表现。因此他指出，马克思主义阐释作为一种阐释的"深度模式"是从现象进入本质的阐释。但是政治在文学本文中往往是作为"无意识"通过语言符号转喻方式而被阐述的。杰姆逊所说被视为"一种基本的转喻行为之阐释"，是"在本文重写中根据一种特定的主符码构成的"。关于"符码"这个词，在这里它是与"理论系统（阐释之深度模式）"相通的。马克思主义阐释学的意义也主要是就此而言。其叙事"转喻"的意义也正如《政治无意识》一书的副标题所示，是"一种社会象征行为"。前面也说过，杰姆逊把阐释与叙事看成一回事，也就是不同符码系统之间的转换（转喻），也就是象征。20世纪在批评理论上，从语言形式主义诗学开始，到结构主义，符号象征主义之非历史的形式主义运动，是对文学艺术创作在形式上不断的变异性要求的顺应，同样需要更高的解码阐释。

杰姆逊把第三世界的叙事文学称为"政治寓言"，有一定道理也有一定弊端，这个问题本书最后一章作专门论述。就解码的要求而言，西方现代主义的形式变异性同样带有政治寓言的特点，只不过第三世界的创作往往是在专制独裁政权下躲藏的寓言，而西方现代主义则是逃避古典的人道主义传统的隐匿。发掘隐义，转换符码，反溯始原（retrospective illusion），则是马克思主义，也唯有马克思主义（历史的）阐释，方能在根本上完成它的使命与功能。

　　伽达默尔把我们现今生活着的时代作为人类历经的"第三次启蒙"（并说"启蒙就是消除偏见"），马克思主义阐释学对于这种启蒙的意义，将随着对新理性的召唤，在新世纪日益显示出来。马克思主义的当代活力与未来生命正是与这种阐释功能、使命紧密联系在一起的，即对变革着的时代所建立的新的社会阶级结构进行分析，最终使文化阐释与历史运动的实践结合起来，为从晚期资本主义的最后发展阶段导引入人类"正史"的开始作准备。杰姆逊将这种"未来文化"的使命称为"认知绘图美学"，或"政治艺术"等，关于这一点，我们将在本书最后加以论述。

第五章

后现代主义问题

第一节　资本主义历史与文化分期

杰姆逊在《政治无意识》一书中以三章——三、四、五章的篇幅分别就巴尔扎克、吉辛、康拉德的小说"谋划一种历时的构架"的顺序，同时作为人的三个阐释构架的本文操作范例。这三个作家分别代表着从现实主义向现代主义的过渡，这一顺序与他20世纪80年代对后现代主义的研究相连接，构成了从资本主义早期到晚期，文化与文学发展的历史与逻辑。然而，这一历史与逻辑是建立在资本主义经济发展的基础之上的。

在杰姆逊看来，整个资本主义发展历史经历了三个具有不同经济与政治特点的阶段，它们在文学与文化风格上对应着的就是现实主义、现代主义和后现代主义。这并不意味着资本主义已经超出了其发展，也就是说，三阶段划分的依据不是整体的质变，而是局部质变。因此杰姆逊认为，封建社会向资本主义的转变比资本主义本身三个阶段的转变要"深刻得多"。而他又指出，在马克思主义内部与外部，就当前社会是否有"质的变化"这一观点进行着激烈的争论。争论的主要焦点仍然在"决定论"问题上，如丹尼尔·贝尔等就认为，通讯交流、政治权利，甚至文化本身有可能成为消费者社会的新的"支配因素"。①

三个阶段中的前两个阶段是公认的，第一阶段即马克思《资本论》所研究描述的市场资本主义，在文化上是古典的现实主义；第二阶段是列宁在《帝国主义是资本主义的最高阶段》中指出的，在经济上形成了垄断的资本集团。1885年帝国主义列强在柏林召开了一次会议，讨论对非洲的瓜分。对于第三阶段，不同的社会学家在时间上是一致的，即以第二次世界大战为界，但在叙述其阶段特征时各有侧重。美国未来学家A.托夫勒以工业革命的"第三次浪潮"标志新工业文明，即以电子工业为特点的信息社会；而著名社会学家丹尼尔·贝尔称为"后工业社会"；也有人称之为"消费者社会"；杰姆逊则称之为"多国化的资本主义"，但是"多国化（multinationalize）"这一提法并不是他提出来的，所以在1990年发表的《世界新秩序》一文中，他指出"多国化"不确切，因为美国作为超级大国，在资本输出方面非

---

① 弗·杰姆逊：《后现代主义与文化理论》，唐小兵译，陕西师范大学出版社，1986年版，第253页。

第五章 后现代主义问题

其他欧洲国家所可比。① 杰姆逊认为,丹尼尔·贝尔的"后工业社会"观点是代表右派的,他从托洛茨基极左派向右转,而后者自称"在经济上是社会主义者,政治上是自由主义,文化方面是保守主义"②。然而,杰姆逊的出发点也不排除工业和科技,但他把"信息化"集中到"广告"上面来,认为"广告与广告形象"成了"后现代主义的中心问题,因为电视以其速度之快和效果之好完全突破了旧有的广告形式"。当然,这个问题最终归结到"商品化"上面,他指出,在后现代主义阶段出现了甚至比垄断资本主义更巨大的商业企业形式,这就是"多国化的资本主义"。

杰姆逊似乎对商品化的因素过于注重,认为文化与工业生产和商品已经紧紧地结合在一起……文化"已经完全大众化了,高雅文化与通俗文化,纯文学与通俗文学的距离正在消失。商品化进入文化意味着艺术作品正在成为商品,甚至理论也成为商品;当然,这并不是说那些理论家用自己的理论来发财,而是说商品化的逻辑已经影响到人们的思维"③。实际上他在这里只是作了一种现象描绘,正如前面所指出,"大众化"等,有时仅为一种包装,关于这个问题,将在下面关于后现代主义异质性问题中论述。

---

① 弗·杰姆逊:《马克思主义:后冷战时代的思索》,香港牛津大学出版社,1994年版,第17页。
② 丹·贝尔:《资本主义文化矛盾》,赵一凡等译,生活·读书·新知三联书店,1989年版,第2页。
③ 弗·杰姆逊:《后现代主义与文化理论》,唐小兵译,陕西师范大学出版社,1986年版,第145—148页。

从杰姆逊所论这一点作为西方资本主义发展第三阶段，即后现代阶段的基本特征来看，可能是抓住了本质，但这里仍有两个问题。第一，其他特征，如工业与科学技术方面，也应予以顾及，仅仅把科技现阶段发展的结果影响归结为作为商品信息的广告化这一个方面是不够的。充分估计到科学技术作为第一生产力，给人的主体方面所带来的正面与负面的影响与变化是重要的。如工人体力劳动的减轻，与福利增加的同时，工人智力开发与人的全面发展问题日益突出；同时蓝领工人向白领阶层转化、中产阶级出现并数量扩大与劳资冲突缓和同资本输出之多国化并行。杰姆逊对商品化作为后现代主义最为集中的基本特征，使他把后现代主义同现代主义之间的区别与界限看得过于绝对，关于这个问题，我们下面将加以说明。但是，他对后现代主义文化特征的研究有其深入独到之处，尽管把两者界限说得过于绝对也给他带来一些矛盾。此外，他对时代特征的这一虽有失于简单片面的看法却在某些方面带有超前于历史的一定预见性，如在1988年同 A. 史蒂芬森的对话中，已经提出当今存在着一个"全球性资本主义或后资本主义文化"。这是一股强大的力量，就其吸引力及扩散力来说，被认为或曾经被认为是一种"文化帝国主义"，特别是"没有一种全球性的社会主义文化可以作为其公然的对抗势力和对抗风格"。① 他讲这个话时苏联与东欧还没有完全解体。当然从始自20世纪70年代末至80年代初，原"社会主义阵营"

---

① 《后现代主义》，社会科学文献出版社，1993年版，第141页。

已经相继发生经济与局部政治的改革，这种改革的方面在总体上是变计划经济模式为市场经济，整个时代的"商品化"程度更进一步发展。这给杰姆逊的后现代特征提供了实际的证据，可以说，世界正在朝更加商品化的全球格局发展。但是，正如他在具体进行文化阐释与资本主义形态的关系时常用"物化"这个术语那样，用"物化"和"商品化"的不同量级来界定资本主义三个分期，并作为其文化逻辑的社会物质基础原因，则难免带有模糊和不确定的问题，因为不同分期究竟在"物化"和"商品化"程度上怎样不同是很难标定的。

杰姆逊对以上三个历史分期的对应文化关注可分为相关两个大范围，一是文学的、艺术的创作，一是与之对应的美学的文艺理论与批评。如现实主义，在创作上是巴尔扎克、斯汤达、德莱赛等，在美学、理论与批评上主要就是卢卡奇；现代主义，创作上提到有马拉梅、T. S. 艾略特、普鲁斯特、乔伊斯、毕加索、蒙克等，相应的批评思潮主要是弗洛伊德主义、存在主义、结构主义、神话原型批评；后现代主义，在创作上以文学方面的品钦、昆德拉等为代表，绘画上以劳生柏等为代表，还有音乐、建筑方面的代表，批评主要是解构主义、新实用主义、新历史主义、女性主义等思潮。

第二节 后现代主义"热"与其界定

西方后现代时期一般认为始自 50 年代末至 60 年代初，然而对于后现代主义文化现象的研究与批评的热潮则是 80 年代以来的事,正如德国沃·威尔什在《我们后现代的现代》一文中所说,那一时期以来,"后现代主义"从文学批评蔓延到"几乎没有一个领域未被这一'病毒'所感染",甚至"泛滥成灾",成为一个争论不休、众说不一的话题。也正如沃·威尔什所说,"后现代"这个概念"在今天,没有一篇文章、一次会议、一个消息灵通的当代人士不把它当作一种时髦挂在嘴上"。在 1971 年的《马克思主义与形式》中,杰姆逊把后来作为后现代主义代表人物的沃霍尔、作曲家凯奇,仍然称为"现代主义",1981 年在《政治无意识》一书中虽然已提到"后现代主义",但并未对其作全面描述,仅就"反阐释"问题展开。80 年代中期以来,他发表了一系列卓有影响的研究后现代主义的文章,1991 年汇集成《后现代主义或晚期资本主义的文化逻辑》一书,成为后现代主义研究的权威。格林布莱特挖苦他的后现代主义是突然冒出来的[①],其实,这对一般批评家来说,大致都是如此,如伊格尔顿,"后现代主义"本身有一个从现代主义发展的过程,理论上又有一个对这一现象的认识过程。由上所述可见,从后现代现象崛起到对它的研究热潮有一个十多年近二十年的时间间隔。这一间隔正是对"冷战"时期的跨越,也就是说,从现代主义到后现代主义的转型期正是"冷战"炽热之时,而后现代主义研究热却是

---

① 《走向一种文化的诗学》,引自《文艺学与新历史主义》,社会科学文献出版社,1993 年版,第 127 页脚注。

在"冷战"平息，或接近平息之际。这一时间现象表明，对一时代特征或文化现象的反思性认识需要一定的时间距离。另外，又正如威尔什指出的那样，许多"言必称'后现代'的人并不知道这个词的确切内涵"。美国伊哈布·哈桑说："现代主义和后现代主义之间并没有一层铁幕或一道中国的万里长城隔开；因为历史是一张可以被多次刮去字迹的羊皮纸，而文化则渗透在过去、现在、未来的时间之中。"[①] 利奥塔认为，也可以把后现代性视为一种"现代性"的重写或改写。资本主义发展远远未到其超越自身的历史阶段，然而其局部质变又总是在不间断地产生。至于全局性的整体质变究竟何时发生，是很难预测的。我们正处在一个可能会相当漫长的量变的，或局部质变，即渐进的，但其进程之快速又是超过以往的突变飞跃之历史时期。总之，人类历史的资本主义时期，即马克思所说的人类的"史前"期，没有结束，所以"晚期资本主义""后工业文明"这些作为"后现代主义文化"经济与物质基础的定义，本身也同样带有很大的模糊性与不确定性，这一社会结构的现实正是一亟待阐释的"本文"，或者说迄于目前对它们只能做到局部现象的描述，或许这正是为更进一步精确的论证做必要的准备。

鉴于这种情况，杰姆逊倾向于，与其把后现代主义作为同现代主义在风格上的断裂，不如将之视为"历史分期的假设"，虽

[①]《走向一种文化的诗学》，引自《文艺学与新历史主义》，社会科学文献出版社，1993年，第161页。哈贝马斯认为"现代性"尚未完成。

然他也顾忌到在"历史分期的真正概念形成的时刻,这样做似乎确实有不少问题"。但是,他有时在具体对后现代主义的论述中,仍然不仅把这个"假设"变为一种"专断",甚至不免把现代主义与后现代主义的"历史分期"的界限过于绝对化。他认为,"后现代主义的所有构成特征都与先前的现代主义一致并有连续性"的看法"有明显错误"[①]。然而,这种绝对化的"历史分期"在分析具体问题时就会遇到不可克服的矛盾。首先,如果作为历史分期,就必须有一道相对较清晰的时间界限,并且,如果这条界限划定在20世纪五六十年代之交,那么问题就出来了。因为正如经济与政治现象一样,有些文化现象与思想潮流现象在这个"多元化"的瞬息万变的时代仍带有相对稳定性,形成前后贯穿性,如存在主义到底属于现代主义还是后现代主义的思想潮流呢?要说它是现代主义非后现代主义的吧,海德格尔与萨特的影响及于60—80年代,以至今日也不能说消失了;而若说它是后现代主义吧,海德格尔的代表作《存在与时间》完成于1927年,在美学上产生影响的《艺术作品的本源》等写于30年代。而要追溯到作为存在主义先驱的克尔凯郭尔,则属于19世纪。杰姆逊根据后现代主义的"深度模式"削平的特征,断然把海德格尔与萨特都归入了现代主义,然而,这与"历史分期"之界限显然矛盾。而根据美国 W. 斯潘诺斯的后现代主义理论,海德格尔的

---

① 弗·杰姆逊:《后现代主义或晚期资本主义的文化逻辑》,杜克大学出版社,1991年版,第5页。

思想渗透着真正的后现代主义精神。存在主义与后现代主义如其中坚解构主义同源于尼采主义真理论上的虚无主义。存在主义这条思想线索，是无法划分现代与后现代之界限的。

所以后现代主义的"异质性"，也就是说其文学的、艺术与文化的方方面面，无论在形式上还是在其他特点与素质上，既可概括出以上的诸多共同特征，又有许许多多区别与差异。这种自身内部构成的"异质性"，甚至并不比它同现代主义之间的差异要小。对于后现代主义文化，一个大家议论纷纷的方面就是其"大众化"，这种"大众化"是与后现代工业和科技所带来的传媒手段及相应的生活方式联系着的。杰姆逊对这种现象描绘为：廉价低劣的文学作品，电视系列剧和《读者文摘》文化，广告宣传和汽车旅馆，夜晚表演和B级好莱坞电影，以及所谓的"亚文学"，如机场销售的纸皮类哥特式小说和传奇故事、流行传记、凶杀侦探小说和科幻小说……这些东西本身又存在着"文化快餐"与"文化垃圾"的差别，即前者有娱乐性消遣性，甚至还可以有所谓"寓教于乐"的某种"教化性"，后者则是毫无文艺性可言，是以色情与暴力为诱饵的大量感官刺激的低级文化商品。

再从创作流变来看，以"波普"绘画作为"大众化"与"商品化"之后现代文化特征，又存在着与20年代欧洲形成的"达达"主义画派不可分割的纽带。美国50年代兴起"波普（Pop）"画派的所谓"波普"来自"大众化（popular）"，而"大众化"也是被作为后现代主义的一大特征来描述的，所以这个流派作为后现代主义的特征现象，很容易与传媒体造成的"通俗"娱乐性文化相混。两者用来说明后现代文化现象，但两者在文化层上又有较大出入。波普画派是由20世纪初在欧洲第一次世界大战期间形成的"达达主义"在美国的发展。其主要特征就是打着反艺术资产阶级贵族化的旗帜，破坏性地消除艺术与非艺术间的界限。这个流派号称"波普"，实际上并不是一种供大众消遣娱乐的文化，如杰姆逊所说的"情节剧"之类，就其表达的观念之艰涩，加上反审美的形式，决非广大群众所喜闻乐见，乃是精英文化的"大众化"包装。"波普"画派与"达达"画派之间有什么根本性的区别呢？恐怕美术史家也很难说清楚。如美国本土画家乔治亚·奥基弗（Georgia O'Keeffe）1931年作的一幅题为《牛颅骨——红、白、蓝》的作品，就带有达达主义与波普之间难以区分的特点。该画把一个牛头颅骨安放在一张带有两条红色一条黑色条带的蓝白色旗帜状的底子上，如果这可视为个别现象的话，那么60年代蔚然成风的波普画派本身，不同画家，如杰姆逊常提到的沃霍尔（A. Warhol）是以广告，如可口可乐、玛丽莲·梦露、西红柿汤等直接出面的；劳生柏（R. Rauschenberg）则以大量垃圾等实物拼凑作画；而R.李希滕施泰因（Robert Lich-tenstein）又与他们不同，他的画完全像小说插图式的漫画。三位波普艺术的代表人物之间的差异确实并不比它们与现代主义的达达艺术之间的差异小，而用以描述后现代特征的"大众化""商品化"也同样是一个不同时代都会存在的普遍性问题，30年代美国本土画家本顿（T. H. Benton）是以通俗形态表现当时美国世俗生活的代表。至于娱乐性、消遣性的大众文化，40年代风靡整个欧美的爵士乐与后现代的摇滚乐，除了表现形式与传媒手段的差异，就大众化与普及性而言，并无实质的不同。

然而，我们这样说决不意味着对后现代主义"异质性"（杰姆逊语）的否认，更不会利用这些"异质性"来否定后现代主义与现代主义的区别。这些"异质性"正是时代的局部质变所造成的。它们也确实要求用一些新的话语系统来加以描述；而杰姆逊正是在这方面有许多精辟细密的分析。我们以上所提出的，只不过是把杰姆逊所预料的历史分期"假设"可能出现的问题提了出来。而杰姆逊把后现代主义作为资本主义后期的"文化逻辑"，他也申明，他对"后现代"一词的"广义运用"，决不意味着"今天的一切文化都是'后现代的'"[①]。我们又不能因为现代与后现代之间没有一道万里长城便认为后现代主义是一个神话而不是事实，局部的质变毕竟也是一种质的变化。

对于后现代主义的论争不仅在于这个概念的界定上，也不仅在于其特征的不同描述上，而正如对待现代主义，更在于评价的相反倾向上。一种看法把后现代主义作为历史的进步，如标志着"机械论世界观已陷入不可克服的危机……""新的范畴如开放性、多义性、无把握性、可能性、不可预见性等等，已进入现代

[①] 弗·杰姆逊：《后现代主义或晚期资本主义的文化逻辑》，杜克大学出版社，1991年版，第336页。

的语言……""后现代思维积极维护事物的多样性和丰富性,坚决反对任何试图将自己的选择强加于别人,使异己的事物屈服于自己意志的霸权野心。它尊重并承认各种关于社会构想、生活方式以及文化形态的选择。它具有真正的批判精神,与盲目顺从、满足现状是格格不入的"[1]。利奥塔把后现代主义看作在科学知识霸权时代发生的"叙事危机",把后现代定义为"针对元叙事的怀疑态度"[2]。就其所说的作为"宏大叙事"的"思辨"及"解放"之主题而言,并不是真的被全然"消解"了,而是被"置入括弧","暂不出场",隐入"无意识"……人类在取得真正解放之前总是在思考这一"宏大叙事"之主题,暂时放弃只不过是"渴望的消极负面形态"。

我们可以说,对后现代的研究热情只是表明显示当代文化研究的一个永远不会画上句号的"现在时"的动词时态。再者,后现代按其历史分期至今已有30多年,在这段时间里,世界又发生了一系列新的重大质变,60年代的"左派"运动、越战、"冷战"……这些时代症候性的事件已经结束,特别是90年代,苏联与东欧解体,具有新的历史分期的性质。今天,如果说人们对后现代主义采取了比当时对现代主义宽容得多的态度,那是与以上时代特点紧密相关的。

---

[1] 沃·威尔什:《我们的后现代的现代》,引自《后现代主义》,社会科学文献出版社,1993年版,第97页。
[2] J. F. 利奥塔:《后现代状况》,明尼苏达大学出版社,1984年版,第xxiv页,引自《后现代状况》,天津美术出版社,1996年版,第29页。

第三节 后现代主义的特征

后现代主义特征是就其文化现象加以概括的理论认识。不同批评家对之兴奋点的不同描述也就不尽相同。杰姆逊关注的焦点是关于其在叙事学上的"失去'意义'"与阐释学上的"不可解释",这的确是后现代的一个核心问题。阐释上的"不可解释"问题,我们在前面都有所接触。失去"意义"的问题,也就是"意义链的崩溃",它又与后现代主义的"零散性""破碎性""平面化""深度模式消失"等症状联系在一起。

一 "意义链"的崩溃与"精神分裂"写作

"意义链(signifying chain)"来自格雷玛斯的结构主义叙事学,是指由叙事本文能指的运动组织的所指的连接功能性关系。意义链的崩溃是就本文的"意义"之"消失"而言。结构主义批评是现代主义思想潮流,但它所面对的本文模式大多都是古典古代的,如普洛普之俄国民间故事,列维-斯特劳斯之《俄狄浦斯》,罗兰·巴特之巴尔扎克的《萨拉西纳》等。20世纪70年代后结构主义崛起,在现代主义—后现代主义文化现象面前,结构主义的意义链便难以为继。后结构主义方面突破了索绪尔语言学能指与所指间的确定对应关系,即同一能指可以表示不同所指;在精神分析学上不同于弗洛伊德之把潜意识的发生置于语言之前,而认为所指与潜意识是同时发生的。婴儿带着在胎儿期与母亲一体化的"自我"降生,这个"自我"也就是母亲,这时所指与能指没有分裂。当儿童得到一个命名后，名字作为能指就同"自我"作为所指分裂，就好像婴儿在镜子中发现另一个自我。此后对所指"自我—母亲"永远不实现的寻找就主导支配着他的一生。这样作为"本我"的"恋母—乱伦"情结，在潜意识中就具备了符号学这一所指，而对立的"父亲"这一能指，与一系列所指——阳具、权威、制度、法律——对应。潜意识是语言对欲望组织的结果。从一个能指到另一个能指的潜在的运动就是欲望的意义。欲望指向对缺乏"真实（the real）"的寻求，推动能指运动形成"意义链"的虚空状态。

杰姆逊指出，根据拉康，"意义链"指互相关联的能指的句型排列系列，构成一句话或一个意义。也就是说，意义产生于从能指到能指之间的运动。当这种关系崩溃时，也就是意义崩溃时，人们就进入"精神分裂"，其形式是一堆清晰但毫无关联的能指组成的碎石。精神分裂（schizophrenia）症状即把潜意识中的病症，通过身体语言（body language）传达意义的线索。杰姆逊论及的精神分裂症是同"语言失灵"相关联之"后现代主义写作"的表现。这种情形，杰姆逊指出，如果不能将句子的"前面""中间"与"后面"连接起来，形成意义链，那么个体的人生经历与精神生活也就失去了与"现在"连接着的历史的过去与未来，就下降为纯粹的、物质的能指的体验，或时间中一连串纯粹的、互不关联的现时的体验。这种失去时间连续性的孤立的唯现时体验，杰姆逊比喻为吸毒带来的快感。"在吸毒中没有任何一个时刻是与其他的时刻联系在一起的，你无法使自我统一起来，没有一个中心的自我，也没有任何身份"[1]。杰姆逊根据德勒兹指出，从符码化到再符码化"形成了历史"，而要摆脱超越这一切是很困难的，这就是因为根据卡西尔所说"人是符号的动物"，德勒兹给我们指出了一条出路，"那就是精神分裂"。杰姆逊指出，后现代主义在对中产阶级价值观进行批评，即颠覆西方传统价值的同时，"暗暗有一个自己崇拜的英雄人物——疯人"。德勒兹认为，伟大的当代英雄只可能是精神分裂的人，只有这种人"能摆脱这一切符码，回到最原始的状态（他们把那种状态称为精神分裂的流涌）"[2]。

精神病写作问题其实也并不是后现代主义特有的。这是个有不少人专门做过研究的问题。杰姆逊指出，浪漫主义者早在19世纪便已推崇某种形式的精神失常，不过，当代的精神分裂反映的是一种"对社会的彻底拒绝抵抗，或者是彻底的不接受"。卢卡奇在《审美特性》一书论及"第1′信号系统"时，对精神病与艺术创作关系有过专门的研究。这个问题从现代主义贯下来，如荷尔德林、凡·高、斯特林堡也有精神病。然而，与后现代主义不同，他们是真正医学病理上的精神病，后现代主义之"精神病写作"的主体并不真就是医学意义上的，而是文化、哲学与美学意义上的"疯人"。杰姆逊指出，现代主义的精神病是以"自

---

[1] 弗·杰姆逊：《后现代主义与文化理论》，唐小兵译，陕西师范大学出版社，1986年版，第178页。

[2] 弗·杰姆逊：《后现代主义与文化理论》，唐小兵译，陕西师范大学出版社，1986年版，第22页。

我毁灭"告终的"神经的疯狂",正如雅斯贝斯所说,凡·高就是把自己毁灭在自己作品中的伟大的精神病患者艺术家;而后现代主义则是"耗尽","连续的工作,体力消耗得干干净净,人完全垮了……"在现代主义的"焦虑"里,还有一个自我在感到孤独……而在后现代主义那里,这样一个自我已找不到了,不存在了[①]。他指出:"在存在主义之后,我们不再认为大脑方面某一种疾病是非正常的,相反,我们认为所有的精神疾病都是人类体验自我和世界的可能性的表现,正是那些患者达到了我们具有的潜在可能性的极端。患者达到了这样一个极端以后,便经历了我们每一个人都有可能经历的东西,但他们反而被隔绝了,被叫作精神失常的人,因为他们在现实世界里无法正常地生活下去。"他指出,这种精神分裂症不再是旧意义上的异化,"在异化那里,你知道自己的身份是什么,只不过你没有权力拥有它,是其他的人占有了你的自由。而在精神分裂中,你完全失去了你的身份,你被零散化了,自我已经没有过去了"[②]。这种状态也就是后现代之"非异化"和笔者所说的现代之"泛异化"与古典的异化之区别。古典的异化与理想状态的人、标准的人、完善的人的形象相联系,是这种非异化"真人"的本质的失落,并与终极的回到作为起点的"人的本质"之"复归"联系;"泛异化"则是,不知

---

① 弗·杰姆逊:《后现代主义与文化理论》,唐小兵译,陕西师范大学出版社,1986年版,第178页。
② 弗·杰姆逊:《后现代主义与文化理论》,唐小兵译,陕西师范大学出版社,1986年版,第207—208页。

从何而来，向何处去，没有真正本质，是不可复归的，永远漂泊无所的，现时人的"无家可归"状态。[①] 后现代的异化则是根本不提，或不谈什么异化不异化了。"无家可归"毕竟还有对一个"家"的"过去"保留在记忆中，而后现代主义已经在精神病状态中失去了这种记忆。没有"过去"，也就谈不上"无家可归"的问题了。当然，这种区分同样不可绝对化。由此可知后现代之精神分裂写作与意义链崩溃之间的关系。

二 "深度模式"消失（上）

在精神分裂写作与意义链崩溃的本文碎片系列中，阐释的"深度模式"不复存在了。"深度模式"消失与另一术语"平面化"说的是一回事，是同现代主义比较之下进一步说明后现代主义的"意义链"之崩溃的本文。本文意义有浅层的、显在的与深层的、隐在的，"深度"即表明此间的不同。在杰姆逊看来，"深度模式"一种是就时间而言，另一种是就空间而言，前者指文学作品的"历史深度"，后者指视觉艺术的"空间深度"。杰姆逊说明，对"深度"这个词，他"故意用得含含糊糊，模棱两可"。他指的不单是视觉上的深度——这在现代派绘画中已经消失——而且也指阐释性深度……"这一切都消失了"[②]。

杰姆逊把"深度模式"仅限于现代主义当然，是仅就其与后

[①] 详见毛崇杰:《存在主义与现代派艺术》，社会科学文献出版社，1988年版，第221—242页。
[②] 《后现代主义》，社会科学文献出版社，1993年版，第130页。

现代主义的直接参照而言。关于现实主义的深度问题，恩格斯在1859年5月18日给拉萨尔谈革命悲剧的信中，就论及德国戏剧的"巨大的思想深度和意识到的历史内容，同莎士比亚式的情节的生动性和丰富性的完美的统一"。诚然，古典的与现代的是两种不同的深度模式。前者主要是就主体认识现实，把握现实，作品反映现实生活本质的真实性与典型性而言；后者则相反，把深度挖掘地带从创作主体与作品同社会现实生活的连接重点转移到主体方面——主体以作品对现实屏障形成的深度模式，如意识流小说。关于后现代主义的"深度模式"之消失在"时间"上即"历史感"上，杰姆逊指出："历史性和历史深度，过去常称作历史感或过去意识，被废除了。"[①] 所以在涉及历史主义的问题，如他称为后现代主义"怀旧方式（nostalgia）"的电影和"历史小说"时，他认为都是"抹去历史"的历史主义。空间深度，在绘画艺术上，现实主义的透视技法在形式上与其反映现实的思想深度相统一，现代主义在技法上已经屏弃了透视，然而，其变形仍表现一种主体强化的深度，这在后面作品阐释时再论。

杰姆逊以乔伊斯的《尤利西斯》作为现代主义的代表，品钦的《万有引力之虹》作为后现代主义的代表，把两者进行深度模式对比。他指出，《尤利西斯》强调本身作为一本"绝对"的作品，即所有的一切都包括在里面，任何读者都没有必要再去读任何其他的书。对于这样一部作品必须无穷无尽地解释下去，深

---

① 《后现代主义》，社会科学文献出版社，1993年版，第130页。

入进去，永无止境。而后者，虽然也是很广阔的画面，甚至也带有像前者一样的"百科全书"的特点，但却没有什么可解释的。"这里没有必要去寻找什么意义，因为品钦已将他要表达的全部意义都明确地写进去了。"这里值得我们注意的是，"深度模式"消除与"意义链"崩溃的关系问题，"全部意义都明确地写进去了"，应该是通过"意义链"崩溃的方式"写进去的"，并且这种"意义"是"不可以解释，不需要解释"的，而仅仅"应该去体验"。① "体验"是否就是对"平面化"之"深度模式"的另一种"深度化"的"解释"呢？按杰姆逊所说，深度消失就是"放弃了各种各样的阐释学……视觉深度与阐释系统逐渐消失"②，这个问题后面再谈。

深度模式在叙事或视觉上，即在创作上与在阐释上，有双向之对应性。杰姆逊区分出四种阐释的理论系统：（一）黑格尔或马克思的：辩证法以追究从现象到本质，从外部到内部的事物规律为特点。显然，这就是人们通常所说的基于认识论的美学、阐释学或批评，或社会的历史的批评，卢卡奇属于此列，杰姆逊提倡的马克思主义阐释学不用说也是这种深度模式。（二）弗洛伊德主义，他关于"显义"与"隐义"的区别，"所想的与实际所发生的区别"就是一种深度模式。也就是作为潜意识的"本我"是在"自我"之下的深层意义。（三）存在主义，杰姆逊仅从萨

---

① 弗·杰姆逊：《后现代主义与文化理论》，唐小兵译，陕西师范大学出版社，1986年版，第182页。
② 《后现代主义》，社会科学文献出版社，1993年版，第130页。

特所说的"非现实性（或非实在性）"确定其深度模式，指出"实在性是可以从非实在性的表层下面找到的"，因而"牵涉到现象与本质的关系"。但这样说还不够，存在主义本体论意义上的"在（海德格尔）"就是深度模式。萨特将之变化为"存在先于本质"。其深度模式的要害在于人的本质之非规定性。人的本质的非规定性就带有泛异化的意味，因为"异化"是建立在"合乎人的本质"理论前提之下的。所以，"存在先于本质"是对马克思主义与黑格尔关于人的本质的规定之深度模式的逆反。关于这一点，杰姆逊指出："异化作为一个政治和心理学的概念，在西方主要是与人道主义联系在一起的，如存在主义马克思主义、波兰及南斯拉夫的共产主义理论等，而后结构主义宣布不需要什么人道主义马克思主义理论。甚至异化这个概念本身也是值得怀疑的，因为它也含有深度模式。"[①]（四）杰姆逊所划分的第四种深度模式是符号学。因为符号学区分了能指与所指，在能指里面便隐含了意义。如果把结构主义—符号学作为现代主义的话，从其发展而来的后结构主义便取消了关于符号二分理论，因此也就是取消了深度。杰姆逊指出，对于后现代主义的艺术作品，由于取消了深度而平面化，只有"本文"和文字，而没有思想。"所有只是现象的世界，现象后面也没有什么本质，整个世界就是一堆作品、本文、时髦，服装也是一种本文，人体和人的行动也是本

[①] 弗·杰姆逊:《后现代主义与文化理论》，唐小兵译，陕西师范大学出版社，1986年版，第185页。

文。"① 现代主义占主导地位的"焦虑"演变为后现代主义"精神分裂与吸毒语言"占主导地位的系统。焦虑是一种"可注释"情感，所谓"可注释"就是说导向某种深度意义，"表达着一种潜在的梦魇般的世界状态"，而后者则与外部世界无关，"不再是认识论的内容"②。

三 "主体消亡"——"深度模式"消失（下）

无论从本文或从接受主体来看，深度模式不仅限于与思想关联之"意义"，也关涉感情，因此深度模式的消失也就是"感情的消逝"。杰姆逊通过三幅不同流派的绘画作品以及对它们的不同解读，反复地展开以上的复杂关系。

一幅是19世纪末荷兰印象主义大师凡·高的一幅叫《农民鞋》的油画，另一幅是20世纪早期挪威表现主义画家爱德华·蒙克的著名作品《呐喊》，还有一幅就是20世纪60年代美国波普画派沃霍尔的《钻石粉末鞋》。之所以选取这三幅作品，除了前二者同以"鞋"为对象外，特别是海德格尔在《艺术作品的本源》一文中专门对凡·高的《农民鞋》作了存在主义深度模式之解读。至于《呐喊》，杰姆逊以为可以作为"高度现代主义"从感情的深度模式方面的代表。

对凡·高的《农民鞋》可以有两种不同的接受阐释，而两

---

① 弗·杰姆逊：《后现代主义与文化理论》，唐小兵译，陕西师范大学出版社，1986年版，第185页。
② 《后现代主义》，社会科学文献出版社，1993年版，第130页。

者都立于对此作品的"重构",不同方式的重构。一种(可能是杰姆逊自己的或设定的)我们可称之为历史社会的,实际上也就是马克思主义的"深度模式",即从"作品所形成的情境"出发,作品以某种方式"反映"出其完成时的"最初情境"。根据作品本文,杰姆逊认为。"应该直接理解为关于农民悲惨、乡间赤贫的整个客体世界,关于农民苦累不堪的整个不完善的人类世界……"但单这样解释还不够,因为凡·高的其他作品,更有代表性的是他的色彩斑斓的自然景物,如向日葵等,为什么在那样一个苦难的人生里却会出现这样亢奋的色彩?对此又有两种不同的解读,一种是杰姆逊的,一种是雅斯贝尔斯的。上面在"精神病写作"已经提到雅斯贝尔斯的《斯特林堡与凡·高》,雅斯贝尔斯是把凡·高的艺术作为探讨创作与精神病的关系来解读其作品的。而杰姆逊则认为,把一种无生气的农民的客体世界主观地转变为最灿烂的、纯油画的形式,"应该被看作是一种乌托邦的姿态,一种补偿行为……"① 这样说比较勉强。杰姆逊也抓住了海德格尔阐释模式的核心——艺术作品产生于"世界与大地"冲突所产生的"透亮"(或作"缝隙")之中。海德格尔这个话的本意是指,艺术之美是与"在"之"真理"之"敞开"同时发生的。"在"是埋在地下深层的基本本体论的"根",是存在的"本真状态",是一切"存在物(在者)"之根本之"在"。这个真理就不是一般认识论的真理,而是存在之本体论的"真理"。艺术

---

① 《后现代主义》,社会科学文献出版社,1993年版,第337页。

作品的美与"在"的真理是统一结合着的，是对真理的显示。这样来说艺术之美，当然是一种极端的"深度模式"，杰姆逊对这一深度模式进行了有意思的"重写"，即把"世界"理解为"人的肉体与自然的无意义的质料性"，把"大地"理解为"历史和社会（这是否合乎海德格尔的原意尚待探讨。——引者注）"，两者之间的"透亮（缝隙）"便是"意义"。这样，正如对弗洛伊德、弗雷、格雷玛斯所做的那样，杰姆逊便基本上完成了对海德格尔阐释模式的历史化改造。

与凡·高的《农民鞋》根本不同的是沃霍尔的《钻石粉末鞋》，这是几只实物女鞋或实物照片，正如"达达"派与"波普"派画家们经常所做的（如迪·让的《尿斗》）那样。杰姆逊指出，它拒绝任何阐释，"不再以凡·高之鞋的任何直接性对我们说话；事实上我宁愿说它根本就没有真正向我们说话"。对于这种后现代主义的非阐释性，杰姆逊给以马克思主义的阐释，由于这是些实物，它被赋予了两种"恋物癖（fetishism）"的意义，一是弗洛伊德的"恋物癖"（作为"性倒错"之表现，即移"性欲"之"恋"于物，在性心理学上西方以女性鞋为其生殖器官的象征）；另一种"恋物癖"便是马克思所说的"（商品）拜物教"。据杰姆逊介绍，沃霍尔原是一个商业画家，绘制时装鞋并设计展览橱窗……正如我们看到的，沃霍尔的作品有许多是商品广告，"由于明确突出了后期资本主义的商品崇拜，应该是有力的、批评性的政治声明"。然而，作为后现代主义之《钻石粉末鞋》，与《农民鞋》在意义上的重要区别在于其"新的直接性或浅显性，一种在最刻板意义上的新的平面化"①。

与思想上意义深度模式消失相应的是感情深度模式的消失,杰姆逊通过沃霍尔的另外的作品与《呐喊》之再对比得出后现代主义这一特征。蒙克的《呐喊》,正如他的其他作品《病孩》《圣母》等一样,作为早期表现主义的代表,如杰姆逊所说,"无疑典型地表达了伟大的现代主义主题,如异化、反常、孤独、社会的分裂和孤立等,实质上是通常所说的'焦虑时代'的一种纲领性标志",这些当然是一种非常强烈的深度模式的情感的表达。而沃霍尔的另一代表作与《呐喊》之人物题材可以形成对比的是《玛丽莲·梦露》,这是把40—50年代著名的所谓"性感"好莱坞影星梦露的许多完全一样的一幅广告影照(正如他的许多广告)排列在一起,如同刚从印刷机上离开尚未裁切。这里,感情的深度模式又变为"平面化"的直接性与浅显的东西。

"深度模式"削平最后必然归结到主体性问题上来,这就是"主体消亡"的契机。《呐喊》表现出一种自我中心扩张的方式,以反传统美学形式不同于后来波洛克等"抽象表现主义"的"具象表现主义"。历史情境中社会化的痛苦在这里完全转成仅属个人的独特性的东西,诚如杰姆逊所说,作者试图以无声的画面表现一种感受"残酷的孤独和焦虑"之"尖叫"……发声的颤动最终变成了看得见的……"从受难者成扇形展开,变成一个世界的真正地形……"而在《玛丽莲·梦露》中人物直接平面化地呈现

---

① 王逢振等编:《最新西方文论选》,漓江出版社,1991年版,第339页。

为商品（广告），非但看不见自我中心，甚至连自我的痛苦都消失得看不见了，在形式上也屏弃了反审美之美学语言。杰姆逊把两者的转型归之为"主体的异化被主体的分裂替代"，我却以为，用"异化—泛异化—无（非）异化"来说明古典后期—现代—后现代这一过程，可以更充分地表达其既连续又断裂、既复杂又单纯的境况。异化是古典与现代共有和交叉的特征，而泛异化则是现代与后现代共有和交叉的特征，无异化也就是因泛异化而不再说异化，如果人本来就是商品，哪里还有什么异化问题存在呢？后现代主义从后个人主义角度采取了与马克思主义相反的一极，否定了人的共同的抽象本性。所以人性问题从深层浮了上来，再没有什么可说的了。现代主义的"深度"是给本文罩上一层半透明或几乎不透明的膜，而后现代主义的"直接性"使之全透明，在意义的"不必说"上与"不可说"是两极相通的。

这种主体消失也表现为，杰姆逊所说的"复制"。"复制"的出现源于摄影技术，到电影的诞生，"拷贝"便开始了大量的复制过程。接着是电子音像技术，声、光、电相互效应转化，不同媒体之信息传导。到后现代，60年代复制便成为主体消失之文化特征。以上所说沃霍尔的《玛丽莲·梦露》以及《可口可乐》《西红柿汤罐头》等广告就是典型的复制。还有"摄影现实主义（或超级现实主义）"也是对复制的模拟；聚脂化学材料人物塑像，甚至建筑物玻璃墙体也对其他街景进行着复制。根据本杰明的资本主义艺术生产理论认为，当艺术作品可以复制时，有些东西便发生了变化。而没有了个人的笔法风格，也就没有了个人的表达，而且复制的可能性使真正的原作不存在。但杰姆逊指出，"摹本（拷贝 copy）"与"类像（simulacrum）"是有区别的。他所说的"摹本"不是照相复制，而是绘画临摹。临摹是对原作而言，而"类像"一词是法国人先用的，即指那些没有原本东西的摹本，比如说汽车，一种模型或牌子的汽车可以有 500 万辆都是一模一样的，没有哪一辆是"原本"，使用价值美学价值都是一样的。而原本的临摹的价值与原始本文的价值是大不一样的。当然这里有一个层次等级的问题。如沃霍尔是利用"复制"手段来制作他的"原作"，以及摄影与电影及印刷的"拷贝"手段，与汽车制造的情况都是不一样的。总之这说明，后现代主义在创作与文化的主体性上较之古典主义与现代主义，"深度模式"被平面化，无论是主体的思想、观念、情感都用"消失"二字来表征。"原本"的消失意味着作者—创作主体的消失。

然而，这种"消失"又并不真就是不存在了，或以后结构主义理论的观点来说，"人死了""作者死了"，"人""作者"都还在那里，只是另一种"在"法，与古典主义与现代主义根本不同的"在"法。同样，"深度模式"的平面化，如果辩证地看，这本身可以说又代表着另一种根本不同的"深度模式"，即后现代主义的反深度模式本身，又表达了一种与现代主义不同的深度模式，一种后现代状态的人的生存状态的不值焦虑的焦虑，不可思考的思考，不必言说的言说。这正是当代马克思主义阐释学所面临的课题，即对其"不可阐释性"之意义与深度的消解加以"阐释"——"去神秘化与非面具化"。

这样一个理论问题，杰姆逊指出，在后现代主义，主要是后结构主义或解构主义那里归之为"主体本身的'死亡'（'作者死了''人死了'）＝自律（即个体选择绝对自由。——引者注）的资产阶级个体或自我或个人的结束"，在德里达那里就是"去中心"，即对"个体中心论"之脱离，"不论作为某种新的道德理想还是经验的描写，都脱离从前那种主体或精神的中心"。就是说，从浪漫主义到现代主义所强调的"唯我"与"唯美的""自我表现"到后现代都被瓦解尽了。对后现代的这种个体中心的解体的根源，有两种解释：一种是历史主义的解释，认为个体中心主义是古典资本主义和"以家庭为核心"的时代之产物，今天在"有组织的官僚主义政治世界"上已经被消解了；另一种是更激进的后结构主义的解释，即认为这样一种主体"从来就不曾存在过"，而是某种"意识形态海市蜃楼"似的东西。杰姆逊表明，他自己当然是倾向于前者。①

四　后现代崇高

如果说"意义链"与"深度模式"的消失描绘了后现代主义在叙事与阐释上的基本特征的话，那么后现代崇高则从接受与审美或美感效应方面对后现代主义加以说明。这是由后现代之工业与科学技术所标志的物质力量之强大对人的主体精神与感觉引

---

① 弗·杰姆逊：《后现代主义或晚期资本主义的文化逻辑》，杜克大学出版社，1991年版，第15页。

起的效应。杰姆逊指出，崇高对于英国经验主义美学家柏克表现为，"震惊中的恐惧……敬畏以及那种巨大到足以摧毁人类整个生命的力量相关的体验"。经过康德，崇高被相对比较为在数量上个体主体的"小"与客体的"大"，"因此，崇高的对象现在已不仅仅是一种关于纯粹的力量的事情，一件人类有机体与自然之间的形体不可相比的事情，而且也是关于比喻的极限及人类头脑在再现这些巨大力量时的无能"。这些"巨大力量"就是后现代之工业与科学技术所标志的物质力量，人类的、非自然的力量。"我们的机器是异化了的力量……这种力量反过来以一种不可辨认的形式反对我们"。由于这些力量的作用，杰姆逊指出，"自然本身被遮蔽而变得全然黯淡无光"。这种"崇高"，在城市里，已经完全代替了古典美学的自然的崇高。摩天大楼代替了悬崖峭壁引起的惊畏的美感；高层建筑城市街区深谷代替了深山峡谷的崇高美感……

所以，杰姆逊把"后现代主义的崇高"的本质放在"高科技"主题下，一种新型空间的"戏剧化与清晰显示"的一个"真实瞬间"引起的兴奋和幻觉，类似"人站在阿尔卑斯山前"那种由被压倒之"痛感"通过自我理性的确认转化而来的"快感"——崇高感。所以，杰姆逊把后现代之崇高也称为"技术的崇高"。他指出："这种崇高的力量或实在性使这些作品的成功得到证明，即在我们周围产生出一个后现代空间。在这个意义上，建筑因此成了专门的美学语言，一个巨大的玻璃表面对另一物产生的扭曲的、零散的反射，可以被认为是一种范例……"

这就是引起"欣快症、麻醉状、使人欣喜若狂或引起幻觉的强度"的力量,这种体验是与主体的人对自身"再现这些巨大力量时的无能"结合在一起的。那就是说,人在这种力量面前,一方面对自身的"技术理性"或"工具理性"创造出来的对象化的东西感到整体"类"主体的"大"——"全能"或"万能";另一方面,感到个体主体的"小"——"无能"。这种"崇高"机理的核心是个体与整体的人类之间的对比。个体在整体工业与科学技术力量面前的"无能"体验,类似人在自然的伟力之前的自我渺小感。杰姆逊指出,在崇高感中,"自我触及极限",即个体自我与自然宇宙的比较,而在后现代的崇高中,则是"身体触及极限"。"自我触及极限"与"身体触及极限"之区别即在前者为理性的作用"自我"即理性的意识,唯有一个理性的个体主体方能意识到自我的"极限"——渺小,当产生这种自我意识之时,也就是痛感转化为快感——体验崇高美感之时。而"身体触及极限"个体主体则被"零散化"直到处于"自身之外或丧失自身",理性与个体主体分裂了,"这已不是传统意义上人站在阿尔卑斯山前,意识到个体与人类自我之极限的主观瞬间。相反,这是一种非人类极限经验,越此极限,你将消解"[①]。所谓"非人类极限经验"就是非理性体验之崇高,亦即"后现代崇高"。实质上,从崇高与悲剧美感的关系来看,后现代的崇高感也就是非悲剧的

[①] 《关于后现代主义:安德斯·斯蒂劳森与弗·杰姆逊的一次谈话》,见《后现代主义》,社会科学文献出版社,1993年版,第131页。

美感。

这种美感体验通过表现城市风光的艺术作品获得，如摄影现实主义（或称"超级现实主义"），杰姆逊指出："在那些风光画里甚至连废汽车堆也发出某种新的幻觉的光芒。"杰姆逊进而追问了在这种体验中的矛盾："城市贫乏在商品展示中表达出来时，怎么能够赏心悦目？城市日常生活异化的空前巨大变化现在如何能在一种奇特、新颖的幻觉兴奋感的形式里得到体验？"

杰姆逊把这一矛盾归结为"非人化（反人化）"，即"空间的再现与人身体本身的再现的矛盾"。就是说，后现代的这些城市景观在艺术作品中再现出一种"非人化（反人化）"的空间，也就是个体的人在这些空间（人的整体"类"之对象化体现）中找不到自己或"自我"，或找不到人的主体性。另一方面，关于人体艺术则保留在杜·汉逊用聚脂类化学混合材料塑造的足以乱真的人的塑像上（如1970年作的题为《旅游者》的作品）。这种"乱真"使我们的感觉在"真人"与"无生命的、肉色的影像"之间产生"疑问"和"犹豫"。这种"乱真"与反人化的城市风光作品对应，都从相反相成的方面体现了科学技术之非人的力量，使人得到整体力量"万能"的"兴奋"与个体力量的"无能"混合的感受。这种感受或体验的美感就是后现代崇高。

由于后现代主义意义链的崩解，美感效应也不确定，我们不妨看看杰姆逊对一首后现代主义诗歌的美学分析。鲍勃·派勒门，旧金山的一位青年诗人，他这一诗派叫"语言诗派"，也称"新句子派"。杰姆逊指出，他们不是写诗，而是写一些句子，互不相关,不连贯的句子。句子中留有许多的空隙和沉默。如一首题为《中国》的诗,杰姆逊对之作了很重要的分析,其结论表明,在后现代主义的精神分裂的形式中也可装入积极、健康、欢快的内容。现在让我们把这首诗全文录下,再看他的分析与阐释:

中国

我们生活在太阳那边的第三世界,第三。

　　没有人告诉我们该做什么。

教我们数数的那些老人很和善。

……

每个十年至少有一次指向天空的

　　姐姐是个好姐姐。

风景摩托化了。

……

上海,猜,是什么?什么?我已学会如何交谈。太棒了。

那个脑袋不完整的人突然哭了起来。

当它倒下去时,布娃娃能做什么?什么也不能。

去睡觉。

你穿着短裤,样子真帅。还有那些旗帜也很好看。

每个人都欢呼爆炸。

到醒来的时候了。

但是最好习惯于梦。

杰姆逊指出，这种诗歌似乎已经采用了精神分裂式的片言只语作为其美学基础。"最矛盾的是穿越这首诗中的断裂句子重现了某种更为统一的全球意义。事实上，就这首诗看，这是一首以古怪的、神秘的方式表现的政治诗。它似乎抓住了在新中国发生的巨大的、尚未完成的社会实验中某些激动人心的东西——这在第三世界历史上是空前的——那种在两个超级大国之间的出人意料的'第三'的出现，那种人类通过某种新的控制其集体命运的方式而产生的一个崭新的客体世界生气勃勃的景象。总之，一件表现出集体性的伟大事件。这个集体已成为一个新的'历史主体'，在经历了长时间对封建主义和帝国主义的臣服后，它似乎是第一次用自己的声音为自己说了话。"①

实际上，杰姆逊是用自己对中国的主观看法给了这首诗以"意义"，这种意义是对中国的积极的理解。但这究竟是不是这首诗客观的本文固有的意义（到底这种意义是否存在）呢？如果真是如此积极的意义，为什么要采取这种"精神分裂式"的写作呢？对此杰姆逊说，他引用这首诗主要是想表明："精神分裂性的（句子）断裂或文字所表现出来的方式，尤其是当其被概括为一种文化风格时，不再具有病态的内容，即我们所联想到的精神分裂这样的术语的关系，而是能被用于更欢快的强度上，用在那恰恰是我们刚才提到的替代了焦虑和疏离这种旧感觉的欣快

---

① 弗·杰姆逊：《后现代主义或晚期资本主义的文化逻辑》，杜克大学出版社，1991年版，第28—29页。

感上。"①

根据杰姆逊的介绍,诗作者叙述了一件他漫步在唐人街时怎样偶然碰到一本画册的事。实际上,在派勒门的叙事意义与杰姆逊阐释的意义之间有一个共同之点就在于,他们对真正的中国都不了解,尽管杰姆逊多次到过中国。这种"不了解"不在于诗人与杰姆逊写这篇文章的时候是否到过中国(文章发表于1984年,杰姆逊第一次到中国是1985年)。因为中国80年代中后期也有人以这样的方式写诗,如一个叫"非非"诗派的。

这个问题对于后现代主义批评与马克思主义阐释学是个根本的原则性问题,即一个本文(或一首诗),无论它以怎样的形式出现,精神分裂症状也好,梦魇也好,荒诞也好……无论情绪也好,意义也好,它究竟有没有在美学上客观性的确定的要素?杰姆逊对这首诗的分析与阐释,是按照"冷战"时期"凡是敌人反对的我们就要拥护"这条原则,即西方资本主义右派所作的反共宣传的反面去理解的。这恰恰是简单化与"去神秘化"相背的阐释。

总之,无论在中国还是在西方,整个世界总的趋向是往好的方向变……然而即使用官方宣传惯用的语言"毕竟总还有一些不尽如人意的方面";而对一个创作个体,或阐释个体主体,如此剧变中的世界,如此巨大的文化差距,无论从好的方面,还是坏

---

① 弗·杰姆逊:《后现代主义与文化理论》,唐小兵译,陕西师范大学出版社,1986年版,第104页。

的方面，都会有许多负面的、不可理解、不可理喻……的东西：
"没有人告诉我们该做什么"，"上海，猜，是什么"……"意义链崩溃"了的句子透露的并非杰姆逊以那样的友好与善意以为"应该如何看待中国"的意义。这些破碎句子传达的是什么，可以姑且不论，但决不是杰姆逊所说的"……生气勃勃的景象"。至少"风景摩托化了"这一个简单句子包含着的是西方已经普遍感受到的"现代化"之负面效应，而面对尚未解义之现实，主体最好"习惯于梦"。显然在后现代"精神病写作"之无解本文中藏着可以说比现代主义更晦涩、更不确定，也就更深、更隐的"意义"。

杰姆逊还以 T. S. 艾略特的《荒原》为例，剖析了现代主义与后现代主义诗歌在同样的"零散化"特征上的区别。他指出，艾略特的这首诗也是分裂或有些碎化的。但他仍然要求读者能够超越这首诗并且将这些碎片重新组合起来。在后现代主义的作品中，我们却无法做到这一点。在后现代主义的零散化中，一切都变得把握不住了，而且也没有可能将诸种相异的碎片统一并协调起来。[1]

这与他所分析《中国》那首诗的"断裂句子重现了某种更为统一的全球意义"显然是矛盾的，他自己也承认这是"最矛盾的"。

实际上，现代主义与后现代主义的区别在单个领域内，与其

---

[1] 弗·杰姆逊：《后现代主义与文化理论》，唐小兵译，陕西师范大学出版社，1986年版，第215页。

说是局部质变，莫如说是不同程度的量变。现代主义的每一特征在后现代主义那里更被推向极端，也就是说破碎得更零散了。现代主义的零散化为的是把"意义"通过碎片的裂隙埋藏得更深些，即所谓现代主义的"深度模式"。而后现代主义之"意义链"崩溃得粉尘化了，连裂隙也无法找到，所以其意义无需，也无法深藏，就浮在似乎毫无关联的许许多多能指的粉尘表面。正是在这种阐释中找到无深度无解本文的意义。这种对比确实可以通过艾略特的《荒原》与派勒门的《中国》显示出来。这也就是为什么对《中国》较之对《荒原》更容易产生截然不同的意义阐释。有深度模式总对阐释限定一定的深度制约，平面化，或深度被削平，你愿意钻到那里停下来似乎都行。从隐喻、转喻来看，现代主义的象征的另一半也是藏在一定深度的等待合符；后现代主义则是一片所指的粉尘等待能指的粉尘合符。

第四节　杰姆逊的后现代主义策略与困惑

其实，杰姆逊的后现代主义策略既是现实主义策略，也是现代主义策略，只是后现代主义随着局部质变而更突出了。杰姆逊以马克思恩格斯在《共产党宣言》中那段著名的对资本主义生产力与科学技术进步的高度评价和对剩余价值及物化的批判为理论根据，对整个资本主义进行着历史的辩证思考。他在多处，如论康拉德和关于后现代主义的论述中提到《共产党宣言》的这一论断。基本策略未变，但在论后现代主义时，杰姆逊又有一些新的展开,并表现出一定的新困惑。

一 顺势疗法

杰姆逊把自己的后现代主义策略称为"顺势分析"或"顺势疗法"。他指出,这套对策"反对谴责式和颂扬式批评,希望促进一种能用'顺势疗法'研究后现代主义的批评"。杰姆逊自己解释道:"用后现代主义之法顺势分解后现代主义,也就是致力于用拼凑工具本身来消溶拼凑品,用我所说的历史替代物来重新夺回一些真实的历史感。"[①] 由此可见,所谓"顺势疗法"就是避免对后现代主义作正面或负面的道德评价,而是通过这种文化来看"现在时"社会的经济与政治,从历史化的现实感对这种文化艺术现象加以阐释。

他指出,由于我们最初有关后现代主义的概念大都是负面的(即它不是这,不是那,不是现代主义所指的那一套)。因此,他就从比较现代主义与后现代主义入手,以达到正面的描述,并不是在价值意义上肯定后现代主义就会比现代主义"好些",而是要把后现代主义作为一种"新的文化逻辑"的特质来把握。虽然,后现代主义确实在某种程度上始自对现代主义的反叛,正如现代主义之于现实主义,而杰姆逊认为,"并不单单把它看成是一种反叛"。在评价后现代主义问题上,就带来了道德评价与"辩证地在历史中思考我们的时代"之两种不同的态度与

[①] 《后现代主义》,社会科学文献出版社,1993年版,第141页。

方法。[1] 他认为，如果说后现代主义是一个历史现象，那么"从道德判断或教化判断这一意义上来理解它，则最终要归于范畴错误"。杰姆逊提到了《共产党宣言》，指出马克思和恩格斯教给我们"如何真正地思考历史发展和变迁这艰深的一课。主题当然是资本主义本身的历史发展及特有的资产阶级文化的部署。在一个著名的段落里马克思强有力地敦促我们去做难以做到的事，即同时从积极和消极两方面去思考资本主义的发展。换句话说，就是要实现这样一种思考方式，在同一思考中既能抓住资本主义那些显而易见的有害特征，同时又能了然那些突出的解放性动力，并且丝毫不减弱两者中任何一种判断的力量。……人们往往放弃晦涩艰深的辩证的必然法则，而轻而易举地选择道德立场，这是人之常情，而且根深蒂固……"[2]

"辩证地思考"当然不是全然放弃道德评价，因为"从积极和消极两方面去思考资本主义的发展"，所谓"积极"和"消极"，也就是前面所说的，在历史上"进步"和"倒退（反动）"本身就是政治道德与历史的整合的评价。然而，对卢卡奇以这样的评价对待现代主义时，杰姆逊似乎表现出一种矛盾，既不认为这种评价有什么不对，但又表示其不足取。这种态度与策略似乎暧昧，然而却与"包容"的总体策略有关。可以说是与

---

[1] 弗·杰姆逊：《后现代主义或晚期资本主义的文化逻辑》，杜克大学出版社，1991年版，第46页。
[2] 弗·杰姆逊：《后现代主义或晚期资本主义的文化逻辑》，杜克大学出版社，1991年版，第46页。

把批判性结论置诸括号的方法有关,在分析上达到令人信服的雄辩性,评价的结论寓于其中。这样在立足点上就高于一般性,特别是简单化的道德评价。这种态度与超乎乐观主义和悲观主义态度之上是同样的,他说,他不想讨论对后现代主义持悲观主义或乐观主义态度的问题,因为他指出,这个对待后现代主义的态度也正就是对待资本主义本身的问题。杰姆逊说:"人们必须了解最坏的情形,然后再看看能做什么。我们对后现代主义理论有很多争议,这些或拔高或以道德方式来对待资本主义的理论是没有成效的……这是个理论的和历史的自我认识问题。"这种"顺势疗法"并不打算把马克思主义灌注或强加于今天人们对后现代主义与后资本主义的看法上面,"他们较多地接受其历史特征,较多地接受历史地思考问题的想法。他们不一定较多地接受马克思主义的历史分析法,但是他们愿意在超级市场—多元化基础上考虑此形式"。在后现代主义中,或以后现代主义来研究后现代主义,其基本的观点与方法仍然是自尼采到德里达,或形式主义结构主义,或弗洛伊德到德勒兹—拉康之非历史非社会的方法。对此,杰姆逊的策略是"看看通过把完全非历史的东西系统化,人们能否强行制定出一种历史方法,至少是来对这一切进行思考。有迹象表明,迂回包抄一个问题是有可能的。"[①] 同时,他申明他对后现代主义所做的一切并非全是对这些理论的批判,"我们对这些现象不能采取消极抵抗态度,因为我

---

① 《后现代主义》,社会科学文献出版社,1993年版,第153页。

们不可能简单地回到以前的历史中去"。从他的历史观出发，杰姆逊指出，重要的是要弄清"这些理论是从哪里来的，为什么人们现在这样考虑这些问题"[①]。因此。可以说，所谓"顺势"就是"顺"历史必然之"势"，给后现代主义现象以意识形态的分析，即置于经济基础与上层建筑的关系中予以透视剖析。

二 策略的困惑——"距离消除"（上）

"顺势疗法""迂回包抄"，只有在今天，也就是当资本主义超过其发展的最反动、也是其自身最困难的历史时期，无产阶级革命、帝国主义—垄断资本、世界大战、冷战，即列宁所说的"垂死、腐朽的"时期，才是可能与可行的。杰姆逊认为，卢卡奇的立场与他对后现代主义作为"道德上似乎更加可怕的东西"之描述"大相径庭"。正是"顺"后"冷战"与前"社会主义阵营"的普遍变革之"势"，才改变了当代马克思主义的思考方式。完整地说，就是历史地"思考—理解—对话"。这也就是今天马克思主义阐释学的基本态度。诚然，今天我们，作为一个"实践理性"的主体，情感化的主体，仍然不可能免于道德义愤，如对现实的异化—非人化，对官僚主义权力的肆虐与腐败……正如马克思最初对普鲁士封建专制王国，后来对资本榨取剩余价值的残酷所表现的道德义愤。后现代主义之"主体消失"，消弭了现

[①] 弗·杰姆逊：《后现代主义与文化理论》，唐小兵译，陕西师范大学出版社，1986年版，第186页。

实与本文的差异,以致很容易把对现实的道德义愤迁怒于本文。杰姆逊避免对本文的道德感情模糊了历史视线,但道德评价又渗透于历史的阐释之中,显然他在描述后现代主义时用的"精神分裂写作""吸毒者语言"……术语并非中性的,而且他又不得不说:"这整个极度非道德化的、令人抑郁的、前所未有的新全球空间,恰恰是后现代主义的'真实瞬间'。"[1] 道义的力量,正义感的冲动,正如他所说的作为意识形态元的"怨愤",这些因素往往在某种程度上可以成为理论的出发点与推动力量;然而,理论在历史观上达到的高度与深度又往往表现为对现实道德感情的超离程度;最后,在所谓"终极关怀"成为"现实关怀"之日,或乌托邦实现意义上,两者的距离方得以弥合,这也就是历史东西与道德东西一体化。在这一过程之中,情感与理性之间,正如在道德与历史之间,美学与逻辑之间,总是存在着这样一种在相互渗透中选择振荡的关系,对于现实与本文皆然。米兰·昆德拉提出小说享有"道德审判延期"之特权,但他指出,"把道德判断逐出小说之外"并非"绝对反对道德判断的合法性"[2],说的也是同样的道理。

我们也能够发现,道德的评价态度化为带有不确定性的困惑混合在杰姆逊的"顺势疗法"之中。这种困惑表现在相互矛盾的

---

[1] 弗·杰姆逊:《后现代主义与文化理论》,唐小兵译,陕西师范大学出版社,1986年版,第122页。
[2] 米兰·昆德拉:《被背叛的遗嘱》,孟湄译,上海人民出版社,1995年版,第6页。

两个方面：一方面，是他作为主体的自我与客体——后现代空间的阻隔；另一方面，则相反表现为"距离的消除"。从第一方面看，他时时感到自己作为一个"偶然走入"这个后现代主义"新空间"的主体的人，还"没有跟上那种演变的步伐"，主体没有与客体相对应的变化来与之呼应。他认为，这是因为在自己的主体感性上，这种情况是在称之为"高度现代主义"的那种旧的空间中形成的。后现代文化的出现"要求我们生长出新的器官，扩展我们的感觉中枢和我们的身体到某种新的，尚未想像到的，也许最终是不可能的多维度的空间中去"①。他还把这种主体与客体的分离的困惑，比作"汽车在宇宙飞船速度面前所表现出的困惑"。而我们与环境的分离，表明我们在这样的困境之中，即在目前，我们的头脑，"对测绘出整个全球的、多国的、非中心化的交流网络系统的无能。而作为个别主体的我们自己本身则陷于这张网络之中"②。这一网络对于我们的头脑和想像力来说都是更难以把握的——即资本主义第三阶段本身的整个非中心化的全球网络系统。这是一个形象过程，目前，在当代娱乐文学的整个模式中清晰可见。人们试图将这种文学描述为具有"高技术偏执狂"的特征，在这种高科技中，"某些公认的全球计算机联机的线路和网络系统通过一个复合物自治，但又相互联结，与竞争的

---

① 米兰·昆德拉：《被背叛的遗嘱》，孟湄译，上海人民出版社，1995年版，第112页。
② 米兰·昆德拉：《被背叛的遗嘱》，孟湄译，上海人民出版社，1995年版，第117页。

信息代理错综复杂地合谋,以叙述形式被启动了起来,合谋的复杂程度常常超过平常人的阅读能力。"① 这说出了在后现代高科技面前,作为自然之躯的海德格尔当年在人造地球卫星登月时感到被"连根拔了起来"式的困惑。道德评价的"无济于事",在对后现代主义的历史定位化处理之中,显示出对作为"资本主义神话"之后现代"高科技"超乎乐观主义与悲观主义的历史迷惘。一方面是"高科技偏执狂",另一方面是"高科技恐惧症"。

另一方面,所谓"距离消除",主要是指作为阐释或批评主体之自我对于后现代主义"批评距离的消失"。而这种"距离消除",根基在于身处后现代语境中之主体与后现代主义空间距离的消失,也就是说与之一体化了。不可能超出其外去采取一种必要的道德的与美学的批评与评价态度,像当年马克思对早期资本主义所做的那样。

前者是作为个体主体面对人类群体达到的"后现代"标志的高科技所感到的感性、知性与康德所说审美"判断力"的困惑,或感性跟不上工具理性步伐的困惑。"汽车在宇宙飞船速度面前所表现出的困惑",也就是马克思当年提出的"在罗伯茨公司面前,武尔坎又在哪里?在避雷针面前,丘比特又在哪里?……"② 也就是"在劳生柏面前伦勃朗在哪里?在罗柏·格利耶面前,巴尔扎克在哪里?"正如杰姆逊在《马克思主义与历

---

① 米兰·昆德拉:《被背叛的遗嘱》,孟湄译,上海人民出版社,1995年版,第111页。
② 《马克思恩格斯选集》,第2版第2卷,第28页。

史主义》一文中提到的,马克思把希腊史诗的客观世界与拥有机动车和电报的现代社会相对立。

因为个体主体"总是历史化!这是绝对的,甚至可以说,它是一切辩证法思想的'超历史'的专断"①,他的作为"此在"处于"后现代空间"之中,割不断感性、知性、判断力与"过去"的结纽带,理性逻辑又使他超前于现时。正是这一历史境遇提出了"总体文化命运,以及后现代主义时代作为一个社会层次或社会事件的特殊文化的功能"问题。而这个问题又被嵌套在"我们能否在后现代主义显而易见的'谬误瞬间'中辨别出一些'真实瞬间'"②。

三 "谬误瞬间"与"真实瞬间"——"距离消除"(下)

"真实瞬间"这个概念,杰姆逊是用来表明后现代主义"真实表达了多国资本主义",它是有一定"认识内容"的,它"道出了"正在发生的故事,显然这是基于反映论。"如果主体丧失于其中,如果社会生活中精神主体已被后期资本主义非中心化,那么后现代主义艺术就忠诚真实地记录了这些内容,这就是其'真实瞬间'"③。这就是说,后现代主义的症候性,就个别创作个体与作品而言,给我们提供的是"谬误瞬间",因为它们不以艺术形象与形式正确反映后现代主义社会,然而就"总体文化"而

---

① 弗·杰姆逊:《政治无意识》,康奈尔大学出版社,1981年版,第9页。
② 《后现代主义》,社会科学文献出版社,1993年版,第120页。
③ 《后现代主义》,社会科学文献出版社,1993年版,第139页。

言,它恰恰提供了我们对这个社会的文化认识,因此也可以说"以它们自己的方式走向反映现实",杰姆逊辩证地说明:"尽管这种说法看起来互相矛盾,即遵循一种经典的阐释选择的原则,它们可以被视为现实主义的(或者至少可以说是对现实主义的模仿)新奇形式。同时也可以这样分析:它们是把我们的注意力从现实引开或转移开的诸多尝试,或者是遮掩其矛盾,并在多种神秘形式的掩饰下解决这些矛盾的尝试。"① 杰姆逊不至于会荒谬地去抹杀现实主义与后现代主义的界限,这是就作为文化逻辑的后现代主义与晚期资本主义历史的一致性而言,正是在这一点上后现代主义的"谬误瞬间"与现实主义的"真实瞬间"融合了。如果说现实主义在其伟大的高度上可以以一部作品成为反映一个时代社会现实的整体的"百科全书",如巴尔扎克之于法国革命,列夫·托尔斯泰之于俄国沙皇专制与农民革命,曹雪芹之于中国封建社会——那么现代主义—后现代主义则以其个别、局部本文之荒诞、谬误从整体上揭示出资本主义中期和晚期的历史真实。

杰姆逊所说的"真实瞬间"与"谬误瞬间",这之间有着复杂的辩证关系。后现代主义的整个文化也包括我们自己身在其中,从杰姆逊下面的表述来看,"真实瞬间"与"谬误瞬间"似乎是纠缠在一起的。他说:"这整个极度非道德化的、令人抑郁的、前所未有的新全球空间,恰恰是后现代主义的'真实

---

① 《后现代主义》,社会科学文献出版社,1993年版,第123页。

瞬间'。"

这种阐释主体的"理论高度"恰恰也就是杰姆逊所说的"批评距离",有了"高度",距离就不可能全然"消除"。而这种"高度"又不是一种迂腐的、固守教条的、与后现代毫无沟通的"距离",而是与后现代"距离消除——'要求我们生长出新的器官'"——的"高度拉开距离"。这也就是在后现代的"全球空间"中保留一块深入其中的"飞地"。

第五节 西方中心—东方主义与第三世界文学

在以西方为视域的本书即将结束的一节,如上题所示把视野转向中国本土,实际上在前面所论杰姆逊解读《中国》时,已应后现代马克思主义阐释性之要求,把狭义的文化本文置于广义的文化背景之中。全球性后现代"多国化"语境使中国本土文化处于前所未有之历史境遇,在杰姆逊所论"西方中心"与"第三世界文学"的课题上,马克思主义在中国当前的命运,已成为20世纪马克思主义美学非东—西方性与非国界性不可砍除的枝蔓。

一 文化冲突中的"西方中心论"与"东方主义"

"后马克思主义"思潮(包括法国社会学家包德里亚、美国丹尼尔·贝尔)的一个主要论点认为,晚期资本主义阶段经济不再起决定作用,文化则是起决定作用的因素。美国政治学家亨廷顿的《文明冲突论》也属于这一思潮的代表。这本书的轰动效应似乎有相当的持久性,一方面从其诞生起就在本土和世界范围已经遭到不断质疑与批判。争论总是缠绕在"经济决定论"与"文化决定论"、文化与意识形态等方面之间的关系问题上。另一方面,世界性的事件似乎又在支持着亨廷顿的偏颇。据统计,世界军事冲突从1992年的24起至1994年增为29起,并大部分是由民族与宗教文化之差别引起的。实际上亨廷顿所说的"文明"是一个很松动的弹性概念,既包括物质与精神两大根本的方面,又包括意识形态与上层建筑几乎一切方面。其所谓"文化冲突"实际上已经把经济、政治的东西暗含在里面。如此之大的涵盖性的"冲突论",一方面必然遭到来自各不同侧面的反驳,同时又可以说明所有现象。这些争论我们不去管它,有一种对亨廷顿的批评值得注意,那就是"西方中心"的问题。与之对峙的称为"东方主义",则是以萨伊德1978年的《东方主义》与1993年的《文化与帝国霸权主义》为代表的后殖民主义文化与批评理论。

90年代前后,苏联与东欧解体,引出了又一本有轰动效应的书《历史的终结和最后一个人》,作者是日裔美籍学者福山(Francis Fukuyama)。这本书被译成14种文字。有人认为福山只是重复了近代以来一直存在的西方中心论,并将之与马克思主义同黑格尔的"普遍主义"(即社会历史发展之生产方式演进模式)烩为一锅。①

---

① 《文化与文学》,国际文化出版社,1993年版,第7页。

亨廷顿的八大文化体系可简约为西方中心论与东方民族主义（包括"亚洲意识"）的基本对峙，而于这二者下面掩盖着极其复杂对立的色调与倾向中又可区别出两种最基本的东西，即历史主义与民族主义。然而，因为民族本身也是历史地形成的，历史本身就是各不同民族的历史。如何在贯彻一种客观的历史主义时避免民族虚无主义，同时在立于民族本位立场时防止反历史主义——这是20世纪最难的答卷之一。

在东方民族主义中，现在有一种似乎已构成足以与西方中心论对抗的"亚洲意识"，但这是不是一种真正的凝聚力呢？有趣的是，"冷战"时期一系列《丑陋的中国人》《丑陋的日本人》《丑陋的美国人》，被其后的一系列"亚洲能够说'不'"，包括近年在大陆炒热的《中国可以说'不'》所代替。值得注意的是，其中有一位作者是日本的石原慎太郎。这个石原是何许人也？原来就是否认南京大屠杀的右翼鹰派人物。在二战五十周年纪念中，日本议会竟然有多数议员认为，日本"参加二战"目的只是想"把亚洲从西方殖民主义者手中解放出来"。这真是一个危险的信号。这种所谓"亚洲意识"实质上是当年的"大东亚共荣圈"的"泛亚洲主义"。

在文明冲突中的西方中心论与东方民族主义的对峙中，对西方中心论的"后现代批判"是从"解构"的"去中心（反逻各斯中心）"操作开始的，有人以此为马克思主义，这是一个极大的误解。另一种是从非历史的立场批判马克思本身的"西方中心"论。马克思在与此有关的论述中首先有三点值得我们注意：

(一)马克思认为古希腊艺术之所以是不朽的,就在于希腊古代艺术使我们回忆起人类一去不复返的"童年时代"。"童年时代"就是古代社会,而这个时代在古希腊是"发展得最完美的地方"。马克思指出:"有粗野的儿童和有早熟的儿童。古代民族中有许多是属于这一类的。希腊人是正常的儿童。他们的艺术对我们所产生的魅力,同这种艺术在其中生长的那个不发达的社会阶段并不矛盾。"[①] 希腊之外,世界古代社会文明发源地有中国、埃及、巴比伦、玛雅,后两者在古代已经没落,至今只能找到一些残迹;前两者在近代衰落,遗下了往日辉煌。唯希腊文化,通过文艺复兴、启蒙主义运动得以延续。在文化价值与艺术魅力上,五大古文化各有其优,既不可能相互代替,也无法比较优劣,正如长城、金字塔和巴特农神庙,我们只可能说它们在时代上谁较先出现,而很难比较谁更伟大,更有魅力。正是它们的全部,不是哪一部分构成世界文化的全面、丰富与多样。然而从单个文化体的全面、丰富与多样,以及成熟程度的均衡与匀称,以及保存流传影响程度而言,希腊文明显然占据优势,这是因为希腊整个经济与政治全面发展造成基础与上层建筑相互影响的结果。马克思的"正常儿童"系就此而言。

(二)关于"亚细亚生产方式",在马克思的全集中大约有十多处谈到这个问题,归纳起来可以有以下几点:(1)亚洲在政治上是以君主集权的专制主义与希腊的奴隶主和自由民内部的民

[①]《马克思恩格斯选集》,第 2 版第 2 卷,第 29—30 页。

主制相区别;(2)亚洲是以村社为生产单元,农业与家庭手工业为主要形态的自然经济,希腊的城邦已经成为当时的商业中心;(3)亚细亚生产方式直到西方殖民主义入侵之前几乎没有发生过什么变化。马克思在著作中经常用"野蛮"一词描绘"亚细亚生产方式"及其专制主义落后的政治形态,以与西方"文明"相比较。当然,马克思是从历史观点使用这两个文化对立的用语的,而不是站在民族主义,更不是殖民主义的立场上。

(三)如前所述,关于西方资本主义制度下生产力与科学技术带来的发展,在《共产党宣言》中描述为人类历史上没有任何一个时代可以与之相提并论的突飞猛进。

杰姆逊以马克思在《〈政治经济学批判〉序言》中关于"……物质生活的生产方式制约着整个社会生活、政治生活和精神生活的过程……"[①]为依据,把马克思主义所描述过的人类历史的生产方式归结为:古代生产方式——以古希腊为代表,亚细亚的,封建的,资本主义的,再加上社会主义与共产主义便成为六类。他认为马克思的资料来源"一是罗马人对日耳曼民族生活、生产方式的记叙,二是英国殖民主义者对印度社会生活的描写,除此之外,便没有其他来源了"。他认为,摩尔根的《古代社会》一书是西方人中首先对原始部落进行研究的著作,但该书出版于1877年,当时马克思正在全力写作《资本论》,因此"摩

[①] 《马克思恩格斯选集》,第 2 版第 2 卷,第 32 页。

尔根的书他没有研究"。① 这个结论未免武断,实际上马克思于1881—1882年,正值他逝世前一年,研究了摩尔根的书并写出了《摩尔根〈古代社会〉一书摘要》。杰姆逊认为,恩格斯根据达尔文的进化论将生产方式纳入"历时性"这一范畴。而他认为马克思主义还应该同时提供"把第一生产方式作为一个包含不同层次的共时系统来考察",这就是"结构"的观点——生产方式中包含生产力与生产关系,社会分为上层建筑与经济基础。

杰姆逊特别指出,关于"亚细亚生产方式"在西方是最有争论的问题,争论围绕着两点:一是认为亚细亚方式不能算生产方式,只是"政治方式",因为没有生产方式的构成;二是,因为亚细亚生产方式之一成不变,"亚洲便没有(西方意义上的)历史发展"。因此西方有人指出,"马克思对亚洲的认识是从欧洲中心论出发的,首先这是因为历史的局限,马克思对亚洲没有足够的了解。这种欧洲中心论的偏见认为,只有欧洲的历史是真正的历史……"② 杰姆逊对这个问题似乎只是转述,并未专加评论。从马克思主义本身来看其与西方中心论的关系,可以还原为怎样对待资本主义这样一个最直接而本质的问题上来。其实这个问题与杰姆逊在后现代主义的策略上是一致的,即西方资本主义在生产方式上带来的进步与这种进步在道义上付出的代价。这里唯一

---

① 弗·杰姆逊:《后现代主义与文化理论》,唐小兵译,陕西师范大学出版社,1986年版,第9—10页。
② 弗·杰姆逊:《后现代主义与文化理论》,唐小兵译,陕西师范大学出版社,1986年版,第8—17页。

不同的是，对后现代主义他是站在西方本位立场上说话；对亚细亚生产方式则有"他性"的问题。

如果说马克思主义思想体系中的西方中心论根源是历史的思考，那么其东方主义的根源则在于对殖民主义的道义批判。这个批判在马克思与恩格斯为《纽约每日论坛报》所写的关于中国问题八篇文章和关于印度问题的系列文章中体现出来了。在《鸦片贸易史》一文中，马克思历数了英国当局以扩大对华贸易之名利用鸦片在中国掠夺了巨额财富并犯下深重罪恶，指出："半野蛮人坚持道德原则，而文明人却以自私自利的原则与之对抗。一个人口几乎占人类三分之一的大帝国，不顾时势，安于现状，人为地隔绝于世并因此竭力以天朝尽善尽美的幻想来自欺，这样一个帝国注定最后要在一场殊死的决斗中被打垮：在这场决斗中，陈腐世界的代表是激于道义，而最现代的社会的代表却是为了获得贱买贵卖的特权——这真是任何诗人想也不敢想的一种奇异的对联式悲歌。"[①] 马克思对殖民主义的批判与对资本主义的批判具有道义上的一致性。这也是因为殖民主义与资本主义原本就是同体的。正是这种批判构成了当代东方主义，特别是"后殖民主义文化"批判的根源。这样我们便发现，极其对立的西方中心主义与东方主义在意识形态上的同源性就在于马克思主义思想体系内部的道德批判与历史批判之间的辩证关系。马克思把这一矛盾归为对联式的"悲歌"。说出了我们人类文学艺术中几乎是永恒的

---

① 《马克思恩格斯选集》，第 2 版第 1 卷，第 716 页。

(不仅限于现代主义—后现代主义)困惑。

所以,对西方中心的问题,一是历史唯物主义的立场,一是民族主义——西方中心主义或东方主义的立场。正如从中华民族的历史来看,以汉文化为中心是历史形成的客观事实,这不等于可以成为以"大汉族主义"自持,反对各民族文化之间的平等发展、交流与相互尊重的理由。同样,以褊狭的民族主义情绪否定客观的历史进步的事实当然也不是历史唯物主义的立场。总之,我们所居之世界,恐怕在真正"大同"之前永远改变不了这种状况,从经济、政治与民族文化的历史与现状来看,西方是一个中心,与之相对,以第三世界为主的"东方"是散乱的多中心或无中心。在"后现代"语境中,西方更加一体化(不是说他们之间不存在矛盾与冲突),致使后现代已经成为全球性没有对抗物的经济文化模式。他指出,在所有第三世界中"社会主义概念本身的颓败"随处可见。但他并没有放弃社会主义的信念,提出"需要重新创设社会主义这一概念,使它成为一个强有力的社会文化观念",并指出,"这并不是简单地重复一个过时的名称或术语……我们需要前所未有的政治想像力"。因此,他提出"建立全球文化风格与地区局势或国家局势的具体特征和要求之间的新关系"。虽然,这一"新关系"在现有的状况下还显得有些空茫,也可以说是一种新乌托邦,仅仅表现为一种"前所未有的政治想像力"的要求,然而这毕竟体现了在全球性无以对抗的资本主义后现代状况下是唯一可以抵制"与其什么都不要,毋宁要虚无"之理想主义光芒。这种光芒已经体现在新马克思主义及其阐释学的建立,以及西方知识界经久不息的"马克思主义热"上。

二 政治寓言——第三世界与中国文学

如果说在以上对西方对欧洲中心主义批判的转述中,杰姆逊回避了自己在这个问题上的直接态度的话,那么他在谈到现代主义与后现代主义时就反复申论了要避免道德评价而应在历史中思考的立场,由此可以间接地找到对"欧洲中心"的马克思主义态度是与对资本主义本身的态度紧紧联在一起的。而在1989年为纪念已故罗伯特·艾略特的讲稿——《处于多国资本主义时代中的第三世界文学》中,则又从另一侧面鲜明地贯彻着同一立场,即"在历史中辩证地思考历史"。

在如何对待第三世界文学的问题上,道德与历史的关系集中表现为民族主义问题。杰姆逊指出,"民族主义"对于美国知识分子,是一个"早已被合理地清算了"的旧话题(我们应该认为,这当然是对于美国大多数进步知识分子而言,并不排除如60年代暗杀马丁·路德·金与1992年洛杉矶警察殴打黑人致死那样的种族歧视情绪,甚至新纳粹主义今天在美国仍然存在)。杰姆逊一方面表现出对民族主义立场的超越,但另一方面以抹去"第三世界文学"与西方本体之"准则与规范"本文各自传统的巨大区别为不可取。这种巨大差异形成之根本在于社会经济与政治,当西方世界已进入现代主义与后现代主义的同时,"世界其他地方确实还有人生活在水深火热之中"。这里显然有一个文化"他性"的问题,杰姆逊在这里认为,西方读者与第三世界本文隔着一个"大写的异己读者（The Other Reader）"。他指出，如果希望能有效地阅读这个本文，"就必然放弃许多对我们个人来说是十分宝贵的东西，承认一种陌生而可怕的存在和环境……"

杰姆逊指出，20世纪80年代，歌德当年提出的"世界文学"的旧话题又被重新拾起。他强调，"任何世界文学的概念都必须特别注重第三世界文学"①。他提出了一个关键性的第三世界文学的概念——民族寓言："所有第三世界的本文均带有寓言性和特殊性；我们应该把这些本文当作民族寓言来阅读，特别是当它们的形式是从占主导地位的西方表达形式的机制——例如小说——上发展起来的。"这个概念是建立于第三世界与和第一世界在文学本文与政治之间关系的区别之上的。他认为，第三世界的本文较之第一世界是非常政治化的，甚至那些看起来好像是"个体的里比多（libido）驱动的本文，总是以民族寓言的形式来投射一种政治"。因此，所谓"民族寓言"也就是"政治寓言"。他认为，许多第一世界的人初读第三世界本文感到陌生，格格不入。这里排除了第一、第三世界的特殊性区别，便又回到文学与政治最一般的关系的问题上去了。立足于这种特殊性，问题的提法便成为：在文学与政治的关系上，两个世界有没有各自不同的规律？此外，还有一个"寓言性"本身的问题，这前面已经接触过，即现实主义叙事与寓言性的关系。在这里杰姆逊的固有矛盾

---

① 《新历史主义与文学批评》，北京大学出版社，1993年版，第230—252页。

第五章 后现代主义问题

所面临的新问题是,既然一切阐释最终都是"政治"的,叙事也概莫能外,那么第一与第三世界在这个普遍规律的问题上,即在文学艺术与政治的关系上,就不应有什么根本区别。现在让我们把这些问题暂时放下,回到杰姆逊的论述上来。

为了说明第三世界本文是民族寓言这一点,杰姆逊特别引了鲁迅的《狂人日记》《药》和《阿Q正传》作为例子。他认为,《狂人日记》的"精神崩溃"式的记录揭露了梦魇般的现实,戳穿了对日常生活和生存的一般幻想或理想化,其效果同老式现实主义不同而与西方现代主义尤其是存在主义相似。这当然是我们中国文学研究界对鲁迅早期作品的某种共识。杰姆逊指出,"吃人"是一个社会和历史的梦魇,是历史本身掌握的对生活的恐惧,其效果远远超出了西方现实主义或自然主义对残酷无情的资本家和市场竞争的描写。鲁迅本文中的"里比多"(在《狂人日记》中)是指"吃"——弗洛伊德原欲论的"口腔阶段"(但不是性欲)。杰姆逊也了解"吃"在中国文化中的地位是非常重要的,认识到这一点,我们就能更好地理解鲁迅用"吃"来戏剧化地再现一个社会梦魇的意义。而一个西方作家却仅仅能从个人执迷、个人创伤的纵深度来描写这种现象。

接着,杰姆逊叙述了《药》的寓言性,指出"寓言精神具有极度的断续性,充满了分裂和异质,带有与梦幻一样的多种解释,而不是对符号的单一的表述"。并认为,"阿Q是寓言式的中国本身"。作为第三世界之旧中国本文的这种寓言性,在杰姆逊看来,同那里的知识分子"永远是政治知识分子"有关。在旧中国，知识分子在找到共产党之前对未来没有任何希望。而在非洲与拉丁美洲，摆脱殖民主义取得民族独立后又往往落入独裁政治的统治之下。这种同西方政治上民主的资本主义个人主义的区别在根本上表现为，在西方——第一世界，政治寓言被压入无意识（正如他的《政治无意识》一书所说），而第三世界民族寓言中的政治是"有意识的与公开的"。这里似乎有某种逆反性：在舆论上西方知识分子可以明目张胆地批判资本主义制度与他们的政府和总统，政治在文学本文中被压入了无意识；在没有言论自由的第三世界，政治自觉地成为本文中寓言式的隐喻。但这是个复杂的问题，这样概括显然简单化了。

杰姆逊的整个关于第三世界文学的分析，除了在大的原则上如西方与社会现实生活的关系的区别上是正确的，以及对具体作品的阐释有独到的见地外，在作为民族寓言的分析，即在我们上面所提出的两个问题上，似乎有失于简单片面，他自己也说有待于第三世界本身的纠正。这里有几个问题，第一与第三世界在本文与政治关系上既有差异也有共同之处，如共同的现实主义原则，或现代主义原则。

在政治寓言这个概念上有以下几个层面须加区别：一是在第三世界独裁统治的情况下，文学往往成为政治的"影射"工具而失去其自身，这常常又是"文字狱"的端由。中国俗语说"指桑骂槐"，或古代所说"含沙射影"。这样的例子在中国历史上实在不少，有人对此有专门研究。与之不同的是，有一类不但不会削弱反而会加强文学的艺术品格的寓言——隐喻——的本文。这里也有两种情形,一是象征性的,即以形象的"非真实"性达到本质深度的真实,这就是《狂人日记》所追求的效果,这就是以上说过的现实主义的异质性,如果戈理的某些作品那样,也可以说它们就是现代主义的。所谓形象的"非真实"与本质的"真实",也就是"形(本文'能指链')似"与"神('能指链'所寓之意)似"的关系问题,其所"似"之"本"就是现实本身经济政治或远离此二者的诸种人生。在这里"神"即指"意义",是往往通向政治之本质的东西。《狂人日记》的"吃人"是社会制度即封建专制——礼教、吃人——残酷的经济剥削与精神压抑。而阿Q的精神胜利法则是"形""神"具备的现实主义典范,即人物的个性与阶级共性、民族的国民性、整个社会时代风貌——经济与政治的状况高度集中于一体的东西。所以杰姆逊说"阿Q是中国寓言",而其所寓意的国民性正是人们平素习见为常的东西,不能自觉意识其本质,在文学本文中概括为阿Q这个活生生的典型形象,体现出现实主义叙事的深度。还有一种情形是,最为政治的东西以最不政治的东西显现,《药》可以说是这样的作品,革命者始终未露面,以其鲜血、坟茔在本文中出场,而其鲜血又转化为民间愚昧象征之"药",整个本文充满寓意象征,留下大片空白,要说"政治寓言",这可以算作最为范本型的作品了。直接的政治意义与本文所描写的生活距离更远,如《伤逝》《孔乙己》《在酒楼上》《肥皂》等带有知识分子自我检讨意味的作品,说它们是政治寓言则有些勉强。但即使是距离政治最远的本文,如张爱玲、沈从文、钱钟书的精品,以及大量风花雪月鸳鸯蝴蝶之类的庸俗品,当然最终也是不能切断其与政治的关系的,或者起消磨意志维护现有秩序的作用,或者即使倾吐人们小小的不满也会激起人们改变现状的愿望与要求,正如舒曼把肖邦的音乐说成"隐藏在花丛中的大炮"。而有些作品直接以政治事件为主要叙事题材,如茅盾的《子夜》,没有什么显义与隐义之区分(相当于杰姆逊所说的"第一种阐释视界"),则也难说是寓言,这可以说是第六种情形。还有,从艺术上为了耐人寻味,追求"言有尽意无穷"之效果,写得含蓄、朦胧,甚至晦涩,很难与政治寓言直接挂上。总之,文学艺术本文与政治的关系,批评阐释的美学标准与政治标准,在理论原则上似乎说来说去也不会有更多新的东西,然而,一遇到不断变化发展中的文学艺术的具体问题,则是极其复杂的,很容易简单片面,很难用几种模式概括。文学与政治的寓言性关系绝不能当作本文意义与符号的关系,即文学艺术的"半自律"仍然保持着自身对于政治的"他性"。

杰姆逊所言及第一世界的读者对第三世界本文的陌生感的问题,有横向的地域的政治经济区别的原因,在纵向上当然根本是历史形成的传统文化背景的区别,他以西方现代主义后现代主义本文与第三世界——中国旧现实主义本文进行比较,指出,"第三世界的小说不会提供普鲁斯特或乔伊斯那样的满足",并得出结论:"他们还在像德莱赛或舍伍德·安特逊那样写小说。"实际上从政治之不可说性与文学本文之寓言性关系来看,民族寓言更切近中国80年代以来的文艺现象。西方从人道主义启蒙到现代主义的"自我中心"与扩张，到后现代的"去（反）中心"，经历了"主体化—主体泛化—主体消失"，相应是"异化—泛异化—非异化（不言异化）"之过程，这至少是两三百年的事。

关于杰姆逊的第三世界本文之"政治寓言"，前不久曾被引进用以说明中国前几年在国际电影节得奖之电影现象，即"后殖民主义"文学本文是由"西方定位"的，由西方文化消费市场"定货"，经东方本土加工生产，然后出口，"捧回奖杯"——从电影《红高粱》到《秋菊》《大红灯笼高高挂》《霸王别姬》，无不如法炮制。这种说法之所以在当前一定范围内走红，一方面是因为对于80年代以来的"非意识形态"化运动，如"内部规律"论、"主体论"等等，这种逆反形态的"非常政治化"之出现，又给人以"陌生感"的满足；另一方面，这种论说或批评阐释方式本身是一种"西方定位"，而且似乎可以说是杰姆逊的马克思主义阐释学和萨伊德之"后殖民主义"批评理论之不准确"定位"，特别是在"意义"问题上，可以说基本上"定"偏了，把问题简单化，粗糙化了。

如果按照所说的，后殖民主义或第三世界文化对"西方定货"如此容易"加工交货"，《红高粱》仅仅是因为"抬着花轿乱跳，高粱地里睡觉，酒坛里面撒尿，老外看了好笑"才得奖，《秋菊》仅仅是因为"土得掉渣"才得奖的话，那么，就"老大"中国之两三千年的文明史与现在占世界1/5之人口，奇风异俗任你猎之不尽，神州"侃"术又如此之绝，岂不是"金熊奖""金棕榈奖"……该用箩筐挑回来了吗？

1996年在加拿大蒙特利尔国际电影节上,由张承志小说《黑骏马》改编、谢飞执导的同名影片一鸣惊人。在该片转程巡回美国期间,许多热情的观众竟追随其后,仅仅为了再看一遍。观众评论说,该片反映了"一种真正的爱,它来自我们人类的灵魂深处。它之所以如此动人心魄,是因为让我们看到了人类精神力量的美好和伟大"。然而正巧同年在戛纳电影节上,陈凯歌执导的《风月》一片与《黑骏马》的轰动形成了鲜明的对照。该片为了刻意迎合西方,不仅掌声寥落,榜上无名,而且被法国《人道报》评论为"电影手段表现出来的虚伪假象","导演选择这样一个悲情故事,是为了制造一个空洞的谎言"。《尼斯晨报》指出,该片表明导演"为了迎合西方观众而犯下的错误。"这一事实雄辩地证明了"西方定货"论之无稽,其本身倒是一种来自西方的"东方主义"理论的简单挪套。同一国度与民族,其文化本文却完全是由所自生长出的现实土壤"自定位"的。

萨伊德的理论系统,以《东方主义》(1978)、《文化和帝国霸权主义》(1993)为代表,包含着一种巨大的不可避免的悖论系统。一方面,老殖民主义对殖民地的掠夺与罪恶罄竹难书,就文化而论,当然不排除西方本文中对东方的歪曲改写。但从另一方面看,西方的所有"东方学研究(当然包括'汉学')"取得的成果都是建立在当年殖民主义之上的。但是,这些成果无论对东方文明本身的开发与弘扬,还是对人类文化的重大发现与研究,如埃及法老图登加门墓穴的发现等,其贡献也是不可磨灭的。其实,非但马克思的人类学研究材料,摩尔根的《古代社会》、普列汉诺夫的《艺术论》的文化人类学考古材料得来的途径莫不与殖民政策有关,而且直到眼下,一部《中国科学技术史》我们自己搞不出来,还是要李约瑟去完成,其材料也还是当时殖民主义的。

从阐释学来看,所谓"西方定位",就是说,东方的文化本文对于西方之阅读主体,作为非本土性,其"接受"与"阐释"机理,总是以主体的本土文化为转移,在这里面当然会杂有某些白种人以种族优越感把第三世界本文当作落后野蛮文化加以猎奇式的阅读。而且东方本土,作为"后殖民主义"文化侵略之对象,当然更不排除有些没出息的作家,在西方的经济优势下,竭力迎合西方口味,推销其"货";从另一方面——进口——来看,与文化产物商品化相关的"后殖民文化"的倾向,主要表现在大量非精品之低劣文化垃圾(包括港台音像制品)的廉价进口;但这又不等于一切文化产品,特别是精英文化,国际大奖得主,都是按西方的"货单"加工炮制,以自个儿的"狐臊味"去同"巴黎香水味"对阵,没有本土独立叙事与阐释"意义"的。当然,这样说也并不否认,反过来西方对东方本文的主体解读方式对东方文化的"碰撞"性影响,正如我们阅读西方本文也不可能完全脱离自身的语境,这正是伽达默尔所说的"意义"阐释之"视界融合"与"效果史"。

然而,我们又常说"音乐没有国界","艺术没有国界"……这些话又说出了本文"意义"、民族形式美学特质之客观确定性,以及民族文化背景不同之接受主体赋有如康德所说美感"共通性"的一面。所以,要说"定位"在"后殖民"意义之外,还有文化碰撞的问题的话,那么东西方文化碰撞是相互的,都是以土生土长的有"意义"的东西去与对方"碰撞",而不是从另一方来"定"自己本文的"意义"。要说追求"异国情调"、文化"陌生感",都有一个双方互动问题的话,难道我们喜爱西方本文能与时尚"大款"们追逐洋烟、洋酒、洋装斗富心理相提并论吗?正如杰姆逊在这篇文章中所说:"……通过阅读一小部分有选择性的本文而发展我们微妙的审美同情心,不鼓励我们阅读其他任何本文,或以不同方式来阅读,那么,这便是人文的贫困。"第一世界对第三世界是这样,第三世界对第一世界也是这样。总之,叙事与阐释之"意义",无论是寓言式的或非寓言式的,都是一个复杂的问题,需要的是悉心地研究与辩证地分析。

杰姆逊的第三世界文学"政治寓言"说,并不是要抛开对"本文"立足于其所产生之本土的意义阐释。而恰恰相反的是,杰姆逊之新马克思主义阐释最为基本的旨意与原则,正在于对现代主义与后现代主义的本文"不可解释性"加以消解,也就是在其代表作中一再强调的"去神秘化"与"非面具化",也就是以马克思主义阐释学揭示叙事意义,立足于本国创作本文与现实生活的关系,立足于意识形态的、从现象到本质的阐释。

国际得奖电影之所以得奖,撇开评委偏正不论,其根本依据在于作品创作技巧、形式以及自身的"意义",其或高或低,阐释上的差别也姑不论。正如与我们以上对《秋菊》的简略阐释不同的阐释认为,秋菊所要"讨"的"说法",就在于村长的"一脚"正踢在男人那"要命（里比多意义）的地方",关系到"无后为大",以及"女人的一半是男人"的意义。"说法"成了"厄洛斯（生殖器）"的代码。这种主要来自拉康的综合弗洛伊德—结构主义—马克思主义加上女性主义的分析,虽不能令人完全同意,也不否认有其独到之处。也许还会有种种不同的阐释,或者其意义也正在这种多义性上。但有一点是可以肯定的,本文是有"意义",而不是"无意义"的;其"意义"是"自定位",而不是"他定位"的;其"意义"是"可解释",而不是"不可解释"的;其"意义"可能是"多重"的,而不只是"一义"的,但又是有客观确定性的,这种客观性,就在于本文与历史现实间牢不可破的关系上。写实的《废都》的作者,把自己"毁灭自己于其作品中",我们在作品的显现部分所见的是灰烬,而燃烧的火焰却隐藏在□□中。□□是不可言说的部分,而其之不可言说,又非道学家或窥淫癖者所想像的,类似洁本《金瓶梅》之□□。而是作者在书前题词中所说的"心灵真实"。"心灵真实"不似显露的真实,是不可见的真实。这种毁灭性的焚烧,究竟是"飞蛾"自身的责任呢,还是环境与时代的责任呢？他写出了这样的东西,或者广而言之,任何个人所写的任何东西,个人的责任在哪里,时代的责任又在哪里？马克思指出："不管个人在主观上怎样超脱各种关系,他在社会意义上总是这些关系的产物。同其他任何观点比起来,我的观点是更不能要个人对这些关系负责的。"[1] 无论

---

[1] 《马克思恩格斯选集》,第2版第2卷,第102页。

对民族寓言的政治是否有意识，它只要是从这片土地产生出来的本文，它属于这块土地，是这块土地，唯有这块土地的现实才能生长出来这样的本文，有如海德格尔所说是"大地与世界碰撞所产生"的，所以阐释它的眼睛只能向下注视大地，而不能向上遥望太空。

三 中国怎样在"后现代"中定位

杰姆逊关于没有对抗力量的后现代资本主义文化的"全球性"问题，在这样一种态势下怎样为中国在后现代主义定位本身，就是一个"全球化"的问题。从哲学文化大格局来看，80年代所谓"人文主义"与"科学主义"之碰撞，已经更为宏观地笼罩在虚无主义与实用主义两大后现代哲学支柱之下。在西方，前者表现为解构学派对尼采的承接，后者以罗蒂为代表，利奥塔介于两者之间体现出后现代虚无主义与实用主义合谋的特点。他们的共同口号是"反对解释""反对意义""反对理论""反对方法"，在哲学上就是"反本质主义""反基础主义""反实在论""反符合论""反镜喻（反映）"。虚无主义与实用主义，在中国古代哲学中已有其本土根基，新文化运动时期形成合璧状态，所以新时期与后现代这种思潮一拍即合，成为主流意识形态。当然，杰姆逊所说全球资本主义后现代文化"无对抗"，仅就"冷战"时期的那种"意识形态战"格局而言，实际上并不是真正没有"对抗"的一言堂。在西方，马克思主义批评在某种意义上已经成为主流话语，伊格尔顿、杰姆逊就是两位强有力的代表。在中国，在虚无主义与实用主义之间马克思主义的命运如何呢？

杰姆逊在1971年的《马克思主义与形式》的《序言》中写道，"在今天世界上应该存在着几种不同的马克思主义，同马克思主义的精神，同思想反映其社会情况的原则完全一致，其中每一种马克思主义都满足了其自身社会、经济体系的特定需要和问题"，据此他把中国划入了"农民马克思主义"。他所说的"农民马克思主义"，实质上就是"民粹主义"，然而，列宁批判民粹主义是比启蒙主义还要落后甚至反动的思想运动，也能称为"马克思主义"吗？杰姆逊所谓"几种不同的马克思主义"，实际上正是马克思和恩格斯在《共产党宣言》中所批判的形形色色的"社会主义文献"。

列宁在1912年《中国的民主主义和民粹主义》一文中，把以孙中山为代表的中国资产阶级民主主义革命的性质确定为"民粹主义"的，他指出："……在这位中国民粹主义者那里，这种战斗的民主主义思想，首先是同社会主义空想、同使中国避免走资本主义道路即防止资本主义的愿望结合在一起的，其次是同宣传和实行激进的土地改革的计划结合在一起的。"[①] 列宁当时的主要依据是孙中山发表的《中国革命的社会意义》一文中的民生主义，即平均地权（后来孙中山认为这就是"社会主义"）的经济思想。更早，列宁在1897年批判俄国民粹主义的文章《我们拒

---

① 《列宁选集》，第3版第2卷，第292页。

绝什么遗产?》①中指出，启蒙主义与马克思主义之间的差异与对立围绕着一个中心就是资本主义。列宁明确指出："认为在中国可以'防止'资本主义，认为中国既然落后就比较容易实行'社会革命'等等的看法，都是极其反动的空想。"②

民粹主义是在如俄国那样农民遭受残酷沉重压迫下启蒙主义没有得到发展，代表农民解放平等要求的产物。而马克思主义一开始是在德国思辨哲学与法国启蒙主义结合的土壤生长起来的。所以实践证明，列宁对中国民主主义的性质的判断是准确的。60年代是一条分界线，因为60年代的"解放"，无论是西方的左派运动，还是中国的"文革"，作为行动而不是理论，已经平息。然而，人的"物化"状态非但没有终止，甚至带有剧痛转为钝痛，并随着"全球化"历史周期性缩短，而在主体感受上更加难忍难耐。利奥塔在"解放"神话破灭后喊道："知识分子进坟墓"，"教授寿命终结"，中国80年代的"主体性之父"却要与一切早已成为历史的"革命"道别。一个多世纪以来，迅猛发展的科学技术疏离了人与自然的接触。全球日趋增长的商品经济把人们驱赶入日益狭小的城市，加剧了相互挤压、碰撞的密度。人的自然本性与社会理性都在极度丧失之中，救赎与自救的声音日渐微弱，思想临于深深的困境。"什么是可以期待的?"之追问比世纪的尾音更为紧迫。

---

① 《列宁选集》，第3版第1卷，第98—138页。
② 《列宁选集》，第3版第2卷，第293—294页。

第五章 后现代主义问题

所以90年代"人文精神"的呼唤不是振奋的"符码化",而是在"东来"之西方后现代解构主义和新实用主义对"真理"——"人的解放"之"大叙事"——双重消解之下,与"失语"症状联系着的后现代精神分裂现象。一种说不出自身痛苦之"失语",这种"说不出"的原因有自身失去话语,有"超我"的权力话语的压抑,也有"本我"昏沉到连梦魇也没有的状态。

上面我们从三个方面指出了从马克思主义思想体系上看西方中心的形成的历史观念,其实还有第四方面,这就是马克思主义作为人类思想史上最宏伟壮观的一个思想体系,从其发生看中心是在西方,从20世纪末作为其渐趋世界主流文化地位来看,马克思主义似乎魂归故里,在西方成为主流文化形成了新的中心。据新闻报道于苏联—东欧解体之际,在美国的麻省州大学召集了一次3000人参加马克思主义者的聚会,这是欢庆马克思主义从权力文化的败坏中新生的空前的"盛大节日"。从西方知识分子精英与青年学生对马克思主义的热情来看,可以说他们正从后现代之梦魇进入"后之'后'"的新乌托邦(非贬义),而我们则一只脚跨出前乌托邦另只脚正进入"后……"之梦魇。

杰姆逊在《政治无意识》一书前言中说:"面对所谓新政治与新经济世界体系,旧的马克思主义文化范式在实际运用上是规定不完善的。对本书的紧迫的结论,将说明这些马克思主义阐释所必须期待的挑战,这些挑战是在这些超出我们自身世界的界限的群体思想与群体文化的新形式中所想像的。读者在那里将发现一张空着的椅子,这是为那些尚未变成现实的、群体的、非中心化的未来文化生产所预备的,这样的文化超越了现实主义也同样超越了现代主义。"因为我们所在的世纪历经了无产阶级革命与夺取政权使马克思主义成为权力文化,又在西方(苏联—东欧)失去政权,并败坏了马克思主义的整个过程。所以马克思主义理论形态与权力文化这个问题,对于20世纪的历史以及对于马克思主义本身的命运实在是太重要了,它对我们的影响也实在是太大了。

杰姆逊在《马克思主义与历史主义》一文中指出,马克思主义认为权力范畴不是最终目的,"当代社会理论(从韦伯到福柯)对权力范畴的兴趣经常是策略的,而且有系统地对马克思列宁主义疑难问题进行移位"[①]。这显然是就马克思列宁主义关于国家消亡的理论而言。但他似乎没有就这个问题专门展开论述。这是一个20世纪末在共产主义运动史上最需要解决的又是最棘手的理论问题。如果把国家的最后消亡作为所谓"终极关怀",马克思关于"权力(国家政权)"的理想在"巴黎公社"的政权模式上现实化、具体化为"公仆"与"民主"制度,那么当然,这必然通过无产阶级专政加以巩固。然而,由于手段与目的的关系在实践中常常倒错——尽管列宁在1908年十月革命成功前就指出,无产阶级在其整个革命过程中,一开始就以斗争证明:"它是能够同资产阶级的(也包括农民的)民主的局限和不彻底性进行斗争的。"[②] 表明无产阶级斗争的终极目标是"彻底"的民主。由于

---

① 弗·杰姆逊:《马克思主义与历史主义》,引自《新历史主义与文学批评》,北京大学出版社,1993年版,第33页。
② 《列宁论文学与艺术》,人民文学出版社,1983年版,第213页。

目的的遥远而模糊甚至改变了手段的性质，接近目的之手段蜕变为愈益远离目的的东西，导致在现代史上，除了公社的70天"伟大的创举"，马克思的权力理想就从未成为现实。马克思列宁主义的"国家消亡"说就是把民主作为最终目的，历史上一切民主的手段性是为这一终极性所用的。直至中国目前的腐败莫不与革命领导者取得政权后把民主仅作为巩固统治的手段而背离了其终极目的意义有关。因为人民始终未取得对政权的监督权，所以对权力导致的腐败无能为力。马克思列宁主义体系中包含着作为非宗教形态的"终极关怀"之国家作为权力之消亡的理论，其"非宗教性"即在其通过对非理想之现实权力的批判达到最终的"现世性"。现实权力形态的逐步理想化，作为权力国家最终消亡之实现同对非理想之现实权力的批判，必然地走在同一条路上——马克思主义终止对现实非理想权力批判功能之时，就是权力实现理想化而自身消失之日。

杰姆逊在论后现代主义时涉及学术理论领域权力作为文化给马克思主义造成的后果，他说："对某种日益加强的整体系统或逻辑的看法越是有力……读者就会感到越是无力。因此，通过一种封闭可怕的机器，理论家所赢得的也正是他所失去的，因为他著作的批评能力会由此丧失，而否定和反抗的冲力……处于这种情况也会被认为是徒劳和微不足道的。"[①] 显然，"一种封闭可怕

---

① 弗·杰姆逊：《后现代主义或晚期资本主义文化逻辑》，杜克大学出版社，1991年版，第5—6页。

的机器",即理论对权力的依附与借助,或可称为权力文化结构,理论家因此可能赢得某种东西,这种东西虽因体制而有所不同,但这种"赢得"毕竟不是依靠理论自身的力量(理论家是否承认理论本身有这种力量),所以这也正是他所失去的——理论的"批判能力、否定和反抗的力量"——对于马克思主义,是批判、否定、反抗"反对人自身的社会现状"——商品拜物教、异化、腐败、特权和官僚主义……这正是马克思主义理论与实践的生命与活力之所在。正是出于对马克思主义自身理论力量的信心,杰姆逊认为,苏联东欧解体不是共产主义的失败,而是它的"成功"。①

1991年,当苏联—东欧体系相继解体之时,杰姆逊发表的《世界新秩序》这篇文章指出,在西方,马克思主义作为"一种符码仍然具有一定对抗意义",即"不信任自由主义对普遍富足、社会平等、政治民主的辩护;怀疑现有的赢得生产会保护集体利益……"这样,在西方,马克思主义符码仍然是对"体系(资本主义)"本身"所持的固执和神志清醒的悲观主义的最高标志"。这个体系"制造社会悲剧,把社会悲剧作为其必要的副产品,它受无意识的、无法抗拒的本能的驱动走向战争的深渊"②。他的意思是,在西方,马克思主义自始就紧盯在资本主义后面批判、否定;而在"东方,马克思主义符码意味着权威、国家、警察",

---

① 弗·杰姆逊:《马克思主义:后冷战时代的思索》,香港牛津大学出版社,1994年版,第4页。
② 弗·杰姆逊:《马克思主义:后冷战时代的思索》,香港牛津大学出版社,1994年版,第8页。

一方面是权力,一方面是乌托邦使马克思主义失去了批判、否定性,也就失去了自身。以"权力"为分界,还有东方的"集体主义"与西方的"个人主义"。① 杰姆逊认为,这种情况使东、西方知识分子对话困难,"双方各自的话语阐释术语完全不同、毫不兼容。……东方希望用关于权力和压迫的术语进行讨论,而西方却要用文化和商品化的术语进行讨论。"诚然,正如在西方左派的眼中,"集体主义"与"计划经济"混合着儒教传统,仍保持一种"非贬义"的乌托邦色彩;也作为对西方"个人主义"的解毒剂;而解体后的前社会主义体系,必须抵制集体主义,恢复个人主义才能发动市场竞争机制,否则就不可能变计划经济为市场经济,那里的自由主义者为"物化""商品化""拜物教"染上某种"美学"的光环,所以,西方与"东方"的马克思主义命运整个地错位,或谓各自拧向反面。这种复杂的扭曲情况,甚至造成杰姆逊认为的对"斯大林主义"是可以辩护的("斯大林主义是个成功,它完成了现代化的使命")。然而,如果说在西方"物化""商品化"激发起来的是马克思主义对其解毒剂式的反抗,那么在东方"权力""压迫"却培植着顺从与奴性——马克思在其同女儿游戏格言中最讨厌的东西。血污的皇冠需要玫瑰的染色,皇权的"崇高"需要奴才的跪拜得以显示,宗法的血缘之"神圣"唯在智性与理性的"失语"中方得维持。

---

① 弗·杰姆逊:《马克思主义:后冷战时代的思索》,香港牛津大学出版社,1994年版,第4页。

可以说西方资本主义从一开始就是在马克思主义的"骂声"中走过来的,至今它仍在挨骂,它的生产力也恰恰是在这不间断的骂声中持续不断地发展的;而"东方"体系则在跪拜之"非礼勿言"中,"软件"与"硬件"都崩溃了,是不是仍要走一遍"挨"马克思主义"骂"的回头路才是其真正的出路呢?回答是肯定的,司马迁的"置死地而后生"这句话确实是历史的辩证法。杰姆逊在那篇文章的结尾写了一段意味深长的话:

> 向那些认为所有这一切是很悲观的朋友,我想温和地提议:我们不需要把尼采留给敌人,我们可以在尼采的坚定不移的信念中找到我们自己的慰勉,即最深刻的悲观是真正力量的来源。我们必须对这个体系保持深刻和连续的悲观,就像我的东方朋友对另一个体系所持的态度一样。乐观主义,甚至最微弱的乐观主义,只能推荐给那些愿意让人利用和操纵的人。

杰姆逊又说,"今天,文化帝国主义表现在对外输出专家:如果专家获胜的话,甚至民族传统也摆脱不了他们的控制;我们难道能够想像专家会失败吗?"[①] 是的,可口可乐、万宝路、海洛因、艾滋病、黑手党……所有过去称为"西方社会病"的东西,

---

① 弗·杰姆逊:《马克思主义:后冷战时代的思索》,香港牛津大学出版社,1994年版,第19页。

对我们全是舶来品；甚至最清爽洁净的古老的佛门圣地，也使人感到蹩脚的迪斯尼气息——拙劣的"天堂、地狱"的仿制品污染着古老的人文景观；但是杰姆逊的阐释学作为解毒剂也同样是随之而来的"舶来品"。这就是我们不可摆脱的命运。我们今天的悲剧在于我们还没有学会悲观。杰姆逊在分析《中国》那首诗所表现的对中国的丝毫不"微弱"的乐观主义，是否正是为了"推荐给那些愿意让人利用和操纵的人"呢？

1984年的《后现代主义》一文把他在《政治无意识》前言中所说的"未来文化"又称为"政治文化"或"政治艺术"，一种"认知绘图美学"。在这里"绘图"一词是"再现"的修辞把戏，即尽量避免给人以回到"传统"或"古典"的印象。这种未来文化的使命与任务在于，在全球之后现代语境中为我们个体主体"定位"——找到我们的位置——"认识你自己"。当然，这种自我定位与"非我"定位是不可分离地联系着的，因此这也是世界定位。他之称为"认知绘图美学"，意谓要把阿尔都塞所区分的意识形态与科学加以结合统一，这种结合统一也就是政治与文化，哲学与艺术的结合与统一。因为在阿尔都塞看来，意识形态是"主体与他或她的真实的存在状况的想像关系的再现"，这种"再现"之"真实"包含有主体的"想像"甚至虚构成分，可以有美学形式。而"科学"则是以抽象思维形式出现的带有纯客观的真理性的认知。这里包含对我们个体对"地方、国家以及国际阶级的现实关系"的认知，好比"重新思考这些专门的地理和制图问题"。他指出，这一使命是要"发明"一种"彻底的新颖的形式"来公平地评价我们的时代,既要坚持后现代主义的真实——多国资本主义的世界空间,又要试图获得一种在再现这个空间的至今不能想像的新的模式方面取得突破。而这种"认知绘图"的目的仍在于"重新获得行动和斗争的能力"。这就回到我们开始提出的马克思主义阐释性与实践性的关系问题上去了,即其当前突出的阐释性在根本上还是实践性的。

在杰姆逊的这种对"未来文化"的召唤与构想中,是否透露着些许要不得的"微弱的乐观"呢?最后他说,目前,这种行动与斗争的能力"被我们的空间和社会的混乱状态抵消了"[①]。实际上马克思把人类历史最后一幕的喜剧永远地隐藏在历史的无尽悲剧之中,而这无尽的悲剧又总透露着终局的喜剧之预约。

眼下的"后现代"状况,确实是人类历史以来从未有过的、以改良渐进的方式走着比以往突变飞跃更高速的进程。由于互联网络—信息高速公路改变了时间—空间观念,使渐变缓进中的钝痛变得相对持久而更不可忍受;压缩了的空间距离增强了人际交往,也频化了摩擦与碰撞。在没有世界战争和作为历史前进"催生婆"的革命暴力阵痛的新空间,难言正义的局部暴力、恐怖主义、黑社会、犯罪率、腐败……加大了对人们生态与心态的冲撞力度。无"惊雷"可听的"无声"更使人难耐难熬。

在后现代及后现代之后,人类要使自己训练出一套应付道德与历史、复古与超前、在世与超然、激进与沉稳、理性与冲动的

[①] 《后现代主义》,社会科学文献出版社,1993年版,第123页。

情感……间之两难选择的高程或远程的策略,在这之前的步态紊乱是难免的。这是整个人类所面临的前所未有的新课题。这种两难仍然基于要在"资本""剥削""金钱"的污秽和罪恶与其对科学技术—生产力解放之功能间划定新的界限。悲剧和乐观主义即在此界限之间游移。所谓"高程远程"策略并不是说得过多的"超越"或对"失语"的"终极关怀"补偿,而是超乎道德与美学价值判断之上,给一切以历史的阐释,这种历史的阐释也是超乐观与悲观的,然而根本不同于老庄的"齐万物""等是非"及海德格尔的对"可能出现也可能不出现的上帝"的"期待",是一种非常"入世"的策略,其"超"之"高"全在于"入"之"深";其看世之眼之"冷"全在于其忧世愤世之情之"热"……因此,这是一种基于新理性,要求我们具有新感性与新的政治想像力、道德想像力、美学想像力的阐释策略。然而,这种新理性不是空洞的期待与呼唤,它是批判的理性。

人的理性总是历史地表现为"批判的"与"非批判的",相应非理性也表现为这样两种状态。批判的理性在当代,当批判的武器失效之后,既是时代对理性的最高要求,又是对批判的最高期待,是开启新时代的动因。因为它是批判,就需要人以血肉之躯的全部激情和感性的投入,从人类最高尚最博大的爱出发,以憎恨否定现存一切不合于"人"的东西;因为它是理性就要求人的最高心智的判断,审视历史终极目标对现实批判的限定。

批判的理性表现为对整体"现实合理性"肯定中的否定性,是在无以自拔的现实的社会关系规定下通过对现实的否定批判自由地追求着自我新质,是向着人之为人的新质的追求,是支撑着人站立起来的"脊梁骨",是人所具有的一切中最富于人的东西——人的创造力量,超越自身物质与精神的力量。

因此,批判的理性是对"人文精神、新理想主义、新信仰主义"种种虚空的真实填充;既是梦魇中的迷惘、呐喊和挣扎,又是猛醒,是走出梦魇的真正力量、信心、勇气和希望。在中止了武器的批判新时代,批判的理性就是适应着"多元化"态势下"理解—对话"要求的马克思主义阐释精神,是新世纪的新启蒙精神。